जनवाद और प्राचीन भारत

जनवाद और प्राचीन भारत

डॉ. रामसिंह चौहान

KALPAZ

जनवाद और प्राचीन भारत

मूल्य : 540

ISBN: 978-81-7835-793-5

प्रकाशन वर्ष 2009
कल्पज़ पब्लिकेशन्स
सी–30, सत्यवती नगर, दिल्ली–110052
ई–मेल: kalpaz@hotmail.com
फोन : 9212729499
लेजर टाइपसेटिंग : राकेश कुमार
Printed at : Young Art Press, Delhi - 92

समर्पण

खेत और खलिहानों को

विषय-सूची

जीवन-परिचय

85 वर्षीय डॉ. रामसिंह चौहान से मिलने पर सबसे पहले मन में जो भाव आता है वह ऐसी श्रद्धा का होता है कि क्या कोई सचमुच इतनी लंबी आयु में भी एक बार भी अपने आदर्शों–उसूलों से समझौता न करने का दम भर सकता है। रामसिंह दिल्ली के ही खामपुर गाँव (वर्तमान में पश्चिमी पटेल नगर के समक्ष) में 4 नवंबर, सन् 1923 को एक सामान्य कृषक–परिवार में जन्मे। घर पर खेती करना ही उनकी पारिवारिक दिनचर्या थी, लेकिन उस समय भी खेती के साथ ही शिक्षा की ऐसी अदम्य लगन ही थी जो वे कई मील पैदल चलकर नियमित स्कूल जाते थे। आगे पढ़ाई के लिए उन्होंने आनन्द पर्वत स्थित रामजस कॉलेज में प्रवेश तो लिया लेकिन उन्हीं दिनों वहाँ अमेरिकन बैरक आ जाने से कॉलेज बंद हो गया। उसी समय सन् 1942 में जब स्वाधीनता आंदोलन का संघर्ष अपने चरम पर था तो उनका राष्ट्रीय स्वयं सेवक संघ से सम्पर्क हुआ। बचपन से ही राष्ट्र के प्रति अपने अप्रतिम समर्पण भाव के कारण ही वे संघ के स्वयंसेवक बन गए। जीविकोपार्जन के लिए उन्होंने उन्हीं दिनों रिजर्व बैंक में कार्य करना शुरू किया। सन् 1948 तक इसी बैंक में कार्य करते रहने के दौरान ही उन्होंने संघ का प्रथम व द्वितीय शिक्षा वर्ग किया। सन् 1948 में जब संघ पर प्रतिबन्ध लगा तो कनॉट प्लेस में संघ के स्वयंसेवकों के साथ सत्याग्रह किया और जेल चले गए।

वर्ष भर तक जेल में रहने के पश्चात् जेल से रिहाई हुई तो फिर से अध्ययन में जुट गए। 1951 में दरियागंज स्थित रामजस कॉलेज में प्रवेश लिया। लेकिन अपने सामाजिक दायित्वों के प्रति शुरू से ही सजग रहने वाले रामसिंह जी को डिस्ट्रिक्ट बोर्ड का चुनाव लड़ना पड़ा। आज़ादी के तुरंत बाद कांग्रेस किसी भी चुनाव में अजेय होती थी – ऐसे समय में सन् 1951 में ही पालम निर्वाचन क्षेत्र से कांग्रेसी प्रत्याशी को पराजित कर के विजयी हुए। उसी समय सन् 1953 में

कश्मीर सत्याग्रह हुआ तो उसमें भी उन्होंने सक्रिय व्यवस्थापक की भूमिका निभाई। इन सभी सामाजिक कार्यों के साथ ही उन्होंने अपनी पढ़ाई जारी रखी और दिल्ली विश्वविद्यालय से प्रथम श्रेणी में एम.ए. की परीक्षा उत्तीर्ण की। एम.ए. से आगे शोध कार्य के लिए वे वाराणसी गए और एक वर्ष तक वहीं नागरी प्रचारिणी सभा के पुस्तकालय में रह कर शोध कार्य पूरा किया जिस पर सन् 1960 में रामसिंह जी को डाक्टरेट की उपाधि प्राप्त हुई।

रामसिंह जी ने अपने स्वभावानुसार ही अध्ययन कार्य को अपनी आजीविका के रूप में चुना। 1956 में दिल्ली विश्वविद्यालय के श्रीराम कॉलेज से अध्यापन कार्य शुरू करके सन् 57 में दिल्ली के खालसा कॉलेज में स्थायी प्राध्यापक के रूप में नियुक्ति हुई और 31 वर्ष तक वहीं अध्यापन करते हुए सन् 1988 में सेवानिवृत्त हुए। डॉ. रामसिंह के लिए अध्यापन कार्य जितना जीविकोपार्जन के लिए था उससे भी अधिक अध्ययन–अध्यापन के प्रति उनकी निष्ठा समर्पण और दायित्वबोध वाला कार्य था। इसीलिए इतनी लंबी अध्यापन–अवधि में उनके पढ़ाए हुए सैकड़ों विद्यार्थी आज भी उनके अध्यापन–कौशल की चर्चा करते मिल जाते हैं। तमाम सामाजिक कार्यों में व्यस्तता के बावजूद अपवाद स्वरूप भी चौहान साहब कभी कक्षा लेने में चूक नहीं करते थे। आज इतने वर्षों बाद भी वे विश्वविद्यालय में नियमित कक्षा लेने के लिए उदाहरणस्वरूप याद किए जाते हैं।

डॉ. रामसिंह का संघ से सम्पर्क तो बाल्यकाल में ही हो गया था जो अभी तक न सिर्फ बना हुआ है बल्कि दिन–ब–दिन और प्रगाढ़ हुआ है। ग्रामीण विभाग के संघ चालक और उत्तरी विभाग के संघ चालक का दायित्व संघ ने उन्हें सौंपा जो अपनी कर्मठता से रामसिंह जी ने बखूबी निभाया भी। रामसिंह जी होम्योपैथी चिकित्सक हैं, लिहाजा आमतौर पर उनके पास होम्योपैथी–परामर्श और दवा लेने वालों का तांता लगा रहता है। होम्योपैथी में उनकी सफलता के कारण ही बी.जैन. पब्लिशर्स ने उनकी पुस्तक प्रकाशित की जिसके अब तक

चार संस्करण निकल चुके हैं।

रामसिंह जी ने नेपाल नरेश महाराजाधिराज महेन्द्र के समय में सम्पन्न हुए विराट हिन्दू सम्मेलन में भारतीय प्रतिनिधिमण्डल में सक्रिय सदस्य के रूप में भाग लिया और इसी प्रकार भारत सरकार ने उन्हें महाशिवरात्रि के अवसर पर मॉरीशस जाने वाले प्रतिनिधिमण्डल में आग्रहपूर्वक भेजा।

डॉ. साहब के विषय में उनकी साफगोई और कभी भी सिद्धान्तों से समझौता न करने का उनका स्वभाव – ऐसी बातें हैं जिनके बिना उनका परिचय पूरा नहीं हो सकता। उनकी वाणी में जितनी स्पष्टता है उतनी ही उनके विचारों में भी – इसीलिए उनसे किसी भी तरह गलत कार्य में सहयोग की अपेक्षा नहीं की जा सकती। वे किसी को भी असहमत होने की छूट तो देते हैं लेकिन किसी भी प्रकार के अन्याय में वे कतई भागीदार नहीं हो सकते – फिर वह चाहे उनका कितना भी निकट का व्यक्ति क्यों न हो। उनकी वाणी का स्वर ही इतना बुलंद है कि उनसे कोई भी बात छिप कर नहीं की जा सकती और उनका तो एक ही जवाब होता है कि जब मैं कोई गलत बात करता ही नहीं तो मुझे छिप कर बात करने की कभी जरूरत ही महसूस नहीं हुई।

डॉ. रामसिंह विभिन्न विषयों पर दृष्टांत सहित व्याख्यान देने में पारंगत हैं। भगवद्गीता के सैकड़ों श्लाकों तथा रामरक्षा स्तोत्र आदि अनेक स्तोत्रों, हनुमान चालीसा आदि को कंठस्थ करने वाले डॉ. चौहान विलक्षण स्मरण शक्ति के धनी हैं।

डॉ. प्रमोद शास्त्री,
प्रवक्ता, शारीरिक शिक्षा विभाग,
किरोड़ीमल महाविद्यालय,
दिल्ली विश्वविद्यालय

डॉ. अवनिजेश अवस्थी,
प्रवक्ता, हिन्दी विभाग,
पी.जी.डी.ए.वी. कॉलेज,
दिल्ली विश्वविद्यालय

प्रस्तावना

विगत सत्तावन वर्षों से मैं डॉ. रामसिंह चौहान को देख रहा हूँ। एक ऐसे ऊर्जस्वित व्यक्ति के रूप में जो जीवंत मूल्यों से परिचालित हैं; जिनमें आस्था, विश्वास और दृढ़ता है; शक्ति के साथ सदाशयता और विनम्रता है। स्नेही हृदय डॉ. चौहान मेरे प्रिय शिष्य और मित्र दोनों भूमिकाओं में समतुल्य रहे हैं। उन्होंने सिद्धान्तनिष्ठ, मर्यादाशील हिन्दी शिक्षक के रूप में दिल्ली विश्वविद्यालय में सम्मान प्राप्त किया है। उन्होंने जिस विषय को अध्ययन के लिए चुना उस पर गहरायी से विचार किया; किन्तु अपने संकोची स्वभाव के कारण उन विचारों को मुद्रित रूप देने में विशेष उत्साह नहीं दिखाया। लेकिन, मित्रों के आग्रह को वे अधिक दिनों तक नहीं टाल सके। उनका वह अध्ययन 'जनवाद और प्राचीन भारत' के नाम से अब पुस्तक रूप में प्रस्तुत है।

यों तो 'जनवाद' प्राचीन शब्द है किंतु आधुनिक युग में वह विशेष विचारधारा का द्योतन करता है। भारतीय संस्कृति के प्रति आस्थावान् डॉ. चौहान ने 'जनवाद' शब्द में विद्यमान अनेक विशेषताओं को प्राचीन भारत की सामाजिक, राजनीतिक, आर्थिक आदि व्यवस्थाओं में देखा है और गृहीत वस्तु–स्थिति को प्रमाणपुष्ट रूप में प्रस्तुत किया है।

यह पुस्तक सुव्यवस्थित रूप से तीन अध्यायों में विभाजित है। इसका प्रथम अध्याय है 'जनवाद और उसका स्वरूप'। डॉ. चौहान ने 'जनवाद' के कोशगत विभिन्न अर्थों का उल्लेख करते हुए यह स्पष्ट किया है कि 'जनवाद' संस्कृत का शब्द अवश्य है किंतु आधुनिक युग में वह एक विशेष विचारधारा से जुड़कर निश्चित अर्थ का द्योतक बन गया है। "जनवाद वह वाद है जिसमें जन अथवा जनता अपने महत्त्व की अनुभूति करती है, किंवा जिसमें जनता को महत्त्व दिया जाता है।" अभिनव 'जनवाद' का आगमन अंग्रेज़ी शब्दों के अनुवाद के रूप में हुआ है और हिन्दी में इसका प्रयोग और प्रचलन अधुनातन है।

लेखक ने विस्तार के साथ 'जनवाद' के समशील पाश्चात्य शब्दों 'डेमोक्रेसी', 'सोशलिज़्म', 'कम्यूनिज़्म', 'ह्यूमैनिज़्म' आदि की चर्चा की है और उनके निहितार्थ का उद्घाटन किया है। विभिन्न समीक्षकों के मतों का उल्लेख करते हुए यह बताया है कि 'जनवाद' के भिन्नार्थक प्रयोगों में एकसूत्रता किस रूप में विद्यमान है। डॉ. चौहान ने विचार–क्रम में गांधीवाद, गांधी जी के समाजवाद अथवा सर्वोदय का संक्षिप्त विवेचन करके उनमें जनवाद की अवधारणा को रेखांकित किया है। वे साहित्य में जनवाद और प्रगतिवाद की मीमांसा करते हुए जनवाद के विभिन्न रूपों (राजनीतिक जनवाद, सामाजिक जनवाद, आर्थिक जनवाद) को चिह्नित करते हैं।

द्वितीय अध्याय 'भारतीय इतिहास में जनवादी प्रवृत्तियाँ' है। डॉ. चौहान ने इस सत्य को स्वीकार किया है कि प्राचीन भारत में इतिहास लिखने की परिपाटी नहीं थी; किन्तु वर्तमान युग में भारतीय और पाश्चात्य विद्वानों ने प्राचीन साहित्यिक ग्रंथों, भग्नावशेषों, शिलालेखों तथा ताम्रपत्रों से प्राप्त जानकारी के आधार पर प्राचीन इतिहास लिखा है। डॉ. चौहान भी उन्हीं स्रोतों के आधार पर अपने विवेचन को आगे बढ़ाते हैं, वे हिन्दी–साहित्य के प्रादुर्भाव के पूर्वकालीन भारतीय इतिहास को तीन भागों में बाँटते हैं – (i) महात्मा बुद्ध के आविर्भाव के पूर्व तक (छठी शताब्दी ई.पू.), (ii) बुद्ध के आविर्भाव से लेकर चंद्रगुप्त मौर्य के सिंहासनारोहण तक (चौथी शताब्दी ई.पू.) और चंद्रगुप्त मौर्य से लेकर हर्षवर्द्धन की मृत्यु तक (सं. 704)। लेखक ने सहज–सुबोध रूप में उन काल–खंडों की राजनीतिक, सामाजिक तथा आर्थिक स्थितियों की चर्चा की है और व्यवस्था में जन–शक्ति की कारगर भूमिका को उजागर किया है। यह स्पष्ट किया है कि काल–प्रवाह में जड़ता को प्राप्त कर गये राजनीतिक, सामाजिक, आर्थिक सत्ता–केंद्रों को लोकचेतना ने किस प्रकार बार–बार झकझोर कर उन्हें बदल दिया है।

तृतीय अध्याय 'आदि–मध्य–युग' है। यह तीन खंडों में विभक्त है – आदिकाल, भक्तिकाल और रीतिकाल। आदिकाल सातवीं शती वि. से लेकर बारहवीं शती वि. तक विस्तृत है और हिन्दी का प्रारंभिक काल है। डॉ. चौहान ने स्पष्टतः परिलक्षित किया है कि छठी शताब्दी के बाद नृपतंत्र ही एकमात्र शासन–प्रणाली के रूप में दिखायी देता है। गणतंत्र समाप्त हो चुके थे और राजा की निरंकुश सत्ता प्रतिष्ठित हो चुकी थी। कुशासन भी कम नहीं था। इसी का परिणाम था कि भारतीय राजवंशों को ध्वस्त करके जब विदेशी राजवंश स्थापित होने लगे तब सामान्य जनता ने उनका विशेष प्रतिकार नहीं किया, उन्हें भी शासक के रूप में स्वीकार कर लिया। स्वदेशी शक्तियों में व्यक्ति–स्तर पर शौर्य का अभाव नहीं था परंतु सामूहिक संगठन और जागृति की कमी के कारण वे कृतकार्य न हो सके। इस काल में लोकतांत्रिक संस्थाओं का लोप हो गया था, गाँवों का भी प्राचीन लोकतांत्रित स्वरूप बदल चुका था। तत्कालीन काव्यों में राजनीतिक जनवाद लक्षित नहीं होता। वीररसात्मक कहे जाने वाले काव्यों में आश्रयदाताओं की ऊहात्मक प्रशंसा और स्तुति की प्रधानता होने के कारण जनता में उत्साह संचारित करने वाली गुणवत्ता कम दिखायी देती है।

इस काल में सामाजिक स्थिति विषम थी। बौद्ध धर्म का अवसान हो गया था और समाज जाति–व्यवस्था में जकड गया था; किंतु तांत्रिक आंदोलन भी साथ–साथ चल रहे थे। उनके कारण संकीर्ण जाति–प्रथा और शुद्धतावादी विचारधारा के विरूद्ध एक व्यापक जन–विद्रोह जाग उठा था। डॉ. चौहान ने समाज में स्त्रियों की गिरती स्थिति का उल्लेख करते हुए उस पर खिन्नता व्यक्त की है। वे तत्काल में आर्थिक असंतोष की व्याप्ति का अभाव देखते हैं और उसके मूल में अपरिग्रह की परंपरागत प्रवृत्ति और शिष्ट समुदाय की दान–शीलता को मानते हैं।

डॉ. चौहान भी भारतीय इतिहास में ईसा की तेरहवीं सदी को

एक विभाजक रेखा के सदृश मानते हैं, वहीं से भक्तिकाल प्रारंभ होता है। उसी समय से देश में भिन्न धर्मावलंबी विदेशी सत्ता स्थापित हो गयी। स्वार्थपरता और अंतर्कलह से दुर्बल हिन्दू समाज पराधीनता की बेड़ी में जकड़ता गया। मुस्लिम शासन के प्रारंभिक काल में हिन्दुओं के प्रति भेदभावपूर्ण कठोरता का व्यवहार होता था किन्तु परवर्ती काल में अकबर जैसे उदार शासकों के शासनकाल में हिन्दुओं के प्रति उदारता का व्यवहार किया गया। यद्यपि यत्र–तत्र मुस्लिम सत्ता के प्रति विद्रोह भी होते रहे किंतु उन्हें जन–संघर्ष के रूप में नहीं देखा जा सकता। डॉ. चौहान ने स्पष्टतः लक्षित किया है कि उस काल में राजनीति के प्रति जनता उदासीन थी, शासक में ईश्वर के प्रतिनिधित्व की भावना दृढ़मूल थी, जनता की प्रतिनिधि सभाओं एवं लोक संस्थाओं का अभाव था तथा भक्ति की प्रबल धारा के प्रवाह में संसार के प्रति आसक्ति की भावना विद्यमान थी। इस युग में सामाजिक स्तर पर जन–आंदोलन का रूप मानवतावादी था। निर्गुण–सगुण दोनों विचारधाराओं में जाति–पाँति, छुआछूत की भावना का निषेध करते हुए मनुष्य की समानता की उद्घोषणा की गयी। कबीर ने हिन्दू–मुस्लिम समाज में व्याप्त बुराइयों पर चोट करते हुए पारस्परिक सौमनस्य पर ज़ोर दिया। तुलसीदास ने समसामयिक समाज की विपन्नता का भी वर्णन किया तथा उसके निवारणार्थ प्रभु से प्रार्थना की। सामाजिक जीवन में नारी पुरूष पर निर्भर थी। सभी संत कवियों ने उसके प्रमदा कामिनी रूप की भर्त्सना की। इसी काल में मीराँबाई जैसी महत्त्वपूर्ण नारी व्यक्तित्व भी हैं जो सामाजिक रूढ़ियों का विरोध करती हैं।

शाहजहाँ के शासनकाल के उत्तरार्द्ध से रीतिकाल का आरंभ होता है। उस युग में अलंकरण और प्रदर्शन का तत्त्व प्रधान था। डॉ. चौहान ने तत्कालीन व्यक्तिवादी निरंकुश राजतंत्रीय व्यवस्था में व्याप्त विलासिता और कुचक्रों की चर्चा करते हुए उससे उद्भुत सामाजिक पतन का उल्लेख किया है। उन्होंने यह स्पष्ट किया है कि मुगल–शासन का उत्तरार्द्ध उत्पीड़न से भरा हुआ था और भारतीय जनता ने उसका

डटकर विरोध किया। "मथुरा के जाटों का, नारनौल के सतनामियों का, मराठों, सिक्खों तथा राजपूतों का संघर्ष जन–विद्रोह था, उस समय जन–जीवन राजनीतिक दृष्टि से प्रबुद्ध हो उठा था। परंतु खेद का विषय है कि उन जन–आंदोलनों की साहित्य में अभिव्यक्ति नहीं हुई है।" भूषण आदि वीर रस के कवियों की वाणी में व्यक्ति विशेष के शौर्य का वर्णन तो है किंतु जनवादी स्वर नहीं है।

रीतिकाल में सामाजिक और आर्थिक स्थिति शोचनीय थी। सत्ताधारियों द्वारा सामान्य जन का शोषण बढ़ गया था। अधिकांश कवि, कलाकार आर्थिक लाभ के लिए आश्रयदाताओं की चाटुकारिता में मग्न थे। सामाजिक वैषम्य, छुआछूत, ऊँच–नीच की भावना के प्रति असंतोष का स्वर नहीं सुनायी देता था। इसलिए डॉ. चौहान ने कर्त्तव्यपराङ्मुख रीतिकाल को जनवादी चेतना से शून्य माना है।

प्रस्तुत पुस्तक में पूर्वाग्रह–मुक्त होकर विषय का विवेचन किया गया है। मुझे पूरा विश्वास है कि इस पुस्तक द्वारा पाठकों का ज्ञानवर्द्धन होगा। डॉ. चौहान के इस प्रयास का सहर्ष स्वागत है।

उदयभानु सिंह
पूर्व अध्यक्ष, हिन्दी विभाग,
दिल्ली विश्वविद्यालय, दिल्ली

प्रथम अध्याय

जनवाद और उसका स्वरूप

'जनवाद' शब्द का कोश में उपलब्ध अर्थ है, जनरव, जनश्रुति, जनप्रवाद, किंवदन्ती, समाचार, अफ़वाह, लोकनिन्दा इत्यादि।[1] परन्तु जिस विशिष्ट अर्थ में आज 'जनवाद' का प्रयोग किया जाता है वह उपर्युक्त अर्थों वाले 'जनवाद' शब्द से सर्वथा भिन्न है। आज के समाज को कदाचित् कोई भी विचारधारा 'वाद' की छाप के अभाव में ग्राह्य नहीं है। विभिन्न वादों का विवाद आधुनिक युग का वरदान है। जनवाद भी उन्हीं वादों में से एक है जिसका आज सर्वाधिक बोलबाला श्रुतिगोचर होता है। साधारण दृष्टि से जनवाद वह वाद है जिसमें जन अथवा जनता अपने महत्त्व की अनुभूति करती है, किंवा जिसमें जनता को महत्त्व दिया जाता है।

'जनवाद' संस्कृत का शब्द है परन्तु जिस अर्थ में आज इसका प्रयोग किया जाता है उस अर्थ में पहले कभी भी इसका प्रयोग नहीं किया गया। अतः आधुनिक अर्थ में प्रयुक्त किये जाने वाले 'जनवाद' का संस्कृत के 'जनवाद' शब्द से विशेष संबंध नहीं है। वास्तविकता यह है कि इस अभिनव 'जनवाद' का आगमन अँग्रेजी शब्दों के अनुवाद के रूप में हुआ है।

'जनवाद' का प्रारम्भिक प्रयोग और प्रचलन

निस्संदेह, आधुनिक अर्थ में प्रयुक्त 'जनवाद' शब्द के प्रयोग का प्रचलन हिन्दी में कुछ दिन पहले तक नहीं हुआ था, अतः हिन्दी का पाठक इस शब्द से अपरिचित था।[2] हिन्दी के कतिपय आधुनिक विद्वानों द्वारा 'जनवाद' का प्रयोग उनकी आधुनिक रचनाओं में ही दृष्टिगत होता है।[3] अतः यह निर्विवाद रूप से कहा जा सकता है कि 'जनवाद' का प्रयोग और प्रचलन सर्वथा अधुनातन है। अब हमें यह देखना चाहिए कि अँग्रेजी में इसके समशील कौन से शब्द हैं जिनके अनुवाद के रूप में हिन्दी के आधुनिक विद्वानों ने 'जनवाद' का प्रयोग किया है।

'जनवाद' के समशील पाश्चात्य शब्द

(क) डेमाक्रेसी

डेमाक्रेसी के दो भिन्न अर्थ

अँग्रेजी में 'जनवाद' का समशील एक शब्द 'डेमाक्रेसी' है जिसका प्रयोग प्रमुखतया दो अर्थों में किया जाता है, एक तो राजनीतिक और दूसरा साधारण सामाजिक।[4] राजनीति के अन्तर्गत 'डेमाक्रेसी' का अर्थ है वह शासन–पद्धति जिसमें शासन–सूत्र जनता के अथवा जनता के चुने हुए प्रतिनिधियों के हाथ में हो।[5] साधारण सामाजिक अर्थ के अन्तर्गत 'डेमाक्रेसी' एक जीवन–पद्धति अथवा जीवन का दृष्टिकोण है।

(1) डेमाक्रेसी - शासनतंत्र के रूप में

(परिभाषा)

प्रथम अर्थ के अनुसार 'डेमाक्रेसी' वह शासन–प्रणाली है जिसके

अन्तर्गत प्रभुसत्ता सामूहिक रूप में प्रजा के हाथ में होती है तथा राज्य का संचालन प्रत्यक्षतः समूची प्रजा करती है (जैसा कि प्रचीन नगर–राज्यों में होता था); अथवा प्रजा अपने द्वारा निर्वाचित प्रतिनिधियों के द्वारा करती है।[6] आधुनिक राज्यों के विस्तार को देखते हुए प्राचीन प्रत्यक्ष–डेमाक्रेसी अव्यवहार्य प्रतीत होती है अतः प्रधानतया प्रातिनिधिक डेमाक्रेसी का ही प्रचलन है जिसे संसदीय डेमाक्रेसी की संज्ञा से अभिहित किया जाता है।[7]

आजकल के प्रयोग की दृष्टि से डेमाक्रेसी वह प्रातिनिधक शासन है जिसके अन्तर्गत पैतृक अथवा अविहित श्रेणीगत भेदभाव न होकर अधिकारों की समानता रहती है।[8]

(2) डेमाक्रेसी जीवनदृष्टि अथवा जीवनपद्धति के रूप में

'राजनीतिक अर्थ के अतिरिक्त 'डेमाक्रेसी' का साधारण सामाजिक अर्थ यह है कि शासन का ही नहीं किंतु सारे संगठन का, धर्म, आचार–व्यवहार, आर्थिक संस्था, कला–साहित्य इत्यादि का आधार जनता का हित हो। अर्थात् 'डेमाक्रेसी' राजनीति का ही नहीं किन्तु सारे जीवन का सिद्धान्त है; जीवन का दृष्टिकोण है।'[9] प्रस्तुत जीवन–पद्धति के अन्तर्गत इस प्रकार की समाज–व्यवस्था अपेक्षित है कि जिसमें श्रेणी अथवा वर्ग आदि के सामाजिक प्रतिबन्ध न होकर सबके अधिकार समान हों।[10]

जीवनदृष्टि के रूप में डेमाक्रेसी के प्रयोग की व्यापकता और उसके अन्तर्गत 'शासन-तंत्र' अर्थ का समाहार

शासन–तंत्र के रूप में प्रयुक्त डेमाक्रेसी का अर्थ बहुत कुछ

सीमित है तथा जीवनदृष्टि के रूप में प्रयुक्त डेमाक्रेसी का अर्थ अपेक्षाकृत अधिक व्यापक है और अन्ततः शासन–पद्धति के रूप में व्यवहृत डेमाक्रेसी उसका एक भाग ही है। शासन–पद्धति, जीवन–पद्धति का एक अंग ही है अतः जीवन–पद्धति के अन्तर्गत शासन–पद्धति का भी समाहार हो जाता है।[11]

डेमाक्रेसी का आधारभूत तत्त्व

डेमाक्रेसी का सिद्धान्त मानव की पारस्परिक समानता पर आश्रित है। इसके अन्तर्गत कुल, सम्पत्ति, सामाजिक स्थिति आदि का भेदभाव किये बिना समाज के प्रत्येक व्यक्ति का समान आदर किया जाता है। किसी भी प्रकार का ऊँच–नीच का भेदभाव डेमाक्रेसी की आत्मा के सर्वथा विरुद्ध है।[12]

विद्वानों के मतानुसार ऐतिहासिक दृष्टि से यह सत्य है कि कुछ समानताओं के अभाव में किसी प्रकार की स्वतंत्रता की प्राप्ति की आशा नहीं की जा सकती। समानता की मांग डेमाक्रेसी के विकास की आधारशिला है। महान विचारक अरिस्तु की तीक्ष्ण बुद्धि ने आज से चिरकाल पूर्व यह देख लिया था कि समानता की लालसा क्रान्ति की एक गहन जड़ है।[13]

डेमाक्रेसी के अन्तर्गत समानता का अर्थ है कि प्रत्येक व्यक्ति को अपनी योग्यता के अनुरूप अपने गुणों का पूर्ण विकास करने का अवसर प्राप्त हो जिसमें किसी अन्य व्यक्ति का निजी लाभ बाधक न हो। इसके अतिरिक्त डेमाक्रेसी इस बात के विरुद्ध है कि किसी व्यक्ति को कुल, सम्पत्ति, लिंग आदि के भेद के आधार पर अपने गुणों के विकास करने के अवसर वे वंचित रखा जाय। संभव है किसी को अपने लक्ष्य की सिद्धि न हो परन्तु उसे यह कहने का अवसर न मिले कि सामाजिक प्रतिबन्धों के कारण उसकी पराजय निश्चित थी।[14]

सभी उत्तम राज्य–प्रणालियों का और विशेषतः डेमाक्रेसी का

यह उद्देश्य होता है कि अपनी प्रजा के लोगों को सामाजिक, राजनीतिक तथा आर्थिक स्वतंत्रता प्रदान करके उनकी समृद्धि के मार्ग को प्रशस्त करे।[15] राजनीति की भाषा में इन्हें सामाजिक, राजनीतिक तथा आर्थिक अधिकार कहते हैं। इन अधिकारों की अस्वीकृति डेमाक्रेसी का निषेध है।

डेमाक्रेसी के दो वर्ग

उन्नीसवीं शताब्दी के प्रारम्भ तक डेमाक्रेसी के अन्तर्गत व्यक्ति के आर्थिक अधिकारों की सुरक्षा के विधान का प्रायः अभाव था। उन दिनों व्यक्तिवाद का बोलबाला होने के कारण अनुत्तरदायित्त्वपूर्ण अर्थ–व्यवस्था थी। उस समय के उद्योगपति नैसर्गिक अधिकारों की आड़ लेकर अपने कृत्यों का समर्थन करते थे। सम्पत्ति का स्वामी होना, अपना व्यापार चलाना तथा अपने नौकरों के जीवन के साथ खिलवाड़ करना भी वे अपना नैसर्गिक अधिकार समझते थे।[16] तत्कालीन मौलिक प्रजातन्त्रवादियों का यह विश्वास था कि मनुष्यों को बिना किसी प्रतिबन्ध के अपने लिए जूझने की खुली छूट दी जाये, क्योंकि वे अपना अधिकतम हित स्वयं जान लेंगे और उसे प्राप्त कर लेंगे। परन्तु यह उनकी बड़ी भारी भूल थी क्योंकि वे डेमाक्रेसी के केवल स्वातंत्र्य–पक्ष पर बल देते थे और उनकी 'स्वतंत्रता' का अर्थ दरिद्रों के लिए दरिद्र रहने की स्वतंत्रता था।[17]

उन्नीसवीं शताब्दी के मध्यकालीन उदारपंथियों को इस प्रकार की असभ्य और अनुत्तरदायी अर्थ–व्यवस्था के विकास को देखकर जो ठेस पहुंची, वह न्यायपूर्ण थी। अतः उन्होंने नैसर्गिक–अधिकार के सिद्धान्त से सामाजिक–अधिकार के सिद्धान्त पर संक्रमण किया। इस सामाजिक–अधिकार के सिद्धान्त में बहुत कुछ सत्य सन्निहित था।[18]

फ्रांस की राज्यक्रान्ति से ही आर्थिक समानता डेमाक्रेसी का एक स्थायी अंग बन पायी। उस समय से लेकर समाजवादी सिद्धान्तों के

सम्बन्ध में यह धारणा उत्तरोत्तर दृढ़ होती गयी कि आर्थिक समानता के अभाव में किसी भी राजनीतिक रचनाक्रम के अन्तर्गत जनसाधारण अपनी इच्छाओं और अपने हितों की पूर्ति नहीं कर सकता। अतः इस बात पर बल दिया जाने लगा कि वास्तविक डेमाक्रेसी आर्थिक समानता के विचारक्रम पर निर्भर है।[19] इसीलिए अब जनतांत्रिक अधिकारों की सूची में नए सामाजिक अधिकारों के सन्निवेश का आग्रह रहता है।[20]

निस्संदेह केवल संपत्ति ही मनुष्य के स्वतंत्र बनने का एकमेव साधन नहीं है परन्तु जो दरिद्रों के सामान्य जीवन से परिचित हैं; जो कि निरन्तर भावी के भय से आक्रान्त रहता है, सदैव सिर पर मँडराने वाली विपत्तियों से संत्रस्त रहता है; वे अनुभव करेंगे कि आर्थिक सुरक्षा के बिना स्वतंत्रता भी स्पृहणीय नहीं है।[21] इस सम्बन्ध में कार्ल मार्क्स ने जो विचार–दर्शन प्रस्तुत किया है वह समान रूप से पूँजीवाद तथा डेमोक्रेसी को एक चुनौती है। उनका कहना है कि केवल राजनीतिक डेमाक्रेसी पर्याप्त नहीं है। सड़क की पटरियों पर सोना तथा भूखों मरना स्वतंत्रता को समाप्त करने की स्वतंत्रता है।[22]

डेमाक्रेसी की इन्हीं कमियों के कारण सर्वत्र यह कहा जाने लगा कि सामाजिक तथा आर्थिक समस्याओं के हल करने में यह असफल रही तथा केवल राजनीतिक डेमाक्रेसी अपर्याप्त है। डेमाक्रेसी के एक ब्रिटिश सेनानी ने ही यह स्वर उद्घोषित किया कि पाश्चात्य डेमाक्रेसी को एक देश की नूतन चुनौती का सामना करना पड़ रहा है, जो कि एक अभिनव तथा प्रगतिशील डेमाक्रेसी का मार्गदर्शक है और वह चुनौती सोवियत डेमाक्रेसी है।[23]

इस प्रकार हमें डेमाक्रेसी के स्पष्टतः दो वर्ग दृष्टिगत होते हैं। एक पाश्चात्य राजनीतिक डेमाक्रेसी है जो व्यक्तिवादी तथा नैसर्गिक अधिकारों के सिद्धान्तों पर अवलंबित है और जिसमें आर्थिक समानता का विचार प्रायः नहीं है, इसे पूंजीवादी अथवा बूर्ज्वा डेमाक्रेसी कहा

जाता है। इसके अतिरिक्त एक सोवियत डेमाक्रेसी है जो केवल राजनीतिक डेमाक्रेसी को अपर्याप्त मानकर प्रमुखतः आर्थिक समानता पर बल देती है। इसे सोशलिस्ट डेमाक्रेसी अथवा पीपुल्स डेमाक्रेसी भी कहते हैं।

(1) पाश्चात्य डेमाक्रेसी अथवा बूर्ज़्वा डेमाक्रेसी अथवा पूंजीवादी डेमाक्रेसी

बूर्ज़्वा डेमाक्रेसी पूंजीवादी समाज के अन्तर्गत अत्यंन्त सीमित, कुतरी हुई, मिथ्या तथा प्रवंचनापूर्ण होती है। यह अल्पसंख्यक सम्पत्तिशालियों के लिए स्वर्ग–सदृश होती है तथा शोषित निर्धनों के लिए एक जाल तथा धोखा है।[24] श्रमिक जनता सहस्रों प्रकार की बाधाओं के द्वारा बूर्ज़्वा–संसदों में भाग लेने से रोक दी जाती है। मज़दूर भली प्रकार जानते, देखते और अनुभव करते हैं कि बूर्ज़्वा–संसद अल्पसंख्यक शोषकवर्ग का सर्वहारासमाज को दमन करने का साधन है।[25] अनिवार्य रूप से संकीर्ण, चोरी से निर्धनों को एक ओर हटा देने वाली, बलपूर्ण तथा अन्तरतम तक मिथ्या पूंजीवादी डेमाक्रेसी अधिकाधिक जनतंत्र की ओर उन्मुख नहीं होती।[26] इस प्रकार की पाश्चात्य डेमाक्रेसी के प्रति सोवियत आक्षेप है कि यह निरी औपचारिक है तथा केवल राजनीतिक है जिसमें सामाजिक तथा आर्थिक विचारों का अभाव है।[27]

मार्क्स ने इस पूंजीवादी डेमाक्रेसी के सार को भलीभाँति हृदयंगम कर लिया था। उन्होंने कहा कि हर कुछ वर्षों के उपरान्त दलितों को यह निर्णय करने का अवसर मिलता है कि संसद में अपने दमन के हेतु दमनकारी वर्ग में से वे किन प्रतिनिधियों का निर्वाचन करें।[28] अतः हम सहज ही इस निष्कर्ष पर पहुंच सकते हैं कि पूँजीवादी समाज के अन्तर्गत व्यवस्थित स्वतंत्रता 'प्राचीन यूनानी गणतंत्रों की स्वतंत्रता की भाँति केवल दासों के स्वामियों के लिए है। पूँजीवादी शोषण के कारण

वैतनिक (वेतन भोगी) दास अभाव तथा दरिद्रता के द्वारा इस प्रकार कुचल दिये जाते हैं कि उन्हें डेमाक्रेसी तथा राजनीति से कोई सरोकार ही नहीं रह जाता।[29]

(2) सोवियत डेमाक्रेसी अथवा सोशलिस्ट डेमाक्रेसी अथवा पीपुल्स डेमाक्रेसी

साम्यवादियों के मतानुसार पूँजीवादी संस्थाओं के अन्तर्गत यथार्थ डेमाक्रेसी की प्राप्ति नहीं हो सकती और जब तक आर्थिक वैषम्य व्याप्त है तब तक राजनीतिक समानता केवल इन्द्रजाल है। वर्ग–भेद को मिटाकर तथा उत्पादन के साधनों पर जनता का स्वामित्व होने पर ही सब लोगों की स्वतंत्रता संभव है। अतः साम्यवाद डेमाक्रेसी का निषेध न करके उसे पूर्ण रूप में प्राप्त करने का दावा करता है।[30] इस सम्बन्ध में स्वयं लेनिन ने अत्यंत स्पष्ट रूप से घोषणा की है कि सर्वहारा–डेमाक्रेसी किसी भी बूर्ज़्वा–डेमाक्रेसी से तथा सोवियत शक्ति अधिकतम जनतान्त्रिक बूर्ज़्वा गणतंत्र से लाख गुना जनतंत्रवादी है। अतः सोवियत–व्यवस्था श्रमिकों तथा किसानों के लिए परमोच्च डेमाक्रेसी है।[31]

सोशलिस्ट डेमाक्रेसी तथा बूर्ज़्वा डेमाक्रेसी का अन्तर

इस प्रकार राजनीतिक विद्वानों के कथनानुसार पूँजीवादी समाज के अन्तर्गत तथाकथित डेमाक्रेसी संकीर्ण, निकृषृ तथा मिथ्या है और वह केवल अल्पसंख्यक धनिकों के लिए है।[32] इस पर बूर्ज़्वा–समाज का एकाधिपत्य रहता है, तथा यह जनसाधारण के दमन करने का एक यंत्र बन गयी है। इसके विपरीत सोवियत समाज तथा कौभिंतांग की डेमाक्रेसी ही वास्तविक डेमाक्रेसी है, जो जनसाधारण के लिए है।[33] इसके अन्तर्गत श्रमिकों तथा किसानों के शोषण का अंत हो जाता है।

निष्कर्ष

मनीषियों ने इस बात पर बल दिया है कि राज्य का कैसा भी स्वरूप हो, राजनीतिक शक्ति वस्तुतः आर्थिक शक्ति के स्वामियों के आधीन रहती हैं।[34] प्राचीन समाजवादियों का यह अनुमान यथार्थ था कि जो समाज अल्पसंख्यक धनी–वर्ग तथा बहुसंख्यक निर्धनों में विभक्त होगा वह शोषकों तथा शोषितों का समाज होगा।[35] आर्थिक शक्ति के बल पर राजनीतिक शक्ति पर अधिकार रखने वाला शोषक–वर्ग स्वभावतः सत्ता के संरक्षण में जो आर्थिक शक्ति का महत्त्व होता है उस पर पर्दा डालने की चेष्टा करता है। वह इस बात को मानने के लिए उद्यत नहीं है कि उसका सारा वैभव–विलास जनता के श्रम पर निर्भर है। इसके विपरीत वह उसे ईश्वर–प्रदत्त अधिकार कहकर, अपनी आन्तरिक श्रेष्ठता का फल बतलाकर अपनी स्थिति का समर्थन करता है। इसके अतिरिक्त सत्ताधीश–वर्ग अनेक प्रकार की युक्तिपूर्ण कल्पित कथाओं का सृजन करके साधारण जनता को भ्रम में डालता रहता है।[36]

यह ठीक है कि आज राजनीतिक दृष्टि से सभी समान हैं किन्तु प्रायः सभी देशों में धनी लोग अपने हितों की रक्षा के लिए लब्धप्रतिष्ठ वकील रख सकते हैं जबकि निर्धन ऐसा करने में असमर्थ हैं। कुछ देशों में धनी–वर्ग उत्कोच के द्वारा कारावास से भी बच जाते हैं, जहाँ ऐसा सम्भव नहीं वहाँ अर्थदण्ड देकर बच जाते हैं, जबकि निर्धन ऐसा नहीं कर सकते।[37] जहाँ शिक्षा पर व्यय अपेक्षित है वहाँ वह कुछ लोगों तक सीमित रह जाती है। अतः असमानता और भी वेग से बढ़ती है। जो सम्पन्न हैं वे उच्च शिक्षा प्राप्त करके और अधिक धन अर्जित कर लेते हैं। परन्तु निर्धनों को अपनी स्थिति से ऊँचे उठने में अत्यंत कठिनाई का सामना करना पड़ता है।[38] इसलिए यदि अवसर की समानता की प्राप्ति अभीष्ट है तो जनतांत्रिक समाज में पहले से प्रतिष्ठित समानताओं के साथ आर्थिक समानता का भी योग आवश्यक

है।[39]

वस्तुतः जिस समाज के अन्तर्गत अर्थपरक उद्यम के फल का वितरण असमान रूप से होता है उसमें निश्चय ही व्यक्ति की स्वतंत्रता नहीं रह जाती।[40] आर्थिक स्वतंत्रता तथा समानता के साहचर्य के बिना राजनीतिक स्वतंत्रता तथा समानता जो कि डेमाक्रेसी का आधार है, कोरी कल्पना मात्र रह जाती है।[41] जब तक कि समाज इस प्रकार से विभक्त है कि उसमें कुछ लोग सम्पत्ति के स्वामी हैं तथा शेष वे लोग हैं जिनके पास बेचने के लिए केवल उनका श्रम है तब तक विधि–विहित समानता तथा मतदान का अधिकार केवल थोथी औपचारिकता है। स्वतंत्रता, समानता तथा भ्रातृत्व की प्राप्ति उसी समाज के अन्तर्गत सम्भव है जहां कि उत्पादन के साधनों पर समाज का सामूहिक स्वामित्व होता है।[42] अतः जो लोग अपने आप को दूसरों के दमनचक्र से सुरक्षित रखना चाहते हैं उनके लिए यही उपचार है कि आर्थिक शक्ति को नियन्त्रित रखने, वाली संस्थाओं पर जनता का स्वामित्व प्राप्त करें। जब तक यह शक्ति 'प्राइवेट' हाथों में रहेगी तब तक राजनीतिक डेमाक्रेसी द्वारा प्रदत्त बाह्य समानता केवल छलना मात्र है।[43]

हिन्दी में शासनतंत्र के रूप में 'डेमाक्रेसी' का अनुवाद

जनसत्ता अथवा जनतंत्र

हिन्दी में अँग्रेजी के 'डेमाक्रेसी' शब्द के अनुवाद–स्वरूप हमें किन शब्दों का प्रयोग करना चाहिए इस सम्बन्ध में अधिकारी विद्वान डॉ. बेनी प्रसाद का कथन है कि, "अँग्रेजी में 'डेमाक्रेसी' शब्द का प्रयोग दो अर्थों में किया जाता है, एक तो राजनैतिक और दूसरा साधारण सामाजिक। राजनैतिक अर्थ यह है कि शासन जनता के या जनता के

चुने हुए प्रतिनिधियों के हाथ में हो। साधारण सामाजिक अर्थ यह है कि शासन का ही नहीं किंतु सारे संगठन का, धर्म, आचार व्यवहार, आर्थिक संस्था, कला, साहित्य इत्यादि का आधार जनता का हित हो। अर्थात् 'डेमाक्रेसी' राजनीति का ही नहीं किन्तु सारे जीवन का सिद्धान्त है; जीवन का दृष्टिकोण है। इन दोनों अर्थों में अंतर स्पष्ट है पर शब्द की एकता ने साहित्य में बड़ी अस्पष्टता पैदा कर दी है। उचित है कि हिन्दी में इन दोनों अर्थों को दो भिन्न शब्दों से प्रगट किया जाय। राजनैतिक अर्थ में जनसत्तावाद या संक्षेप से केवल जनसत्ता का प्रयोग हो सकता है और साधारण सामाजिक अर्थ में जनतावाद। अतः डेमाक्रेसी के लिए राजनीतिक अर्थ में 'जनसत्ता' अथवा 'जनतंत्र' का प्रयोग किया जाता है।"[44]

हिन्दी में जीवनदृष्टि अथवा सामाजिक दृष्टि के रूप में डेमाक्रेसी का अनुवाद

जनतावाद अथवा जनवाद

डॉ. बेनी प्रसाद ने डेमाक्रेसी के साधारण सामाजिक अर्थ के लिए 'जनतावाद' शब्द का प्रयोग किया है। हिन्दी में कतिपय विद्वानों ने 'डेमाक्रेसी' के साधारण सामाजिक अर्थ के लिए 'जनतावाद' के ही संक्षिप्त रूप 'जनवाद' का प्रयोग किया है।[45] वास्तविकता यह है कि हिन्दी में जनवाद शब्द के प्रयोग का प्रचलन साम्यवादियों तथा प्रगतिवादियों के द्वारा ही किया गया है क्योंकि इसका अधिकांश प्रयोग साम्यवादियों की अनूदित तथा मौलिक रचनाओं में पाया जाता है। इसके अतिरिक्त प्रगतिवादी लेखकों तथा आलोचकों की कृतियों में ही जनवाद का प्रयोग बहुलता के साथ उपलब्ध होता है। अतः जहां हम हिन्दी साहित्य के प्रगतिवादी लेखकों अथवा आलोचकों द्वारा जनवाद

के प्रयोग पर दृष्टिपात करते हैं वहां साम्यवादियों द्वारा प्रयुक्त 'जनवाद' को दृष्टि से ओझल करना उपयुक्त प्रतीत नहीं होता। उन्होंने अपनी प्रचार–पुस्तिकाओं में इसका बहुलता के साथ प्रयोग किया है।[46]

जनवाद के समशील पाश्चात्य शब्द

(ख) सोशलिज्म : समाजवाद

परिभाषा

डेमाक्रेसी के अतिरिक्त 'सोशलिज्म' जनवाद का समशील एक पाश्चात्य शब्द है। सोशलिज्म ठीक–ठीक परिभाषा में आबद्ध हो सकने वाला सिद्धान्त–समूह नहीं वरन् एक प्रवृत्ति है।[47] यदि इसकी परिभाषा करना ही अपेक्षित हो तो कहा जा सकता है कि सोशलिज्म वह विचार–पद्धति है जो शोषण का अन्त करके सबका हितसाधन करने के हेतु भूमि तथा पूंजी आदि उत्पादन के साधनों तथा उत्पादित सामग्री के वितरण पर जनतांत्रिक ढंग से जनता अथवा समुदाय के सामूहिक स्वामित्व तथा नियंत्रण का समर्थन करती है।[48]

व्याख्या

सोशलिज़्म का उदय विशेषतः पूंजीवाद द्वारा उत्पन्न आर्थिक असमानता के विद्रोह–स्वरूप हुआ। पूंजीवाद के अन्तर्गत केवल विधिगत तथा राजनीतिक समानता का विचार किया गया और आर्थिक तथा सामाजिक पक्ष की कुटिलतापूर्वक उपेक्षा की गई अतः स्वतंत्रता, समानता तथा भ्रातृत्व केवल छलना सिद्ध हुए। इस प्रकार की व्यवस्था के विरोध–स्वरूप राजनीतिक समानता के साथ आर्थिक समानता का भी समर्थन करने वाले सोशलिज्म का प्रादुर्भाव हुआ।[49]

समाजवादियों का विश्वास है कि सामाजिक अन्याय का एकमात्र कारण पूंजीपति तथा श्रमिक–वर्ग का असंतुलित सम्बन्ध है। अतः न्याय तथा अधिकारों के सिद्धान्त पर आश्रित सोशलिज़्म का सुझाव है कि उत्पादन के साधनों तथा उत्पादित सामग्री के वितरण पर समाज का सामूहिक स्वामित्व तथा नियंत्रण हो जिससे कि सबका हित–संपादन संभव है।[50] ऐसा करने से मानव द्वारा मानव के शोषण का अंत हो जाएगा तथा एक वर्ग–रहित समाज की स्थापना हो सकेगी जिसके अन्तर्गत जनता अपने जीवन के साधनों पर नियंत्रण करके अपने हित के लिए उनका उपयोग करेगी।[51]

(ग) कम्यूनिज़्म : साम्यवाद

परिभाषा

'कम्यूनिज़्म' भी जनवाद कें समशील पाश्चात्य शब्दों में से एक है। यह एक आदर्श अथवा विचारधारा तथा विधि भी है। आदर्श की दृष्टि से इसका लक्ष्य एक ऐसे समाज की स्थापना है जिसके अन्तर्गत उत्पादन तथा वितरण के साधनों पर समाज के सामूहिक स्वामित्व के फलस्वरूप विभिन्न वर्गों का अन्त हो जाता है। सम्पत्ति पर निजी स्वामित्व न होकर समाज का स्वामित्व होता है। श्रम का संघटन इस प्रकार से किया जाता है कि उसके द्वारा सबका हित संपादित होता है। कम्यूनिज्म का स्वीकृत सिद्धान्त यह होता है कि प्रत्येक व्यक्ति अपनी शक्ति के अनुसार कार्य करे तथा अपनी आवश्यकता के अनुसार ग्रहण करे। विधि की दृष्टि से इसकी धारणा है कि इसके आदर्श की प्राप्ति सामाजिक क्रान्ति के द्वारा ही हो सकती है जिसमें कि सर्वहारा समाज का अधिनायकत्व परिवर्तन का एक प्रभावशाली साधन है।[52] इसे मार्क्सवादी समाजवाद की संज्ञा से भी अभिहित किया जाता है।[53]

व्याख्या

कार्लमार्क्स के कथनानुसार राज्य नाम की ऐसी कोई वस्तु नहीं है जिसका आधार वर्ग–भेद न हो। वर्ग–विरोध के परिणामस्वरूप ही राज्य का अस्तित्व होता है और यह एक वर्ग द्वारा दूसरे वर्ग पर अपना प्रभुत्व स्थापित करने का एक साधन है। वास्तविक जनतंत्र की स्थापना के लिए बहुसंख्यक सर्वहारा–वर्ग को अल्पसंख्यक शोषक–वर्ग पर अपना प्रभुत्व स्थापित करना होगा।[54] इसके लिए सर्वहारा–समाज को राज्यशक्ति की आवश्यकता होगी जो बलपूर्वक तथा हिंसा के द्वारा शोषकों के प्रतिरोध को कुचल कर समाजवादी अर्थव्यवस्था के हेतु विशाल शोषित–जनसमूह का नेतृत्व करेगी।[55]

पूंजीवादी समाज से साम्यवादी समाज की परिणति में एक क्रान्तिकारी परिवर्तन–काल आता है जिसमें राजसत्ता केवल सर्वहारा–समाज का क्रान्तिकारी अधिनायकत्व होती है।[56] मार्क्स की घोषणा है कि इस पुनर्निर्माण काल में विजेता श्रमिकों को अपने कार्यक्रम को कार्यान्वित करने तथा प्रतिक्रान्ति को समाप्त करने के निमित अपना अधिनायकत्व स्थापित करना चाहिए। और यह अधिनायकत्व का समय अनिश्चित है जब तक कि बूर्ज्वा–समाज के अवशेष पूर्णतया लुप्त नहीं होते तथा समाजवादी अर्थव्यवस्था दृढ़तापूर्वक स्थापित नहीं हो जाती। जब विरोधी वर्ग नहीं रहेंगे तो राजसत्ता का स्व्यमेव लोप हो जाएगा।[57]

सर्वहारा–समाज के अधिनायकत्व के परिणामस्वरूप जनतंत्र का अत्यधिक विस्तार होगा जो कि पहली बार जनता का, दरिद्रों का, जनतंत्र होगा न कि धनिकों का। सर्वहारा–वर्ग को पूंजीपति शोषकों की स्वतंत्रता पर अनेक प्रतिबन्ध लगाने होंगे। हमें मानवता को वैतनिक दासता से मुक्त करने के लिए उनका दमन करना होगा और उनके प्रतिरोध को बलपूर्वक कुचलना होगा।[58] जब पूंजीपतियों का प्रतिरोध

पूर्णतया कुचल दिया जाएगा, जब पूंजीपति लुप्त हो जायेंगे, जब समाज में विभिन्न वर्ग न होकर वर्गहीन समाज की स्थापना हो जायगी, उस साम्यवादी समाज में राजसत्ता का अस्तित्व नहीं रहेगा और तभी स्वतंत्रता की बात कही जा सकती है। तभी सच्चा और पूर्ण जनतंत्र सम्भव होगा जिसमें किसी बात की कमी नहीं रहेगी।[59]

साम्यवाद की स्थापना की विधि

कार्ल मार्क्स और एंजेल्स को यह आशा नहीं थी कि बिना हिंसक क्रान्ति के पूंजीवादी समाज समाजवादी समाज में परिणत हो जायगा।[60] उन्हें इस बात का निश्चय था कि सर्वहारा–क्रान्ति भीषण संघर्ष के उपरान्त ही सफल होगी और सर्वहारा–वर्ग की विजय तथा उसके परिणामस्वरूप वर्गहीन समाज की स्थापना हिंसक क्रान्ति के द्वारा ही हो सकती है।[61] साम्यवादी लोग अपने विचारों तथा उद्देश्यों को छिपाना जघन्य समझते हैं। वे डंके की चोट पर घोषणा करते हैं कि उनके लक्ष्य की प्राप्ति वर्तमान सामाजिक स्थिति को बलपूर्वक उलट देने से ही होगी। शासक–वर्ग को साम्यवादी–क्रान्ति से भयभीत होने दें। क्योंकि सर्वहारा–समाज के पास गँवाने के लिए अपने बन्धनों के अतिरिक्त कुछ नहीं है।[62]

समाजवाद और साम्यवाद का साम्य और वैषम्य

'कम्यूनिज़्म' शब्द के प्रयोग का प्रचलन बहुत प्राचीन नहीं है। सन् 1834 तथा 1839 ई. के अन्तराल में पेरिस की गुप्त क्रान्तिकारी संस्थाओं में यह शब्द गढ़ा गया। उन्नीसवीं शताब्दी में 'कम्यूनिज़्म' शब्द का 'सोशलिज़्म' शब्द के साथ एकीकरण हो गया और व्यावहारिक दृष्टि से दोनों का प्रयोग पर्यायवचन के रूप में होने लगा। इस काल में 'कम्यूनिस्ट' शब्द का बहुत कम प्रयोग किया जाता था। श्रमिक दल अपने आप को 'सोशलिस्ट' कहते थे। मार्क्स और एंजेल्स द्वारा प्रकाशित कम्यूनिस्ट मंतव्य–पत्र पर आस्था रखने वाले मार्क्सवादी

दल भी अपने आपको सोशलिस्ट कहते हैं। किन्तु लेनिन द्वारा सन् 1918 ई. में संचालित आन्दोलन ने सोशलिस्ट आन्दोलन से अपना सम्बन्धविच्छेद करके अपने आपको कम्यूनिस्ट कहना प्रारम्भ कर दिया।[63]

वैषम्य

'सोशलिस्ट' और 'कम्यूनिस्ट' शब्दों में भेद करने का अनेक बार प्रयत्न किया गया परन्तु अभी तक दोनों की कोई सर्वस्वीकृत विशिष्ट परिभाषा नहीं की जा सकी है। मार्क्स और लेनिन के संकेत के अनुसार 'सोशलिस्ट' शब्द उस व्यवस्था के लिए प्रयुक्त किया जाता है जिसके अन्तर्गत उत्पादन के प्रमुख साधन जनता की सम्पत्ति बन जाते हैं और उनका उपयोग लाभ की दृष्टि से नहीं वरन् जनहित की दृष्टि से किया जाता है। समाज के व्यक्ति को अपने उपयोग की वस्तु के बदले मूल्य चुकाना होता है और उसे अपने श्रम के प्रतिदान स्वरूप वेतन मिलता है। जबकि 'कम्यूनिस्ट' का अभिप्राय उस समाज–व्यवस्था से है जिसमें सब कुछ समूचे समाज की सम्पत्ति मान लिया जाता है। इस व्यवस्था के अन्तर्गत व्यक्ति को अपने उपयोग की वस्तुएं बिना मूल्य मिलेंगी तथा प्रत्येक व्यक्ति बिना वेतन लिए श्रम करेगा। इसे संक्षेप में इस प्रकार कहा जा सकता है कि सोशलिज़्म के इस नारे के स्थान पर कि 'प्रत्येक व्यक्ति अपनी योग्यता के अनुसार काम करेगा तथा उसके कार्य के अनुरूप उसे पारिश्रमिक मिलेगा, कम्यूनिज़्म में यह विचार–भेद हो गया कि 'प्रत्येक व्यक्ति अपनी योग्यता के अनुसार काम करेगा तथा उसे आवश्यकता के अनुसार मिलेगा।'[64]

इसके अतिरिक्त कम्यूनिज़्म में पूंजीपति–वर्ग को हिंसक क्रान्ति के द्वारा उलटने का विचार निहित है। दूसरी ओर विकासवादी सोशलिज़्म या समाजवाद है जो यद्यपि सिद्धान्त की दृष्टि से मार्क्सवाद पर आश्रित है तथापि आर्थिक व्यवस्था को सुधारने के लिए उत्पादन

के साधनों पर राष्ट्र का नियंत्रण करने के हेतु वैधानिक उपयों के अवलम्बन की ओर आग्रह रखता है। सोशलिज़्म के अन्तर्गत पूंजीवाद से समाजवाद की प्रतिष्ठा के संक्रमणकाल में सर्वहारा–वर्ग के अधिनायकत्व का कोई विधान नहीं है।[65] श्री लेनिन इन दोनों का वैज्ञानिक अन्तर स्पष्ट करते हुए कहते हैं कि जिसे सोशलिज़्म अथवा समाजवाद कहते हैं उसे मार्क्स ने साम्यवादी समाज की प्रथम अवस्था कहा है। जहां तक उत्पादन के साधनों का सार्वजनिक सम्पत्ति होने का प्रश्न है इस अवस्था के लिए 'कम्यूनिज़्म' का भी प्रयोग किया जा सकता है परन्तु यह भूलना नहीं होगा कि यह पूर्ण साम्यवाद नहीं है।[66]

तात्त्विक दृष्टि से समाजवाद और साम्यवाद की समानता

कुछ समाजवादियों के विचारानुसार समाज का सामूहिक स्वामित्व हिंसक क्रान्ति के द्वारा पूर्ण रूप में शीघ्रता से होना चाहिए तथा अन्य समाजवादियों का अभिमत है कि यह प्रक्रिया शनैः शनैः होनी चाहिए। कुछ का आग्रह है कि सम्पूर्ण भूमि तथा पूंजी पर जनता का आधिपत्य हो तथा अन्य समाजवादी इससे भी संतुष्ट हैं कि केवल प्रमुख साधनों पर जनता का अधिकार हो जाए तथा शेष पर वैयक्तिक स्वामित्व भी रह सकता है। अतः हम देखते हैं कि सोशलिज़्म अथवा समाजवाद तथा कम्यूनिज्म अथवा साम्यवाद में प्रमुखतः विधि का अन्तर है। लक्ष्य की दृष्टि से तत्त्वतः दोनों एक हैं। दोनों का प्रधान उद्देश्य पूंजीवादी व्यवस्था को समाप्त करके एक वर्गहीन समाज की स्थापना करना है जिसके अन्तर्गत सब प्रकार के शोषण का अभाव होगा तथा सबको सब प्रकार की समानता प्राप्त होगी।[67] दोनों के उद्देश्य का मूलभूत सिद्धान्त है कि जहां तक सामाजिक, राजनीतिक, वैधानिक तथा आर्थिक स्थिति का सम्बन्ध है सब मनुष्यों को कुल, जातीयता, धर्ममत अथवा लिंग आदि के भेदभाव बिना पूर्ण समानता प्राप्त होनी चाहिए।[68]

हिन्दी में सोशलिज़्म के अर्थ में जनवाद का प्रयोग

डॉ. त्रिलोकीनारायण दीक्षित ने 'जनवादी' शब्द का प्रयोग 'सोशलिस्ट' (समाजवादी) अथवा 'कम्यूनिस्ट' (साम्यवादी) के अर्थ में किया है। अतः यहां जनवाद से उनका आशय 'सोशलिज़्म' (समाजवाद) अथवा तात्त्विक दृष्टि से उसी के समानार्थी 'कम्यूनिज़्म' (साम्यवाद) से है। उन्होंने प्रेमचंद के लिए 'जनवादी मार्क्सवादी' शब्द का प्रयोग किया है। ऐसा प्रतीत होता है कि वे प्रेमचंद को 'मार्स्कियन सोशलिस्ट' बतलाना चाहते हैं। अतः यहां 'मार्क्सवादी जनवादी' शब्द का प्रयोग होना चाहिए था। यदि उनका आशय इससे भिन्न है तो 'जनवादी मार्क्सवादी' शब्द में 'जनवादी' 'मार्क्सवादी' का पर्यायवाची है। अतः 'जनवादी' का प्रयोग 'कम्यूनिस्ट' (साम्यवादी) के अर्थ में हुआ है। हम पहले बता चुके हैं कि साम्यवादी भी अपने आपको 'मार्क्सवादी सोशलिस्ट (समाजवादी)' कहते हैं। निष्कर्ष स्वरूप हम कह सकते हैं कि यहां 'जनवाद' का तात्पर्य 'समाजवाद' है।[69]

हिन्दी में सर्वहारावाद के पर्यायवाची के रूप में जनवाद का प्रयोग

डॉ. नगेन्द्र ने 'जनवाद' का प्रयोग 'सर्वहारावाद' के पर्याय के रूप में किया है।[70] 'सर्वहारावाद' अंग्रेजी के 'प्रोलिटेरिएनिज़्म' का अनुवाद है जिसका अर्थ है प्रोलिटेरिएट अथवा सर्वहारा–समाज के राजनीतिक सिद्धान्त तथा उनका व्यवहारान्तर्गत प्रयोग।[71] मार्क्सवादी अथवा समाजवादी दृष्टिकोण से 'प्रोलिटेरिएट' का अभिप्राय उस श्रमिक समुदाय से है जो समूची पूंजी तथा सम्पत्ति का उत्पादक है परन्तु स्वयं किसी भी प्रकार की सम्पत्ति का स्वामी नहीं है और जो अपनी जीविका के लिए अपने श्रम का विक्रय करता है।[72] मार्क्स–दर्शन के अन्तर्गत पूंजीवाद से समाजवाद की प्रतिष्ठा के संक्रमण काल के

लिए सर्वहारा वर्ग के अधिनायकत्व (डिक्टेटरशिप आव दी प्रोलिटेरिएट) का विधान है। मार्क्स की कल्पना थी कि सर्वहारा वर्ग जनसंख्या का इतना बड़ा भाग बन जाएगा कि वह प्रायः समूची जनसंख्या को परिव्याप्त कर लेगा इसलिए वह सर्वहारा वर्ग के अधिनायकत्व को जनतंत्र (डेमाक्रेसी) का एक रूप मानता था।[73] यही सर्वहारा जनतंत्र अथवा सोवियत जनतंत्र है जिसके सम्बन्ध में महामना लेनिन ने अत्यंत स्पष्ट शब्दों में घोषणा की है कि सर्वहारा–जनतंत्र बूर्ज्वा–जनतंत्र की अपेक्षा लाख गुना जनतंत्रात्मक है।[74] जबकि पूंजीवादी समाज का जनतंत्र संकीर्ण, निकृषृ तथा मिथ्या है जो केवल अल्पसंख्यक धनिकों के लिए होता है। साम्यवाद के प्रति संक्रमणकाल में सर्वहारा–समाज का अधिनायकत्व सर्वप्रथम बहुसंख्यक सामान्य जनता के लिए जनतंत्र उत्पन्न करेगा जिसे वास्तविक जनतंत्र कहा जा सकता है।[75] सर्वहारा–समाज अथवा प्रोलिटेरिएट का यही राजनीतिक सिद्धान्त एवं प्रयोग है। अतः डॉ. नगेन्द्र द्वारा 'जनवाद' का प्रयोग इसी सर्वहारा–जनतंत्र (प्रोलिटेरियन डेमाक्रेसी) के लिए किया गया है।

हिन्दी में सामाजिक, राजनीतिक और आर्थिक अन्तश्चेतना के अर्थ में जनवाद का प्रयोग

डॉ. सुधीन्द्र तथा श्री प्रकाशचन्द्र गुप्ता ने 'जनवाद' का प्रयोग जनता की सामाजिक, आर्थिक तथा राजनीतिक अन्तश्चेतना को जाग्रत करने वाली विचारधारा के रूप में किया है। यह विचाराधारा चिरकाल से शोषित तथा पददलित जनजीवन को सामाजिक, आर्थिक तथा राजनीतिक समानता की प्राप्ति के हेतु प्रबुद्ध अथवा सचेत करती है।[76] श्री प्रकाशचन्द्र गुप्त अनेकत्र 'जनवाद' का प्रयोग मानव–कल्याण विधायिकी विचार–पद्धति के रूप में भी करते हैं परन्तु 'मानव' से उनका आशय सामान्य जनता से ही है जिसमें कि बूर्ज्वा–वर्ग अथवा पूंजीपति–वर्ग का समावेश प्रतीत नहीं होता।[77] 'सूर' के दृष्टिकोण का

विवेचन करते हुए वे उसे मानवतावादी तथा जनवादी बतलाते हैं और 'सूर' को हिन्दी साहित्य की मानवतावादी परम्परा में एक अनमोल कड़ी बतलाते हैं। यहां उन्होंने जनवाद और मानवतावाद का व्यवहार पर्याय रूप में किया है।[78]

'पापुलर' तथा 'पीपुल्स' के अर्थ में 'जनवादी' शब्द का प्रयोग

कतिपय साम्यवादी लेखकों ने अपनी अनूदित तथा मौलिक प्रचार–पुस्तिकाओं में अंग्रेज़ी के 'पापुलर' शब्द के अर्थ में 'जनवादी' शब्द का प्रयोग किया है। इसी प्रकार चीन की नवोदित डेमाक्रेसी को 'पीपुल्स डेमाक्रेसी' की संज्ञा दी गई है। 'पीपुल्स' शब्द भी 'पापुलर' का ही पर्यायवाची है।[79] साम्यवादी लेखकों ने 'पीपुल्स' शब्द के लिए भी 'जनवादी' शब्द का प्रयोग किया है।[80] 'पापुलर' अथवा 'पीपुल्स' का अर्थ है सामान्य लोक सम्बन्धी अथवा सामान्य लोक द्वारा संचालित।[81] अतः यहां 'जनवाद' से आशय सामान्य जनता का हित–साधन करने वाले सिद्धान्त से है।

(घ) ह्यूमैनिज़्म : मानवतावाद

अंग्रेजी का 'ह्यूमैनिज़्म' भी 'जनवाद' का समशील प्रतीत होता है जिसका अर्थ सामान्यतया 'मानवतावाद' किया जाता है। 'ह्यूमैनिज़्म' अथवा 'मानवतावाद' का व्यवहार एक विशेष दर्शनिक मतवाद के लिए होता है। बौद्धिक वातावरण में 'मानवतावाद' का प्रधान स्थान रहा है जिसमें कि मानव को विश्व का मापदण्ड तथा अपने भाग्य का स्वयं विधाता माना गया है।[82] इस बौद्धिक वातावरण के अन्तर्गत उदित होने वाली मानवतावादी दृष्टि एवं सिद्धान्तों पर सुष्ठु प्रकाश डालने वाला आचार्य हज़ारीप्रसाद द्विवेदी का कथन इस प्रकार है, 'उन्नीसवीं शताब्दी में यूरोप में प्रबल ज्ञान–पिपासा जागृत हुई थी। उन दिनों वहां के मनीषियों में दो बातों के बारे में विशेष मतभेद नहीं था। (1) प्रथम

तो यह कि इस संसार में सब कुछ क्रमशः विकसित होता आ रहा है, कुछ भी जैसा है वैसा ही बनके नहीं आया था। मनुष्य का मन, बृद्धि, संस्कार, धर्ममत, सबकुछ क्रमशः विकसित हुए हैं। उसके धार्मिक विश्वास का भी विकास क्रमशः ही हुआ है। सृष्टि –परंपरा में मनुष्य का विकास अदभुत बात है। वह इस सृष्टि–प्रक्रिया का सबसे उत्तम, सबसे सुकुमार अतएव सबसे अधिक आदरास्पद और महत्वपूर्ण वस्तु है। इसी विचार–पद्धति को किसी–किसी ने ऐतिहासिक दृष्टि नाम दिया है। आज के सभी शास्त्रों के विचारक उसकी विकास–परंपरा को इसी क्रमशः विकसित होने वाली सृष्टि–प्रक्रिया का फल मानते हैं। यह ऐतिहासिक दृष्टि आज के शिक्षित व्यक्ति की निजी दृष्टि हो गई है। (2) दूसरा प्रधान विश्वास यह था कि मनुष्य को सुखी बनाना उसे सब प्रकार की आर्थिक और राजनीतिक गुलामी से मुक्त करना और उसे रोग–शोक के चंगुल से छुड़ाना ही सब प्रकार के शास्त्रों और विधाओं का प्रधान लक्ष्य है। इस मनुष्य को इसी मर्त्यकाया में इसी दुनिया में सुखी बनाने का लक्ष्य क्या है? उत्तर यह है कि मनुष्य अद्भुत शक्तियों का भंडार है। उसने अनेक त्याग और आत्मदमन के बाद अपने भीतर अनेक सद्गुणों का विकास किया है, वह पशु–सामान्य धरातल के जो ऊपर उठ सका है, इसका कारण यह है कि उसने अपने भीतर त्याग की, तपस्या की और आत्मसंयम की बुद्धि विकसित की है। उसके भीतर संभावनाएं अनेक हैं। इसी मर्त्यलोक को अद्भुत अपूर्व शांति–स्थल बनाने की क्षमता इस मनुष्य में हैं। इसी दृष्टि को उन दिनों मानवतावादी कहा गया था।[83]

संक्षेप में यदि 'ह्यूमैनिज़्म' (मानवतावाद) की परिभाषा की जाय तो कहा जा सकता है कि यह वह विचार–दर्शन है जो विशेषतः मानव–हितों पर केन्द्रित है तथा अलौकिकता निरपेक्ष भाव से इसी मर्त्यलोक में युक्ति तथा जनतंत्र के आधार पर स्वयं–स्फूर्ति से समूची मानवता के कल्याण के हेतु सेवा की प्रेरणा प्रदान करता है।[84]

अतः मानव–मात्र का हित मानवतावाद का उद्देश्य है। मानवतावाद के अन्तर्गत किसी व्यक्ति अथवा राष्ट्र का भेदभाव नहीं किया जाता। वर्तमान मानवतावाद अन्तर्राष्ट्रीय मित्रता तथा मनुष्य के अनिवार्य भ्रातृभाव का अनुमोदन करता है।[85]

हिन्दी में ह्यूमैनिज़्म अथवा मानवतावाद के अर्थ में जनवाद का प्रयोग

आचार्य नन्दुलारे वाजपेयी द्वारा व्यवहृत 'जनवाद' शब्द मानवतावाद का पर्याय प्रतीत होता है।[86] अन्यत्र उन्होंने 'जनवादी' शब्द का प्रयोग सामान्य जन–हितैषी के अर्थ में किया है तथा 'मानवतावादी' शब्द का प्रयोग मानव–मात्र हितैषी के अर्थ में किया है। इस प्रकार यहां उनके द्वारा प्रयुक्त 'जनवाद' और 'मानवतावाद' सर्वथा पर्याय नहीं वरन् कुछ भिन्न अर्थ रखते हैं। यहां 'मानवतावाद' का क्षेत्र 'जनवाद' के क्षेत्र की अपेक्षा अधिक व्यापक दृष्टिगत होता है जिसमें 'जनवाद' का भी समावेश हो जाता है।[87] जो रचनांए जनजीवन के महान स्रोतों से अभिषिक्त और परिप्लावित है उन्हें वाजपेयी जी जनवादी साहित्य कहते हैं। यहां 'जनवादी' शब्द से उनका अभिप्राय जनजीवन से सम्बद्ध प्रतीत होता है।[88] अन्यत्र आचार्य नन्दुलारे वाजपेयी जनवादी परम्परा का उल्लेख करते हुए कहते हैं कि "मेरे विचार से केवल आर्थिक स्वतंत्रता की लड़ाई ही जनवादी लड़ाई नहीं है।"[89] परन्तु उन्होंने इस सम्बन्ध में यह नहीं बतलाया कि जनवादी परम्परा का विज्ञापन करने वाले कौन महानुभाव जनता के हित–साधन के हेतु केवल आर्थिक स्वतंत्रता का आग्रह करते हैं। जनवाद के अन्तर्गत तो 'सामाजिक, राजनीतिक तथा आर्थिक तीनों प्रकार की समानता के प्रति आग्रह दृष्टिगत होता है। हां, जैसा कि पहले विचार किया जा चुका है, अब तक जनतंत्र के अंतर्गत राजनीतिक और सामाजिक समानता का विधान था परन्तु अब उसमें आर्थिक समानता पर अधिक बल दिया जाने लगा क्योंकि आर्थिक समानता के अभाव में राजनीतिक

तथा सामाजिक समानता केवल एक छलना है। परन्तु आर्थिक समानता पर बल देने का आशय यह कदापि नहीं कि राजनीतिक और सामाजिक समानता अभीष्ट नहीं। अतः जनवादियों पर किया गया एकांगिता का आक्षेप युक्तियुक्त प्रतीत नहीं होता।

जनवाद के विभिन्नार्थक प्रयोग

हम देख चुके हैं कि 'जनवाद' का प्रयोग विभिन्न विद्वानों ने विभिन्न अर्थों में दिया है। डॉ. रामविलास शर्मा, श्री शिवदानसिंह चौहान तथा कतिपय साम्यवादी विद्वानों ने 'जनवाद' को 'डेमाक्रेसी' के साधारण सामाजिक अर्थ के लिए व्यवहृत किया है। डॉ. त्रिलोकीनारायण दीक्षित ने सोशलिज़्म अथवा समाजवाद के अर्थ में इसका प्रयोग किया है। डॉ. नगेन्द्र ने इसे सर्वहारावाद अथवा सर्वहारा जनतंत्र का पर्याय माना है। डॉ. सुधीन्द्र तथा श्री प्रकाशचन्द्र गुप्त ने 'जनवाद' का प्रयोग जनता की सामाजिक, आर्थिक तथा राजनीतिक अन्तश्चेतना को जागृत करने वाली विचारधारा के रूप में किया है।[90] कुछ साम्यवादी लेखकों ने अपनी प्रचार–पुस्तिकाओं में सामान्य जनता का हित साधन करने वाले सिद्धान्त के रूप में 'जनवाद' का प्रयोग किया है[91] तथा आचार्य नन्ददुलारे वाजपेयी ने 'जनवाद' का व्यवहार मानवतावाद से मिलते–जुलते अर्थों में किया है।

जनवाद के विभिन्नार्थक प्रयोगों में एकसूत्रता

विभिन्न विद्वानों द्वारा 'जनवाद' के विभिन्नार्थक प्रयोगों पर गम्भीरतापूर्वक विचार करने पर सहज ही इस निष्कर्ष पर पहुंचा जा सकता है कि जनवाद के इन विभिन्न अर्थों में तात्विक दृष्टि से विशेष मतभेद अथवा अन्तर नहीं है वरन् एकसूत्रता संगुफित है। 'जनवाद' के इन सभी प्रयोगों में जनसमान्य का हित तथा उसकी प्राप्ति के हेतु जनाधिकारों की सुरक्षा अथवा राजनीतिक, सामाजिक, तथा आर्थिक समानता का विचार सन्निहित है। जनतंत्र का मूल आधार समानता है

जैसा कि हम पहले देख चुके हैं। आर्थिक समानता के अभाव में भी राजनीतिक, सामाजिक समानता निस्सार है अतः वास्तविक जनतंत्र के अन्तर्गत भी राजनीतिक, समाजिक तथा आर्थिक समानता का विधान है। समाजवाद का उद्देश्य ही जनकल्याण है जिसके अन्तर्गत किसी प्रकार की असमानता अभीप्सित नहीं। सर्वहारा जनतंत्र का लक्ष्य भी समाज में व्याप्त शोषण और विषमताओं का उन्मूलन करके वर्गहीन समाज की स्थापना है। सामाजिक, आर्थिक तथा राजनीतिक अन्तश्चेतना को जागृत करने वाली विचारधारा निश्चय ही जनहित विधायिनी होगी और मानवतावाद के अन्तर्गत भी समानता तथा जन सामान्य का हित सन्निहित है।

प्रस्तुत प्रबन्ध में जनवाद प्रयोग

प्रस्तुत प्रबन्ध में 'जनवाद' शब्द उस विचार–पद्धति का द्योतक होगा जो सामान्य जनता को अपने हित–साधन के निमित राजनीतिक, सामाजिक तथा आर्थिक समानता के अधिकारों की प्राप्ति के हेतु प्रबुद्ध करती हैं।[92] जनवाद के अन्तर्गत व्यक्ति मनुष्य को नहीं वरन् मनुष्य–समष्टि को आर्थिक, सामाजिक तथा राजनीतिक शोषण से मुक्त करने का विचार सन्निहित है।[93] जनवाद के अन्तर्गत यह मनुष्य–समष्टि मानव मात्र को परिव्याप्त नहीं करती वरन् अल्पसंख्यक शोषक–वर्ग के अतिरिक्त शेष बहुसंख्यक शोषित समाज का प्रतीक होती है।

जनवाद के प्रेरक तत्त्व

इतिहास इस बात का साक्षी है कि संसार में इस प्रकार के अनेकों शासक हुए जिन्होंने अपने प्रजा–पालन के कर्त्तव्य से पराङ्मुख होकर अपने आमोद–प्रमोद के निमित्त प्रजा का बहुविध उत्पीड़न किया। वे निरंकुश अथवा अनियंत्रित सत्ता के स्वामी बनकर प्रजा पर भांति–भांति के अत्याचार करने लगे। उत्पीड़न की अतिशयता ने

शासक की इस प्रकार की स्वेछाचारिता पर प्रतिबन्ध लगाने के हेतु प्रजा को संगठित होने के लिए प्रेरित किया जिसके फलस्वरूप जनतंत्र का उदय हुआ। प्रजातंत्र की मूल भावना है समानता। अतः प्रजातंत्रात्मकता की भावना जनवाद की महान प्रेरक शक्ति सिद्ध हुई।

जनवाद के उदय में मानवतावाद अथवा मानववाद का भी बहुत बडा योग है। मानववाद का मूल उद्देश्य मानवमात्र का कल्याण है।[94] नववामवादियों के विचारानुसार सब प्रकार के शास्त्रों और विधाओं का प्रधान लक्ष्य मनुष्य को सुखी बनाना उसे सब प्रकार की राजनीतिक और आर्थिक दासता से मुक्त करना और और उसे रोग–शोक के चंगुल से छुड़ाना है।[95] मानववाद को मानव में किसी भी प्रकार का भेद सह्य नहीं। इस प्रकार मानववाद ने भी जनवाद के उदय में अत्यधिक योग दिया है। औद्योगिक क्रान्ति के परिणामस्वरूप समाज में आर्थिक वैषम्य व्याप्त होना प्रारम्भ हो गया और शनैः शनैः यह स्थिति आ गई कि समाज का अधिकांश धन कतिपय पूंजीपतियों के हाथों में पुंजित हो गया। पूंजीपति वर्ग उत्पादन के लाभ का बहुत बडा भाग स्वयं हड़प लेता था और श्रमिकों को अत्यंत स्वल्प वेतन देता था। धनिक–वर्ग आमोद–प्रमोद का जीवनयापन करता था और दिन भर पसीना बहानेवाला श्रमिकवर्ग भर पेट भोजन को तथा तन ढांपने को भी तरसाता था। आर्थिक वैषम्य की इस अतिशयता से प्रतिक्रिया प्रारम्भ हुई और श्रमिक–वर्ग ने अपना संगठन करना प्रारम्भ कर दिया। इस प्रकार श्रमिकों के सुसंघटित दलों अथवा संस्थाओं की स्थापना हुई जिन्होंने आर्थिक शोषण के विरुद्ध संघर्ष प्रारम्भ कर दिया। अतः औद्योगिक क्रान्ति का भी जनवाद के विकास में महत्त्वपूर्ण स्थान है।

जाति–प्रथा के भेदभाव ने भी समाज को उच्च और निम्न श्रेणियों में विभक्त कर दिया। यह भेदभाव इतना बढ़ता गया कि तथाकथित उच्च जाति के सदस्यों ने निम्न जाति के सदस्यों से घृणा करना प्रारम्भ कर दिया और यहां तक कि ये लोग अस्पृश्य मान लिये

गये। सामाजिक वैषम्य से पीड़ित–तिरस्कृत समाज इस स्थिति से क्षुब्ध होकर इस भेदभाव के विनाश के लिए आकुल हो उठा। इस प्रकार सामाजिक वैषम्य की अतिशयता भी जनवाद के विकास में सहायक सिद्ध हुई।

जनवाद के उपर्युक्त सभी प्रेरक तत्त्वों के मूल में दमन, शोषण और उत्पीड़न की अतिशयता सन्निहित है। राजनीतिक, सामाजिक अथवा आर्थिक – किसी भी दृष्टि से जब किसी के हाथों में अनियंत्रित अथवा निरंकुश सत्ता होती है तो निश्चय ही दूसरों की स्वतंत्रता पर आघात पहुंचता है, और सामाजिक संतुलन विकृत हो जाता है।[96] कोई भी शक्तिशाली स्वेच्छापूर्वक अपनी शक्ति का परित्याग करने को उद्यत नहीं होता।[97] अतः उत्पीड़ित और शोषित समाज को शक्तिशालियों की स्वेच्छाचारिता के विरुद्ध कदम उठाना पड़ता है। और इस प्रकार जनवाद का जन्म होता है। अतः शक्तिशालियों की स्वेच्छाचारिता से उद्भुत उत्पीड़न और शोषण का आतिशय्य ही जनवाद का मूल प्रेरक तत्त्व है।

जनवाद के तत्त्व

सदाशय शासक अथवा शासकवर्ग तथा सम्पत्तिशालियों द्वारा कर्त्तव्य से प्रेरित होकर भी जनकल्याण की सिद्धि सम्भव है परन्तु जनवाद एतदर्थ उनकी कृपा की अपेक्षा न करके जन सामान्य की चेतना अथवा जागृति की अपेक्षा रखता है। जिस प्रकार जनवाद शोषण से व्यक्ति मनुष्य की नहीं वरन् मनुष्य–समष्टि की मुक्ति का विचार करता है उसी प्रकार इस शोषण से मुक्त होने के हेतु जनता की सामूहिक चेतना तथा सामूहिक प्रयत्न अपेक्षित है। आज के युग में जनता की सुख–समृद्धि के हेतु सामूहिक प्रयत्न ही श्रेयस्कर हैं। इस प्रकार के लक्ष्य की प्राप्ति के लिए किसी परम शक्तिशाली व्यक्ति का प्रयत्न इतना लाभदायक नहीं हो सकता क्योंकि ऐसी स्थिति में

समाज को सामूहिक शक्ति की अनुभूति नहीं हो सकती। जिस कार्य को करोड़ों व्यक्ति मिलकर करेंगे वह स्वयं ही अनन्य शक्ति से संयुक्त होगा। इसलिए आज जन–आन्दोलनों की आवश्यकता है।[98] अतः जनवाद अपने परिणामस्वरूप जन–जागरण की अपेक्षा रखता है।

वर्ग-संघर्ष

जनजागरण से ही उद्‌भूत 'जनवाद' का दूसरा प्रमुख तत्त्व है, वर्ग–संघर्ष। जनवाद समाज में दो वर्गों की सत्ता स्वीकार करता है जिसमें एक है अल्पसंख्यक शोषक–वर्ग तथा दूसरा वर्ग बहुसंख्यक शोषितों का है जिसका शोषण शोषक–वर्ग चिरकाल से करता रहा है। सभ्यता के विकास के साथ–साथ मानव की समानता और स्वतंत्रता की भावना बलवती होती गई जिसके परिणामस्वरूप शोषित–समाज आज शोषण के जुए को उतार फेंकने के लिए कटिबद्ध प्रतीत होता है। शोषकवर्ग के शोषण से मुक्त होने का शोषित–वर्ग का यह प्रयत्न ही वर्ग–संघर्ष है।

जनवाद सम्पत्ति अथवा उत्पादन के साधनों पर से वैयक्तिक स्वामित्व का अन्त करके समाज के सामूहिक स्वामित्व का समर्थन करता है, जिसे उत्पादन के साधनों का समाजीकरण अथवा राष्ट्र की दृष्टि से राष्ट्रीयकरण कहते हैं। उत्पादन के साधनों का यह समाजीकरण अथवा राष्ट्रीयकरण भी जनवाद का एक प्रमुख तत्त्व है।

जनवाद के अन्तर्गत केवल अधिकारों के प्रति आग्रह है, कर्त्तव्य के प्रति प्रायः नहीं है।[99] यद्यपि अधिकारों की सुरक्षा के लिए कर्त्तव्य–पालन भी आवश्यक है क्योंकि यदि एक व्यक्ति दूसरे व्यक्ति के प्रति अपने कर्त्तव्य का निर्वाह नहीं करेगा तो परस्पर एक–दूसरे के अधिकारों का कुंठित हो जाना संभाव्य है। परन्तु जनवाद के अन्तर्गत व्यक्ति के अधिकारों का विचार नहीं है वरन् सामूहिक अधिकारों का विचार सन्निहित है अतएव जनसामान्य के अधिकारों में संघर्षण का प्रश्न ही

नहीं उठता। अतः जनवाद कर्त्तव्य के प्रति उदासीन है। जनवाद के अन्तर्गत जनसामान्य के अधिकारों की मांग तथा उनकी प्राप्ति के हेतु संघर्ष ही एकमेव कर्त्तव्य प्रतीत होता है।

जनवाद के अर्थ की सीमा

जनवाद जनसामान्य के केवल भौतिक हितों तक परिसीमित है।[100] इसके अन्तर्गत आध्यात्मिक हित–साधन के विचार का प्रायः अभाव है। आध्यात्मिक हित के लिए वैयक्तिक साधना अपेक्षित है जो जनवाद के लिए अग्राह्य है। जनवाद तो जन सामान्य की सामूहिक चेतना अथवा साधना का प्रतिपादन करता है। इसके अतिरिक्त जनवाद मानवतावादी दृष्टि के अनुसार इसी मर्त्य लोक को सत्य मानता है और इसी मर्त्य लोक में पददलित एवं शोषित–समाज को सुखी बनाने का विचार करता है। उसके लिए अलौकिकता तथा अध्यात्म जगत् एक इन्द्रजाल है।[101]

जनवाद का उद्देश्य

जनवाद का प्रधान उद्देश्य एक ऐसे समानाधिकार प्राप्त समाज की स्थापना करना है जिसके अन्तर्गत सब प्रकार के शोषण का अभाव होगा तथा सबको सब प्रकार की समानता प्राप्त होगी। जनवाद के उद्देश्य का भी मूलभूत सिद्धान्त है कि जहां तक सामाजिक, राजनीतिक, वैधानिक तथा आर्थिक स्थिति का सम्बन्ध है सब मनुष्यों को कुल, जातीयता, धर्म मत अथवा लिंग आदि के भेदभाव बिना पूर्ण समानता प्राप्त होनी चाहिए।[102]

जनवाद की विधि

मार्क्सवादी समाजवाद के अनुरूप जनवाद भी अपने लक्ष्य की सिद्धि के लिए वैधानिक तथा अहिंसक मार्ग के अवलम्बन का आग्रह

नहीं रखता। लक्ष्य की सिद्धि के लिए यदि भीषण हिंसक क्रान्ति की आवश्यकता पड़े तो जनवाद को इस मार्ग के अवलम्बन में भी कोई आपत्ति नहीं।

जनवाद की परिभाषा (स्वरूप)

संक्षेप में यदि 'जनवाद' की परिभाषा करना अपेक्षित हो तो कहा जा सकता है कि – 'जनवाद' वह विचार पद्धति है जो बहुसंख्यक पददलित एवं शोषित वर्ग अथवा समाज को अपने भौतिक हितों की सिद्धि के निमित्त राजनीतिक, सामाजिक तथा आर्थिक समानता के अधिकारों की प्राप्ति के हेतु उसकी सामूहिक चेतना को प्रबुद्ध करती है, तथा उत्पादन के साधनों पर वैयक्तिक स्वामित्व का अन्त करके समाज के सामूहिक स्वामित्व का समर्थन करती है।

जनवाद के स्वरूप को और अधिक स्पष्ट करने के लिए जनवाद से मिलते जुलते अन्य वादों का संक्षेप में जनवाद से साम्य और वैषम्य प्रदर्शित कर देना अप्रासंगिक न होगा। 'जनवाद' से अभिन्न प्रतीत होने वाले 'साम्यवाद' से ही प्रारम्भ करना उपयुक्त प्रतीत होता है।

जनवाद और साम्यवाद (कम्यूनिज़्म)

साम्य :- विचार–पद्धति के रूप में लक्ष्य तथा उसकी प्राप्ति के हेतु विधि की दृष्टि से साम्यवाद मार्क्सवादी समाजवाद अथवा जनवाद का पर्याय ही है।

वैषम्य :- जब बूर्ज्वा वर्ग के अवशेष समाप्त होने पर श्रमिक–वर्ग में समूचे समाज का समाहार हो जायगा अथवा वर्गहीन समाज की स्थापना हो जायगी तो ऐसी स्थिति में शासन–प्रबन्ध की आवश्यकता ही नहीं रही जायगी और सत्ता का स्वयं लोप हो जायगा। समाज की इस अवस्था को मार्क्स ने कम्यूनिज्म अथवा साम्यवाद की संज्ञा दी है। मार्क्स के कथनानुसार मार्क्सवादी समाजवाद अथवा जनवाद साम्यवाद

की पहली अथवा निचली अवस्था है।[103] इस प्रकार मार्क्सवादी समाजवाद अथवा जनवाद साम्यवाद का आधार है।[104] साम्यवाद की अवस्था में वर्ग–संघर्ष का अस्तित्व मिट जाता है जबकि वर्ग–संघर्ष जनवाद का एक प्रमुख तत्त्व है।

जनवाद और समाजवाद

साम्य :- लक्ष्य की दृष्टि से मार्क्सवादी समाजवाद अथवा जनवाद तथा समाजवाद एक हैं। दोनों का प्रधान उद्देश्य पूंजीवादी व्यवस्था को समाप्त करके एक वर्गहीन समाज की स्थापना करना है जिसके अन्तर्गत सब प्रकार के शोषण का अभाव होगा तथा सबको सब प्रकार की समानता प्राप्त होगी।[105] दोनों के उद्देश्य का मूलभूत सिद्धान्त है कि जहां तक सामाजिक, राजनीतिक, वैधानिक तथा आर्थिक स्थिति का सम्बन्ध है मनुष्यों को कुल, जातीयता, धर्म मत अथवा लिंग आदि के भेदभाव बिना पूर्ण समानता प्राप्त होनी चाहिए।[106]

वैषम्य :- जनवाद तथा समाजवाद में प्रमुखतः विधि का अन्तर है। जनवाद अपने लक्ष्य की सिद्धि के लिए पूंजीपतिवर्ग को हिंसक क्रान्ति के द्वारा भी नष्ट करने को उद्यत है जबकि विकासवादी समाजवाद अथवा समाजवाद आर्थिक व्यवस्था को सुधारने के लिए उत्पादन के साधनों पर समाज का सामूहिक स्वामित्व प्रतिष्ठित करने के हेतु वैधानिक उपायों के अवलम्बन की ओर आग्रह रखता है।[107]

जनवाद और मानवतावाद अथवा मानववाद

साम्य :- जनवाद और मानववाद दोनों जन सामान्य के कल्याण का प्रतिपादन करते हैं। दोनों शोषण के विरुद्ध हैं। दोनों कुल, जातीयता, धर्म मत अथवा लिंग आदि के भेदभाव रहित मानव की राजनीतिक, सामाजिक, वैधानिक तथा आर्थिक समानता के समर्थक हैं। दोनों मानव को इसी मर्त्यलोक में सुखी बनाने के पक्ष में हैं और

दोनों ही परलोक तथा किसी अलौकिक शक्ति में विश्वास नहीं करते।[108]

वैषम्य :- जनवाद एक राजनीतिक मतवाद है जबकि मानववाद एक दार्शनिक मतवाद है।[109] जनवाद की दृष्टि जन सामान्य के हित तक सीमित है जबकि मानववाद का उद्देश्य मानव मात्र का हित साधन करना है।[110] अपने लक्ष्य की सिद्धि के लिए जनवाद प्रबल हिंसक क्रान्ति का भी अवलम्बन ले सकता है जबकि मानववाद अपने लक्ष्य की सिद्धि के निमित्त नैतिकता के आश्रित है। 'जनवाद में प्रेरणा सामयिक, राजनीतिक, आर्थिक चेतना की है और मानववाद में शाश्वत सांस्कृतिक चिन्ता के पुनरुत्थान की।'[111]

गांधीवाद, गांधी जी का समाजवाद अथवा सर्वोदय

यहां हमें 'गांधीवाद', गांधीवादी समाजवाद अथवा 'सर्वोदय' की संज्ञा से अभिहित युगप्रवर्तक गांधी जी के विचार–दर्शन से भी जनवाद की तुलना कर लेनी चाहिए। अभी तक जनवाद का जिन अन्य वादों से साम्य अथवा वैषम्य प्रदर्शित किया गया है उनका हम पहले संक्षिप्त विवेचन कर चुके हैं। जनवाद से गांधीवाद अथवा सर्वोदय का साम्य अथवा वैषम्य प्रदर्शित करने के पूर्व गांधीवाद अथवा सर्वोदय का संक्षिप्त परिचय अप्रासंगिक न होगा।

गांधी जी ने जीवन के विभिन्न पहलुओं पर अपनी दृष्टि से विचार किया है। उनके ये विचार समय–समय पर लिखे गए लेखों तथा प्रवचनों में अभिव्यक्त हुए हैं। उन्होंने समाज–रचना के सम्बन्ध में राजनीतिक, सामाजिक तथा आर्थिक दृष्टि से जो विचार प्रस्तुत किये हैं उन्हें गांधीवाद अथवा 'गांधीवादी समाजवाद' की संज्ञा दे दी गई है जिसे गांधी जी 'सर्वोदय' कहते हैं।[112]

गांधी जी पर रस्किन की 'अन्टु दिस लास्ट' पुस्तक का महत्त्वपूर्ण प्रभाव पड़ा जिसका उन्होंने गुजराती में अनुवाद करके सर्वोदय नाम रखा है।[113] सर्वोदय की कल्पना हमारे प्राचीन ग्रन्थों में भी उपलब्ध है।[114] सर्वोदय अर्थात् सबका उदय अथवा कल्याण, किसी का उदय और किसी का अस्त, ऐसा नहीं। श्रीमद्भगवद्गीता के 'सर्वभूतहिते रताः' में भी यही भाव सन्निहित है।[११५] पश्चिम के विद्वान उपयोगितावादी दृष्टि से विचार करने के अभ्यस्त हैं जिसके अनुसार वे अधिक–से–अधिक लोगों के अधिक–से–अधिक हित का विधान करते हैं परन्तु भारतीय मनीषियों ने सदैव सब के हित का विचार किया है। छोटे–बड़े, दुर्बल–सबल, बुद्धिमान, जड़, सबके उदय अथवा कल्याण से ही उन्हें संतोष होता है।[116] 'बात तो यह है कि अहिंसा का पुजारी उपयोगितावाद (बड़ी से बड़ी संख्या का ज्यादा से ज्यादा हित) का समर्थन नहीं कर सकता। वह तो 'सर्वभूत हिताय' यानी सबके अधिकतम लाभ के लिए ही प्रयत्न करेगा और इस आदर्श की प्राप्ति में मर जायगा।'[117] गांधी जी के मतानुसार सर्वोदय एक आदर्श समाज–व्यवस्था है जिसमें किसी भी प्रकार के भेदभाव के बिना सबके लिए स्थान है। इसके अन्तर्गत किसी भी व्यक्ति अथवा वर्ग का दमन, शोषण अथवा अंत नहीं किया जायगा।[118] इसी समाज–व्यवस्था – 'सर्वोदय' – को गांधी जी 'पंचायतराज' अथवा सच्चा जनतंत्र मानते थे।[119]

सर्वोदय का विचार–दर्शन आध्यात्मिक आधार की अपेक्षा रखता है। सर्वोदय के कार्यकर्ता की सर्वव्यापक ईश्वर में जीती जागती श्रद्धा होनी चाहिए। सर्वोदय के लिए आत्मसंयम, शिक्षा तथा आत्मिक शक्ति की आवश्यकता है।[120] सर्वोदय के द्वारा वर्गहीन समाज की प्रतिष्ठा होगी जो सत्य और अहिंसा के आश्रय से ही हो सकती है।[121] अतः सर्वोदय के कार्यकर्ता अथवा 'समाजवादी को सत्य और अहिंसा की मूर्ति होना चाहिए।'[122]

जनवाद : गांधीवाद अथवा सर्वोदय

साम्य :- जनवाद और सर्वोदय दोनों ही ध्येय की दृष्टि से बहुत कुछ मिलतेजुलते हैं। दोनों राजनीतिक सामाजिक तथा आर्थिक विषमता से उद्भूत अन्याय एवं शोषण का अंत करके वर्ग–हीन समाज की स्थापना के इच्छुक हैं।[123] दोनों मानववंश के करोड़ों भूखे–नंगे, दलित–शोषित, साधनहीन, ज्ञानहीन तथा पशुओं की भांति सताये जाने वाले मूक लोगों के प्रति गहन सहानुभूति रखते हैं।[124]

वैषम्य :- यद्यपि लक्ष्य की दृष्टि से जनवाद और गांधीवाद अथवा सर्वोदय में बहुत कुछ साम्य है परन्तु फिर भी दोनों के लक्ष्य में स्पष्ट अन्तर दिखलाई पड़ता है। जनवाद जनसामान्य अथवा केवल शोषित–वर्ग के कल्याण का विचार करता है जबकि गांधीवाद अथवा सर्वोदय को धनी–निर्धन, सबल–निर्बल सबका कल्याण इष्ट है। यह जनवाद और गांधीवाद का पहला अन्तर है।

जनवाद और सर्वोदय दोनों ही वैषम्यजन्य वर्तमान सामाजिक दुरवस्था से असंतुष्ट हैं और उसमें क्रांति चाहते हैं परन्तु दोनों की विधि में बहुत अन्तर है। जनवाद अपने लक्ष्य की सिद्धि के लिए हिंसक क्रांति अपनाने में संकोच नहीं करता और शोषक वर्ग को विनष्ट करने के लिए उद्यत रहता है जब कि सर्वोदय अथवा गांधीवाद हृदय–परिवर्तन में विश्वास रखता है। अतः सत्य और अहिंसा के अवलम्बन द्वारा सुधार करने का पक्षपाती है।[125] यह जनवाद और गांधीवाद का दूसरा अन्तर हैं। इसी भेद को दृष्टि में रखते हुए गांधी जी अपने आप को अहिंसक साम्यवादी कहते थे।[126]

जनवाद और सर्वोदय का तीसरा अन्तर यह है कि जनवाद का अधिकार के प्रति आग्रह है जैसा कि पहले विवेचन किया जा चुका है तथा सर्वोदय का कर्त्तव्य के प्रति आग्रह है।[127]

इन दोनों का चौथा अन्तर यह है कि जनवाद शोषण का अंत करने के लिए सामूहिक जागरण के आश्रित है जबकि गांधीवाद इसके लिए सत्याग्रह का साधन अपनाने के पक्ष में है जिसमें संख्या का महत्त्व नहीं वरन् गुणों का है।

गांधी जी ने अनेक बार कहा है कि असत्य पर सत्य की विजय के लिए एक ही निर्दोष सत्याग्रही पर्याप्त है।[128] अतः गांधीवाद का मनुष्य की व्यक्तिगत शक्ति पर असीम विश्वास है।[129]

जनवाद और गांधीवाद का पांचवां अन्तर यह है कि जनवाद ईश्वर आदि किसी अलौकिक शक्ति में आस्था नहीं रखता। इसके अतिरिक्त जनवाद के अन्तर्गत आध्यात्मिकता को भी कोई स्थान नहीं। जबकि गांधीवाद अथवा सर्वोदय का मूल आधार सर्व व्यापक ईश्वर की सत्ता में अडिग और जीता–जागता विश्वास है। इसके अतिरिक्त गांधीवाद की आध्यात्मिक शक्ति के विकास में दृढ़ आस्था है। अतः गांधीवाद आध्यात्मिकता पर आधृत है तथा जनवाद निश्चयपूर्वक भौतिकवादी है।[130]

जनवाद और साहित्य

यहां हमें यह भी विचार कर लेना चाहिए कि जब जनवाद की साहित्य में अभिव्यक्ति होगी तो उसका क्या स्वरूप होगा। जनवाद के विचार–दर्शन को साहित्य में अभिव्यक्त करने वाला साहित्यकार दलित और शोषित–समाज की पीड़ा एवं विवशता को मुखरित करेगा; उन पर किये जाने वाले अत्याचारों का चित्रण एवं तीव्र विरोध करेगा। वह पददलित समाज को संगठित होने के लिए प्रबुद्ध करेगा; समाज में व्याप्त राजनीतिक, सामाजिक तथा आर्थिक वैषम्य के प्रति आक्रोश प्रकट करेगा और सब प्रकार के शोषण का अंत करने के लिए दलित और शोषित–वर्ग को आन्दोलन के लिए प्रेरित करेगा। इसके अतिरिक्त उत्पादन के साधनों पर वैयक्तिक अथवा निजी स्वामित्व की परिसमाप्ति

तथा उन पर समाज के सामूहिक स्वामित्व का समर्थन करेगा। इस प्रकार की अभिव्यक्ति जिस साहित्य में होगी वह जनवादी साहित्य कहलायेगा। यह साहित्य जनवाद के लक्ष्य –'वर्गहीन समाज की स्थापना' में महान् सहायक सिद्ध होगा।

जनवाद और प्रगतिवाद का सम्बन्ध

यहां साहित्य के क्षेत्र में प्रयुक्त जनवाद और प्रगतिवाद के सम्बन्ध के विषय में भी विचार कर लेना आवश्यक प्रतीत होता है परन्तु इसके पूर्व प्रगतिवाद तथा उसके तत्त्वों का संक्षिप्त परिचय अप्रासंगिक न होगा।

प्रगतिवाद और उसके तत्त्व

जो साहित्य दलित और शोषित–समाज के भौतिक हित–साधन के निमित उसकी सहायता करता है, उसके पक्ष में आन्दोलन एवं संघर्ष को प्रेरणा देता है, उसको अपनी शक्ति संगठित करने के हेतु प्रबुद्ध करता है, उसकी पीड़ा को मुखर करता है और उस पर होने वाले अत्याचार का तीव्र विरोध करता है, वह प्रगतिवादी साहित्य कहलाता है। इस प्रकार प्रगतिवादी साहित्य साम्यवाद अथवा मार्क्सवाद का पोषक है। बल्कि संक्षेप में यह कहा जा सकता है कि साम्यवाद अथवा मार्क्सवाद की साहित्यिक अभिव्यक्ति ही प्रगतिवाद है।[131] प्रगतिवाद के मूल तत्त्व हैं:–

'**द्वन्द्वात्मक भौतिकवाद** :- केवल भौतिक विधान की मान्यता, ईश्वर और आत्मा की सत्ता की अस्वीकृति।

साम्यवाद (जिसके मूल में मानववाद भी अन्तर्निहित है) :- साम्यवाद का समर्थन; पूंजीवाद और उससे सम्बद्ध राजनीतिक, सामाजिक, नैतिक, धार्मिक और साहित्यिक रूढ़ियों के विरुद्ध क्रांति।'[132]

'प्रगतिवादी साहित्यकार जीवन और जगत् के दृश्यों का तटस्थ द्रष्टा नहीं होता, वह मार्क्सवादी आदर्श के मार्ग से, शोषित को शोषण और शोषक के विरुद्ध निर्भय होकर संघर्षमय कर्म क्षेत्र में अवतीर्ण होने और समस्त विघ्न बाधाओं को भूमिसात् कर देने के लिए शक्ति प्रदान करता है।'[133] प्रगतिवादी साहित्यिक किसी अलौकिक अथवा रहस्यमयी शक्ति की सत्ता में आस्था नहीं रखता, वह समाज को बदल देने में विश्वास करता है और शोषकों और शोषितों के वर्ग–भेद को मिटाकर वर्गहीन समाज की स्थापना चाहता है जिसके अन्तर्गत सबको राजनीतिक, सामाजिक तथा आर्थिक स्वतंत्रता और समानता की प्राप्ति होगी। वह साहित्य को वर्गहीन समाज की स्थापना का एक प्रमुख साधन मानता है।[134] इसके अतिरिक्त उत्पादन के साधनों पर वैयक्तिक अथवा निजी स्वामित्व की परिसमाप्ति तथा उन पर समाज के सामूहिक स्वामित्व का समर्थन करते हैं। ये सभी साम्यवाद, मार्क्सवाद अथवा जनवाद के लक्ष्य 'वर्गहीन समाज की स्थापना' के लिए साहित्य को एक महान अस्त्र समझते हैं। अतः प्रकृत तो यही है कि साहित्य के क्षेत्र का जनवाद और प्रगतिवाद एक ही वस्तु है। चीन की पीपुल्स डेमाक्रेसी के उदय के उपरान्त 'प्रगतिशील', 'प्रगतिवादी' या 'समाजवादी यथार्थवाद' जैसे शब्दों का प्रचलन कम होकर नये आवेश के साथ 'जनवादी साहित्य' कहने का दौर प्रारम्भ हो गया।[135] अतः साहित्य के क्षेत्र में जनवाद और प्रगतिवाद एक ही वस्तु के भिन्न नाम हैं और एक ही अर्थ में उनका प्रयोग भी किया जाता है।[136]

जनवाद के विभिन्न रूप

(1) राजनीतिक जनवाद

शोषण द्वारा समाज में व्याप्त विषमता का अन्त करने के लिए समानता के अधिकारों की दृष्टि से जनवाद के प्रधानतया तीन रूप

होते हैं – राजनीतिक, सामाजिक तथा आर्थिक। जो विचार राजनीतिक समानता के अधिकारों की प्राप्ति के हेतु जन–सामान्य को राजनीतिक दृष्टि से प्रबृद्ध अथवा जागृत करते हैं उन्हें राजनीतिक जनवाद की संज्ञा से अभिहित किया जा सकता है। स्वेच्छाचारी शासक अथवा शासक–वर्ग द्वारा पीड़ित जनता का करुण चित्रण, पीड़ित जनता के प्रति सहानुभूति प्रदर्शन, निरंकुश शासन के अत्याचारों का चित्रण, शासक अथवा शासक–वर्ग को चेतावनी, शासन के अत्याचारों की भर्त्सना, शासन की स्वेच्छाचारिता के प्रतिरोधार्थ जनता का आह्वान, नागरिक अथवा जनतांत्रिक अधिकारों की मांग, जनतांत्रिक अधिकारों के दमन के प्रति आक्रोश तथा निरंकुश शासक अथवा शासक–वर्ग को पदच्युत करने के लिए क्रान्ति की पुकार – ये सभी राजनीतिक जनवाद के उपरूप हैं जो जन–सामान्य को राजनीतिक जागरण के लिए प्रेरित करते हैं।

परतंत्र अथवा पराधीन देश के राजनीतिक जागरण के अन्तर्गत राष्ट्रीय जागृति का भी समावेश होता है जैसा कि ब्रिटिशकालीन भारतवर्ष के राजनीतिक जागरण में दृष्टिगत होता है, इतना ही नहीं वरन् भारत में तो राष्ट्रीय जागरण ही राजनीतिक जागरण का प्रतिरूप बन गया जैसा कि तत्कालीन हिन्दी काव्य में उसका प्रतिबिम्ब दिखाई देता है। स्वान्त्रय का आह्वान, स्वतन्त्रता प्राप्ति के हेतु देशवासियों का उद्बोधन, स्वातन्त्र्य–हित बलिदान होने की प्रेरणा, मातृ–भूस्तवन, गौरवपूर्ण अतीत का वर्णन, पूर्वजों के बलिदान का चित्रण, राष्ट्रीय महापुरुषों की प्रशस्ति, राष्ट्रीय ध्वजा का स्तवन, राष्ट्र–भाषा प्रशस्ति, स्वदेशी प्रचार, राष्ट्रीय एकता की पुकार तथा विदेशी सत्ताधीशों द्वारा स्वदेश के शोषण के प्रति आक्रोश राष्ट्रीय जागृति को प्रेरणा प्रदान करने वाले राजनीतिक जनवाद के ही उपरूप हैं।

(2) सामाजिक जनवाद

जो विचार सामाजिक समानता के अधिकारों की प्राप्ति के हेतु जन–सामान्य को सचेत अथवा प्रबुद्ध करते हैं उन्हें सामाजिक जनवाद कह सकते हैं। इस सामाजिक जागरण की दो विधाएं हैं जिनमें से एक है स्त्री–पुरुष के भेदभाव के निवारणार्थ नारी–जागरण तथा अन्य हैं ऊंच–नीच के भेदभाव अथवा अस्पृश्यता के निवाराणार्थ अस्पृश्यों का जागरण। नारी–जागरण के प्रेरक सामाजिक जनवाद के विभिन्न उपरूप ये हैं – नर द्वारा नारी जाति पर किये जाने वाले अत्याचारों का चित्रण, पद–दलित नारी की दुरवस्था का चित्रण, नारी–जाति का उद्‌बोधन, नारी द्वारा समानता के अधिकारों की मांग तथा नारी द्वारा नर की समानता की घोषणा। इसी प्रकार अस्पृश्यों के जागरण के प्रेरक सामाजिक जनवाद के भी विभिन्न उपरूप हैं। अस्पृश्यों की दुरवस्था तथा विवशता का करुण चित्रण, अस्पृश्यों के प्रति किये जाने वाले दुर्व्यवहार का चित्रण, अस्पृश्यों को मन्दिर–प्रवेश आदि से वंचित रखने के प्रति आक्रोश तथा अस्पृश्यों का उद्‌बोधन – ये सभी अस्पृश्यों को जागृत करने वाले सामाजिक जनवाद के उपरूप हैं।

(3) आर्थिक जनवाद

जो विचार–समूह शोषितों को आर्थिक समानता के अधिकारों की प्राप्ति के निमित प्रबुद्ध करता है वह आर्थिक जनवाद है। इस आर्थिक जागृति की तीन धाराएं दृष्टिगत होती हैं जिनमें से एक हैं पूंजीपति–वर्ग द्वारा शोषण के निवारणार्थ श्रमिक–वर्ग का जागरण, दूसरा है ज़मींदार द्वारा शोषण के निवारणार्थ किसानों का जागरण, तथा तीसरा सूदखोर महाजनों द्वारा दरिद्रों के शोषण का अन्त करने के लिए ऋण–संतप्त दरिद्र–वर्ग का जागरण है। आर्थिक वैषम्य–जन्य दैन्य का कारुणिक चित्रण, शोषितों के प्रति सहानुभूति प्रदर्शन, आर्थिक वैषम्य के प्रति आक्रोश, शोषकों द्वारा किये जाने वाले अत्याचारों का

चित्रण, शोषक–वर्ग को चेतावनी, शोषण से मुक्त होने की आकुलता, शोषितों का उद्बोधन तथा शोषित–वर्ग का क्रान्ति के निमित आह्वान – ये सभी त्रिविध आर्थिक जागरण के प्रेरक आर्थिक जनवाद के विभिन्न उपरूप हैं।

यहां इस बात का स्मरण कराना अनुपयुक्त न होगा कि जनवाद का उदय ही आर्थिक जागरण के प्रति आग्रह से हुआ है। जैसा कि हम पहले देख चुके हैं कि राजनीतिक तथा सामाजिक समानता का विधान तो पाश्चात्य जनतंत्र के अन्तर्गत भी किया जा चुका था परन्तु कार्लमार्क्स तथा उनके अनुयायी समाजवादी आर्थिक समानता की सुरक्षा के अभाव में पाश्चात्य जनतंत्र को छलना अथवा मृषा मानते रहे हैं इसलिए उन्होंने समाजवाद के अन्तर्गत आर्थिक समानता के अधिकारों पर बल दिया है।

जनवाद के राजनीतिक, सामाजिक तथा आर्थिक – इन तीन प्रधान रूपों के अतिरिक्त जहां इनमें से किन्हीं दो अथवा दो से अधिक रूपों का संयोग उपलब्ध होता है उसे जनवाद का मित्र रूप कह सकते हैं।

जनवाद के जिन विभिन्न रूपों तथा उपरूपों का ऊपर परिचय दिया गया है, यही जनवादी प्रवृत्तियां हैं।

संदर्भ

1. जनवाद – संज्ञा पुं. दे. 'जनरव'।

जनरव – संज्ञा पुं. (सं)

(1) किंवदन्ती। जनश्रुति। अफ़वाह।

(2) लोकनिंदा। बदनामी।

(3) बहुत से लोगों का कोलाहल। शोर।

हिन्दी शब्दसागर (दूसरा भाग), पृ. 1103.

जनवाद (सं. पु.) जनानां वादः कथनं।

(1) जनप्रवाद।

(2) निन्दा।

(3) जनरव, अफ़वाह।

जनप्रवाद (सं. पुं.) जनेषु प्रवादः अपवादः।

(1) लोकापवाद, लोकनिन्दा।

(2) जनरव, किंवदन्ती, अफ़वाह।

हिन्दी विश्वकोष (सप्तम भाग), पृ. 761.

जनवाद – पु.। लोकापवाद।

जनप्रवाद पु. जनेषु प्रवादः। जनापवादे वचनीयम्।

वाचस्पत्य वृहत् संस्कृताभिधान (चतुर्थ खण्डम्), पृ. 3023-24.

जनवादः। पुं.। जनप्रवाद।।

जनप्रवादः पुं..। कौलीने, वचनीयतायाम्, लोकापवादे।।

शब्दार्थ चिन्तामणि : (द्वितीयो भागः), पृ. 966.

जनवादः (जनेवादः भी.) – (1) समाचार। ख़बर। अफवाह।
(2) अपवाद। कलंक।

जनप्रवादः – (पुं.) (1) किंवदन्ती। अफवाह। इत्तिला।
(2) कलंक। अपवाद।

संस्कृत–शब्दार्थ–कौस्तुम, पृ. 328.

जनवादः (जनेवादः)

also (1) news, Rumour.
(2) a scandal.

जनप्रवादः

(1) rumour, report.

(2) scandal, Calumny.

The Practical Sanskrit-English Dictionary, p. 446

Janvada, (G. Kathadi) - pravada.

Janapravada, m.'talk of men', rumour, report.

A Sanskrit - English Dictionary, p. 410

जनवादः पुं. (जनेषु लोकेषु वादोऽपवादः), जनप्रवादः;
लोकापवादः; कौलीनं; विगानं; वचनीयता।

हलायुध कोशः पृ. 310.

2. कुछ दिन पहले तक इस 'जनवादी' शब्द से हिन्दी के पाठक अपरिचित थे। अंग्रेजी या अन्य यूरोपीय भाषाओं में भी इसका या इसके पर्यायवाची शब्द का प्रचार बहुत पुराना हो, ऐसा नहीं है। स्पेनिश गृहयुद्ध के आसपास साहित्य में 'पापुलर फ्रन्ट' की जो लहर आई उसमें ही पहले पहल इस जनवादी नारे का असली शोर सुनाई पड़ा। अधिकतर रिवाज अपने को 'प्रोग्रेसिव' या प्रगतिशील कहने का था। कभी–कभी जनवादी का भी नाम आ जाता था।

आलोचना (त्रैमासिफ), अंक 14, (वर्ष 4, अंक 2) जनवरी 1955

सम्पादकीय – जनवादी साहित्य (1) पृ. 1.

द्वितीय विश्वयुद्ध के बाद 'प्रगतिशील' या 'समाजवादी यथार्थवाद' जैसे शब्दों का चलन कुछ कम हो गया है। चीन की 'पीपुल्स डेमाक्रेसी' के उदय के बाद हिन्दी में नये आवेश के साथ 'जनवादी साहित्य' का रिवाज़ चला है, यद्यपि भारतवर्ष की नई–पुरानी मिली–जुली मुद्रा की भाँति पुराने सिक्के बाजार से बिलकुल गायब नहीं हुए हैं। शब्द चूंकि नया है, अतः उसका स्वाद भी नया है।

आलोचना (त्रैमासिक) अंक 14, (वर्ष 4, अंक 2) जनवरी 1955

सम्पादकीय – जनवादी साहित्य (1) पृ. 2&3.

3. दे. (क) आधुनिक हिन्दी कविता की मुख्य प्रवृत्तियां, डॉ. नगेन्द्र, पृ. 103.
(ख) नया साहित्य : नये प्रश्न, आचार्य नन्ददुलारे वाजपेयी, पृ. 217&19.
(ग) प्रेमचन्द, डॉ. त्रिलोकी नारायण दीक्षित, पृ. 165, 168, 183, 185, 188.
(घ) हिन्दी कविता में युगान्तर, डॉ. सुधीन्द्र, पृ. 36&37.
(ङ) साहित्यानुशीलन, श्री शिवदानसिंह चौहान, पृ. 3, 140, 141, 145.
(च) हिन्दी साहित्य के अस्सी वर्ष, श्री शिवदानसिंह चौहान, पृ. 5.
(छ) प्रगतिशील साहित्य की समस्याएँ, डॉ. रामविलास शर्मा, पृ. 25, 134, 135, 140, 193.
(ज) प्रगति और परम्परा, डॉ. रामविलास शर्मा, पृ. 134, 168, 169.
(झ) प्रगतिशील साहित्य के मानदण्ड, डॉ. रांगेय राघव, पृ. 77, 324.
(ञ) साहित्य में संयुक्त मोर्चा, श्री अमृतराय, पृ. 8, 15, 16, 19, 24, 104, 106&109, 114.
(ट) हिन्दी साहित्य की जनवादी परम्परा, श्री प्रकाशचन्द गुप्त, पृ. 20, 22, 23, 26, 39&41, 50&52, 116&18.
(ठ) आधुनिक साहित्य की प्रवृत्तियां, श्री नामवरसिंह, पृ. 73&74, 95.

4. अंग्रेज़ी में 'डेमाक्रेसी' शब्द का प्रयोग दो अर्थों में किया जाता है, एक तो राजनैतिक और दूसरा साधारण सामाजिक।

लेख – 'जनतावाद', डॉ. बेनीप्रसाद,

हिन्दुस्तानी, भाग 1, अंक 3, जुलाई 1931, पृ. 304.

5. राजनैतिक अर्थ यह है कि शासन जनता के या जनता के चुने हुए प्रतिनिधियों के हाथ में हो।

लेख – 'जनतावाद', डॉ. बेनीप्रसाद,

'हिन्दुस्तानी', भाग 1, अंक 3, जुलाई 1931, पृ. 304.

6. (i) The word Democracy has been used ever since the time of Herodotus to denote that form of Government in which the ruling power of a State is legally vested, not in any particular

class or classes, but in the members of the community as a whole.
Modern Democracies, Vol. 1, p. 20.

(ii) The oldest usage of the word democracy has a political reference. Democracy is a form of government in which, as we say, 'sovereignty' rests with the people.
Democracy and Marxism, p. 255.

(iii) Democracy is a transliteration of the Greek word, democratia, which was a combination of two other Greek words - demos, the people, and kratia, power. Democracy means then, by derivation, people's power.
The Meaning of Democracy, p. 29.

(iv) Democracy, from the Greek S n b o s, people, and K P d T E L V, to rule, the government of the state by the people, or in other words, the government of the people by themselves.
Encyclopaedia of World Politics, p. 133.

(v) Democracy 1. Government by the people; that form of government in which the sovereign power resides in the people as a whole, and is exercised either directly by them (as in the small republics of antiquity) or by officers elected by them.
A New English Dictionary on Historical Principles.

(vi) Democracy, in political science, that form of government in which the people rules itself, either directly, as in the small city-states of Greece, or through representatives.
The Encyclopaedia Britannica, Vol. VII, p. 182.

(vii) Democracy, सर्व्वप्रजाधिपत्यं, सर्व्ववर्णप्रभुत्वं, प्रजाप्रभुत्वं, प्रजा पलितं, राज्यं, राज्यविशेषो यत्र साधारण्येन सव्र्वलोकेषु न्यस्तो राज्यभार :
A Dictionary English and Sanskrit, p. 169.

दे. (क) अरिस्तु की राजनीति, पृ. 246.
(ख) On Liberty and Considerations on Representative Government, p. 189.
(ग) Webster's New International Dictionary of the English Language.
(घ) Chambers's Twentieth Century Dictionary.

7. (i) The power of the people in modern democratic societies does not stand for the direct rule of the society by its people. Direct democracy of the classical type is unsuited to modern times and its only alternative is representative democracy.
Organised Democracy, p. 9.

(ii) The most famous definition of Democracy is Lincoln's. 'Government of the people, by the people, for the people.' This is a good definition of pure democracy; but the existence of this pure or direct form, such as was to be found in the Swiss cantons, is in-compatible with the dimensions of the modern state. Nowadays the people do not govern themselves in actual fact: the majority impose their will by means of representatives. This alternatives, indirect form is more correctly termed Parliamenatary Democracy, because it functions by means of representatives meeting in parliament. Democracy and its Rivals, p. 80.

(iii) From these accumulated considerations it is evident that the only government which can fully satisfy all the exigoncies of the social state is one in which the whole people participate; that any participation, even in the smallest public function, is useful; that the participation should everywhere be as great as the general degree of improvement of the community will al low; and that nothing less can be ultimately desirable than the admission of all to a share in the sovereign power of the state. But since all cannot, in a community exceeding a single small town, participate personally in any but some very minor positions of the public business, it follows that the ideal type of a perfect government must be representative.
On Liberty and considerations on Representative Government. p. 151.

8. (i) Democracy - 1.
Specifically, and commonly in modern use, a democracy is a reprèsentative government where there is equality of rights without hereditary or arbitrary differences in rank or privilege, and is distinguished from aristocracy.
Webster's New International Dictionary of the English Language.

(ii) Democracy 1. Government by the people; that form of government in which the sovereign power resides in the people as a whole, and is exercised either directly by them (as in the small republics of antiquity) or by officers elected by them. In mod. use often more vaguely denoting a social state in which all have equal rights; without hereditary or arbitrary differences of rank or privilege.
A New English Dictionary on Historical Principles.
Vol. III, Part I, p. 183.

9. लेख – 'जनतावाद', डॉ. बेनी प्रसाद,
हिन्दुस्तानी, भाग 1, अंक 3, जुलाई 1931, पृ. 304.

(क) Democracy is a principle of social life, a mental attitude, a Weltans-chaung: (Ger.-Outlook upon the world)
Democratic Process, p. 248.

(ख) Democracy may be found both in the social atmosphere and in political organization; and indeed it is possible to speak of democracy in every form of social life, in religion and in industry as well as in politics.
Political Ideals, p. 278-79.

(ग) Democracy is not just a political system; it is a way of life.
For Democracy, p. 17.

(घ) Democracy. No definition of democracy can adequately comprise the vast history which the concept connotes. To some

it is a form of government, to others a way of social life.
Encyclopaedia of the Social Sciences, Vol. V, p. 76.

10. Herodotus, in the fifth century B.C., understood democracy to mean the "multitudes rule", or a society in which there is "equality of right".
Recent Political Thought, p. 291.

Democracy -
6. Belief in or practice of social equality; disregard for social barriers, as of class; absence of snobbery.
Webster's New International Dictionary of the English Language.

11. सबसे पहले इन दो शब्दों के अर्थ अलग–अलग स्थित करना ज़रूरी है। अंग्रेजी में 'डेमाक्रेसी' शब्द का प्रयोग दो अर्थों में किया जाता है, एक तो राजनैतिक और दूसरा साधारण सामाजिक। राजनैतिक अर्थ यह है कि शासन जनता के या जनता के चुने हुए प्रतिनिधियों के हाथ में हो। साधारण सामाजिक अर्थ यह है कि शासन का ही नहीं किंतु सारे संगठन का, धर्म, आचार व्यवहार, आर्थिक संस्था, कला, साहित्य इत्यादि का आधार जनता का हित हो। अर्थात् 'डेमाक्रेसी' राजनीति का ही नहीं किन्तु सारे जीवन का सिद्धान्त है, जीवन का दृष्टिकोण है। इन दोनों अर्थों में अंतर स्पष्ट है पर शब्द की एकता ने साहित्य में बड़ी अस्पष्टता पैदा कर दी है। उचित है कि हिन्दी में इन दोनों अर्थों को दो भिन्न शब्दों से प्रगट किया जाये। राजनैतिक अर्थ में जनसत्तावाद या संक्षेप से केवल जनसत्ता का प्रयोग हो सकता है और साधारण सामाजिक अर्थ में जनतावाद। जनतावाद अधिक व्यापक है; और अंत में जनसत्ता उसका एक भाग ही है।
लेख – 'जनतावाद', डॉ. बेनीप्रसाद,
हिंदुस्तानी, भाग 1, अंक 3, जुलाई 1931, पृ. 304.

12. (i) The key to an understanding of democracy is to be found in its deep respect for human personality - a respect that is extended impartially to every member of society, without regard for birth, wealth or social position. The best statement of this attitude is perhaps to be found in the Declaration of Independence: that all men are created equal; that they are endowed by their Creator with certain unalienable right; that among these are life, liberty, and the persuit of happness". Democracy sets out to guarantee to each individual the full realization of his capacities in whatever degree, great or small, he may be endowed.
Modern Political Philosophies, p. 19.

(ii) Because the majority of the people under the historic conditions of class privilege have been denied this basic right, democracy insists that the position of men in society must rest on a basis of essential equality. Any form of discriminaton that would subject some individuals to an inferior or unequal status is considered a violation of the democratic spirit. Each person is to be regarded as a worthy end in himself, not as a means to other ends. To all men is granted the right of self expression, but to none the privilege of exploiting or obstructing others.

Modern Political Philosophies, p. 19.

दे. (क) Universal Declaration of Human Rights.

(ख) Recent Political Thought, p. 308.

13. But it is, I think, historically true that in the absence of certain equalities no freedom can ever hope for realization. The acute mind of Aristotle long ago saw that the craving for equality is one of the most profound roots of revolution.

Liberty in the Modern State, p. 51-52.

दे. Encyclopaedia of the Social Sciences, Vol. V, p. 76.

14. (i) The idea of equality, in a word, is such an organisation of opportunity that no man's personality suffers frustration to the private benefit of others. He is given his chance that he may use his freedom to experiment with his powers. He knows that in his effort to attain happiness no barriers impede him differently from their incidence upon others. He may not win his objective, but, at least, he cannot claim that society has so weighted the scale against him as to assure his defeat.
Liberty in the Modern State, p, 53.

(ii) Democracy assumes the worth of human personality, and that every one is entitled for a consideration in the state; for individual personality can grow and develop only under a system of guaranteed and secured conditions of good life, as civil, political, religious and economic liberty. "Democracy is opposed to the extinction of any class on grounds of wealth, of race, of sex." It stands for all, the rich and the poor, the young and the old, and like the ideal city of Plato, it is meant not for the few but for all.
Organised Democracy, p. 2.

(iii) Two things are essential to democracy. There must be an open road to talent, and every man shall have an opportunity to rise to positions of power and responsibility in proportion to his ability regardless of birth, caste or social barriers. Secondly, those who are in positions of power and responsibility shall be made sensitive to the needs, desires and the interests of those over whom they exercise power.

Organised Democracy, p. 3.

15. The end of all good government especially of democratic government, then, is to make men free by conferring on its people civil, political, economic liberty, the right of person, of liberty, of property, of voting, of standing as candidates for any office, of criticising the government, and of serving the country as best as they could. Denial of these privileges would amount to the denial of human personality, the negation of democracy and all good things for which it stands.

Organised Democracy, p. 5.

16. Before the nineteenth century was one-third on its way, it became evident that an irresponsible economic system of individualism required political and social regulation. Industrialists of the time defended their actions on the basis of natural rights-natural rights to property, natural rights to run

one's own business, natural rights to run and ruin the lives of employees. The natural-rights doctrine with its secular basis received an interpretation that would have appalled earlier natural-rights adherents.

The great Tradition: The Democratic India, p. 47-48

17. The Radical democrats of a hundred years ago believed that if only men were released from class barriers and left to fight for themselves under fair conditions, they would know their greatest good and achieve it; there would be no social conflict; but they were wrong, tragically wrong. Like the Americans, they stressed the liberarian aspect of democracy, and their "Liberty" meant nothing to the poorest but the liberty to remain poor.

The Meaning of Democracy, p. 156-157.

18. Mid-Century liberals, justificaly shocked at the wild and irresponsible growth of the economic order, moved away from the natural-rights doctrine to the new doctrine of social rights. The social-rights doctrine had much of truth in it.

The Great Tradition; The Democratic Idea, p. 48.

19. Democracy.

It was only, however, with the French Revolution that economic equality may be said to have become a permanent part of the democratic creed. From that time, particularly in the context of socialist principle, it has been increasingly insisted that in the absence of economic equality no political mechanisms will of themselves enable the common man to realise his wishes and interests .... Economic equality is then urged as the clue upon which the reality of democracy depends.

Encyclopaedia of the Social Sciences, Vol. V, p. 77.

20. Democracy to day :- New social rights are recommended for inclusion in the catalogue of democratic rights, such as the right to employment, social insurance, co-management, unionizing, a minimum income, recreation, education.

Encyclopaedia of World Politics, p. 135.

21. Once and for all, let us agree that property alone does not make a man free. But those who know the normal life of the poor, its perpetual fear of the morrow, its haunting sense of impending disaster, its fitful search for a beauty which perpetually eludes, will realise well enough that, without economic security, liberty is not worth having.

Liberty in the Modern State, p. 51.

22. In any case, Marx's system was a challenge to capitalism and to democracy alike. In claiming that political democracy was not enough, he was probably correct. Freedom to sleep on parkbenches and to starve was a freedom to end freedom. While his beliefs that economic democracy was the only democracy and that man could live by bread alone were undoubtedly wrong conclusions, his conclusions that economic absolutism and material want destroy all democracy were unquestionably right.

The Great Tradition: The Democratic Idea, p. 54.

23. It became a commonplace to say that democracy had failed to solve social and economic problems and that political democracy was not enough; and a well-known British champion of democracy voiced a common feeling in the nineteen-thirties when he wrote that "we are uncertain what the democracy is for which we stand. Today, when the open enemies of democracy

have once more been overthrown in a victorious war, western democracy is confornted by a new challenge from a country which purports to be the pioneer of a new and more progressive form of democracy - Soviet democracy.

The Soviet Impact on the Western World, p. 1.

24. (i) Bourgeois democracy, although a great historical advance in comparison with medievalism, always remains, and under capitalism cannot but remain, restricted, truncated, false and hypocritical, a paradise for the rich and a snare and a deception for the exploited, for the poor.

Selected Works of Lenin, Vol. II, Part II, p. 49.

(ii) In capitalist society, providing it develops under the most favourable conditions, we have a more or less complete democracy in the democratic republic. But this democracy is always hemmed in by the narrow limits set by capitalist exploitation, and consequently always remains, in reality, a democracy for the minority, only for the propertied classes, only for the rich.

Selected Works of Lenin, Vol. II, Part I, p. 289.

25. The toiling masses are barred from participation in bourgeois parliaments (which never decide important questions under bourgeois democracy; they are decided by the stock exchange and the banks) by thousands of obstacles, and the workers know and feel, see and realize perfectly well that the bourgeois parliaments are institutions alien to them, instruments for the oppression of the proletarians by the bourgeoisie, institutions of a hostile class, of the exploiting minority.

Selected Works of Lenin, Vol. II, Part II, p. 54.

दे. Slected Works of Lenin, Vol. II, Part II, p. 50-51, 52-53, 54.

. Slected Works of Lenin, Vol. II, Part I, p. 290.

26. But from this capitalist democracy - that is inevitably narrow, and stealthily pushes aside the poor, and is therefore hypocritical and false to the core - forward development does not proceed simply, directly and smoothly towards "greater and greater democracy," as the liberal professons and petty-bourgeois opportunists would have us believe.

Selected Works of Lenin, Vol. II, Part I, p. 290-91.

27. (i) In the Soviet view, western democracy, because it is primarily formal and institutional, remains exclusively political, and lacks social and economic content.

The Soviet Impact on the Western World, p. 12.

(ii) The challenge may be considered under four heads; and under each of them some impact has already been made by the Soviet conception of democracy on the democracies of the West. The charges against western democracy are (1) that it remains purely formal and institutional and that the class content of the State is ignored, (2) that it remains purely political and does not extend to the social and economic plane, (3) that it lacks positive belief in itself, and is therefore dangerously tolerant of opposition, and (4) that it makes no provision for the participation of the masses in administration.

The Soviet Impact on the Western World, p. 10.

28. Marx grasped this essence of capitalist democracy splendidly, when, in analyzing the experience of the Commune, he said that the oppressed are allowed once every few years to decide which particular representatives of the oppressing class shall represent and repress them in parliament.

Selected Works of Lenin, Vol. II, Part I, p. 290.

29. Freedom in capitalist society always remains about the same as it was in the ancient Greek republics: freedom for the slave-owners. Owing to the conditions of capitalist exploitation the modern wage slaves are so crushed by want and poverty that "they cannot be bothered with democracy", "they cannot be bothered with politics", in the ordinary peaceful course of events the majority of the population is debarred from participation in public and political life.

Selected Works of Lenin, Vol. II, Part I, p. 289.

30. Again, communists declare that genuine democracy is unattainable within capitalistic institutions, that political equality is only an illusion so long as economic inequality prevails, and that only with the triumph of public ownership and the dissolving of class divisions can freedom for all men be assured. Thus communism claims to be, not the denial, but the fulfillment of democracy in its completest sense.

Modern Political Philosophies, p. 111.

31. The challenge thus boldly thrown into the international arena was not in itself new. It had been announced by no one more clearly then by Lenin himself. The two following quotations may be taken as typical:

"Proletarian democracy is a million times more democratic than any bourgeois democracy; the Soviet power is a million times more democratic than the most democratic bourgeois republic."

"The Soviet system is the maximum of democracy for the workers and peasants; at the same time it means a break with bourgeois democracy and the rise of a new universal-historical type of democracy, namely proletarian democracy or dictatorship of the proletariat."

The Soviet Impact on the Western World, p. 4

Selected Works of Lenin, Vol. II, Part II, p. 55.

32. Thus, in capitalist society we have a democracy that is curtailed, wretched, false; a democracy only for the rich, for the monority.

Selected Works of Lenin, Vol. II, Part I, p. 192.

33. (i) The so-called democratic system in modern nations is usually monopolised by the bourgeoisie and has simply become an instrument for oppressing the common people. As to the Principle of Democracy of the Kuomintang, it stands for something to be shared by all the common people and not to be monopolised by a few.

on New Democracy, p. 25-26

(ii) Democracy in capitalist countries (said Stalin in his speech introducing the 1936 constitution) where there are antagonistic classes is in the last analysis democracy for the strong, democracy for the propertied classes. In the U.S.S.R. on the contrary, democracy is democracy for the working people, i.e. democracy for all.

The Soviet Impact on the Western World, p. 11.

34. Men like Harrington and Madison and Marx all insisted, and with truth, that whatever the forms of State, Political power will, in fact, belong to the owners of economic power.

Liberty in the Modern State, p. 52.

दे. Democracy and the Economic Challenge, p. 11.

35. I think the perception of the early socialists entirely justified when they urged that a society divided into a small number of rich, and a large number of poor persons, will be a society of exploiters and exploited.

Liberty in the Modern State, p. 174.

36. (i) It was of course natural that the ruling class should veil the role of economic power in the maintenance of their authority. Instead they invoked their God-given right and their own intrinsic superiority, of descent, of distinction, of achievement, of service.

Democracy and the Economic Challenge, p. 10.

(ii) They could not admit that their display, their great mansions, their bodyguards, their armies, were made possible only by the labor of the subject classes, that in this sense they lived off these classes, this part of the truth, which in turn was presented as the whole truth by the revolutionary movements of the nineteenth Century, they conveniently ignored. Instead they perpetuated the appropriate myths, the myths of sovereignty and of rank and of investiture and of the divinity that doth hedge a king, the myth of the eternal order in which all men have their appointed place, the myth of the primary obligation of obedience to the powers that be.

Democracy and the Economic Challenge, p. 10-11.

दे. हिन्दी साहित्य, पृ. 498.

37. The progress of the masses towards Equality has been like the progress of Sisyphus. They obtain equality before the law. In modern times, it costs just as much to murder a poor man as a rich one; nor can criminals escape with an ecclesiastical penance by reciting a Latin sentence. Yet the wealthy man in all countries can afford to go to law when the poor one cannot, and to employ clever lawyers to guard his interests. In some democratic countries he can often escape prison by bribery or intimidation, or, where these expedients are impracticable, by paying a fine prohibitive to his poorer neighbours. The law may be positively weighted against him in some respects.

Liberty versus Equality, p. 27.

38. (i) Where education involves expenses and is limited to a few, inequality tends to be progressively intensified, because those who are better-off are in a position to invest on themselves and thus to earn still more in future, whereas those who are poor find it hard to improve their position.

For Democracy, p. 23.

(ii) Again, the masses obtain the "educational Ladder", and the cleverest of them often succeed in climbing it; and, still, social connections will give the young man and woman of inferior ability but wealthier parents better and more numerous openings than the poor scholar can hope to find.

Liberty Versus Equality, p. 27-28.

39. Therefore, if equality of opportunity is ever to be attained at all, economic-equality must be added to the equalities already established in democratic societies.

Liberty Versus Equality, p. 29.

40. Any society, infact, the fruits of whose economic operations are unequally distributed will be compelled to deny freedom as the law of its being; and the same will be true of any society in process of forcible transition from one way of life to another.

Liberty in the Modern State, p. 175-176.

41. Political liberty and equality which are the foundations of democracy become a myth if they are not accompained by economic liberty and equality.

Organised Democracy, p. 16.

42. So long as society is divided between those who own property and those who have only their labour to sell, equality before law and the right to vote are bound to remain little more than a hollow formality. It is only in a society in which the means of production are socially owned that the ideals of liberty, equality and fraternity are capable of being realised. For Democracy, P. 37.

दे. Liberty in the Modern State, p. 180.

43. The solution, for those who do not wish to be oppressed, lies in public ownership of the organizations that give economic power. For so long as this power is in private hands, the apparent equality conferred by political democracy is little better than a sham.

Freedom And Organization, p. 356.

44. लेख – 'जनतावाद' डॉ. बेनी प्रसाद, 'हिन्दुस्तानी', भाग 1, अंक 3, जुलाई 1931, पृष्ठ 304.

दे. (i) यह बिलकुल सत्य है कि मौत और प्रतिक्रिया की ताकतों ने हमारे बढ़ते हुए *जनवादी* आन्दोलन को चुनौती दी है। हिन्दुओं और मुसलमानों का खून अलग–अलग बहाने पर भी वे उसमें एक ही चीज़ को डुबाना चाहते हैं और वह है हिन्दुस्तान का साम्राज्य विरोधी मोर्चा। ये ताकतें चाहती हैं कि सच्चा जनतंत्र कायम करने की बातें हवा हो जायें।

प्रगति और परम्परा, पृ. 134.

(ii) अछूत कहलाने वाले लोगों को जिन विशेष कठिनाइयों में काम करना पड़ता है, उनसे निस्संदेह नयी पेचीदा समस्याएं उठ खड़ी होती हैं। इन विशेष कठिनाइयों और कष्टों से ही अछूत संघ को एक आधार मिल गया है और कुछ इलाक़ों में उसके समर्थक संगठित हो गये हैं। लेकिन ये समस्याएं मज़दूर आन्दोलन और जनतन्त्र के विकास से हल होंगी।

आज का भारत (चौथा भाग), पृ. 271-72.

(iii) नये जमाने में जनवादी विचारों का विकास हुआ, कई देशों में हुआ और इंग्लैण्ड में भी हुआ। उन्हें इंग्लैण्ड की बपौती नहीं कहा जा सकता। न यह कहना सही है कि बिना दूसरों की गुलामी किये जनतंत्र का विकास होता ही नहीं है।

इंग्लैण्ड में तो बादशाही और पार्लामिण्टगिरी में समझौता हो गया था। 19वीं सदी में जनतंत्र के आन्दोलन को प्रेरणा दी अमरिकी स्वाधीनता की घोषणा ने, और उससे भी ज़्यादा फ्रांस की महान् राज्य क्रान्ति ने, जिसमें कहा गया कि सब मनुष्य स्वाधीन हैं, सब मनुष्य समान हैं और सब मनुष्य भाई–भाई हैं।
आज का भारत (चौथा भाग), पृ. 277.

दे. (क) India Today, p. 276.
दे. (ख) India Toady, p. 282.
दे. (ग) आज का भारत, (पांचवां भाग), पृ. 530.
दे. (घ) India Today, p. 552.
दे. (ङ) राजसत्ता और क्रान्ति, पृ. 16-
दे. (च) Selected Works of Lenin, Vol. II, Part I, p. 217.
दे. (छ) राजसत्ता और क्रान्ति, पृ. 82.
दे. (ज) Selected Works of Lenin, Vol. II, Part I, p. 289.
दे. (झ) राजसत्ता और क्रान्ति, पृ. 85.
दे. (ञ) Selected Works of Lenin, Vol. II, Part I, p. 292.

45. (i) प्रगतिशील साहित्य जनता की तरफदारी करने वाला साहित्य है, इसलिए वह उसकी जातीय विरासत, उसकी साहित्यिक परंपराओं की रक्षा करने के लिये भी लड़ता है। साम्राज्यवाद न सिर्फ जनता की स्वाधीनता का अपहरण करता है, उसके जनवादी अधिकारों को कुचलता है बल्कि उसकी जातीय संस्कृति, उसके राष्ट्रीय अभिमान, उसके पूर्व पुरुषों के अर्जित ज्ञान को भी झुठलाता और दबाता है। इसलिए जनता की जातीय संस्कृति और रक्षा के विकास के लिए संघर्ष उसकी स्वाधीनता और जनवादी अधिकारों के लिए संघर्ष का अभिन्न अंग है।
प्रगतिशील साहित्य की समस्याएं, पृ. 25.

(ii) हिन्दुस्तान में सबसे पहले कम्युनिस्ट पार्टी ने इस आर्थिक, राजनीतिक और सांस्कृतिक बर्बादी लाने वाली 'आज़ादी' का पर्दाफाश किया। उसने भारतीय जनता को आगाह किया कि आजादी हासिल करना अभी बाकी है, जमीन किसान को मिलना बाकी है और आजादी और जनतन्त्र हासिल करने के लिए जनवादी मोर्चा बनाना और जन–आन्दोलन बढ़ाना आवश्यक है।
प्रगतिशील साहित्य की समस्याएं, पृ. 134.

(iii) यह बिलकुल सत्य है कि मौत और प्रतिक्रिया की ताकतों ने हमारे बढ़ते हुए जनवादी आन्दोलन को चुनौती दी है। हिन्दुओं और मुसलमानों का खून अलग–अलग बहाने पर भी वे उसमें एक ही चीज़ को डुबाना चाहते हैं और वह है हिन्दुस्तान का साम्राज्य विरोधी मोर्चा। ये ताक़तें चाहती हैं कि सच्चा जनतंत्र कायम करने की बातें हवा हो जायें।
प्रगति और परम्परा, पृ. 134.

(iv) हंस और नया साहित्य और उदयन जैसे जनवादी पत्र लड़खड़ा कर बन्द हो गये। नया साहित्य के सम्पादक जनता से प्रार्थना करने लगे कि क्रान्ति और जनता के नाम पर नया साहित्य खरीदो, क्रान्ति के लिये प्रार्थना की आवश्यकता पड़ गई।

प्रगतिशील साहित्य के मानदण्ड, पृ. 77.

(v) वास्तव में संस्कृति का प्रश्न नये जनवादी समाज के निर्माण का प्रश्न है जिसमें केवल आर्थिक शोषण और विज्ञान और यन्त्र साधनों के मानवसंहारी प्रयोग (या दुरुपयोग) का बन्द करना ही चरम लक्ष्य नहीं है। आलंकारिक भाषा में हम कह सकते हैं कि आर्थिक शोषण और साम्राज्यवाद को मिटाकर जो जनवादी समाज निर्मित होगा उसके समाजवादी आर्थिक सम्बन्ध उस पीठिका का कार्य करेंगे जिस पर नये मानव की मूर्ति का संस्थापन किया जाएगा, अर्थात् वह ऐसी संस्कृति होगी जो व्यक्ति के पूर्ण आत्म–विकास या आत्म–सिद्धि का सहज साधन–उपकरण बन सके और इस प्रकार व्यक्ति और समाज दोनों के जीवन को समृद्ध बना सके। व्यक्ति की दृष्टि से नये जनवाद या समाजवाद का यही अन्तिम लक्ष्य है।

साहित्यानुशीलन, पृ. 2-3.

(vi) इस बात को और स्पष्ट करके यों कह सकते हैं कि आज के संघर्ष–युग से नये जनवाद या समाजवाद के निर्माण–युग तक के अन्तरावकाश की सांस्कृतिक समस्याएं एकसूत्र में बंधी हुई हैं। वर्तमान के संघर्ष में जनवादी शक्तियों को अपना समर्थन और सहयोग देने के अतिरिक्त प्रत्येक सृजनकर्ता और विशेषकर साहित्यकार और आलोचक के लिए यह काल उन मानव–मूल्यों के निरूपण और समन्वय का है जो एक व्यापक सौंदर्यमूलक सामाजिक दृष्टिकोण (social Aesthetic) का मूलाधार बन सके।

साहित्यानुशीलन, पृ. 3.

(vii) भारत के सामाजिक जीवन में भी रेल–तार, उद्योगीकरण, आधुनिक ज्ञान–विज्ञान की शिक्षा और नवीन जनवादी और समाजवादी विचारधाराओं के साथ ऐसे तत्त्व प्रकट हो रहे हैं, जिन्हें समझने के लिए सहानुभूतिपूर्ण दृष्टि चाहिए। यह भारत की नवीन आत्मा है, जो प्राचीन का ही विकसित रूप है किंतु उससे भिन्न भी है।

हिन्दी साहित्य की जनवादी परम्परा, पृ. 113.

(viii) हमारे बहुत से मित्र जो कि देश की पूर्ण आजादी की लड़ाई में, राष्ट्रीय जनवादी क्रान्ति के लिए हमारे साथी हो सकते थे मगर जो सर्वहारा क्रान्ति के लिए तैयार नहीं थे ऐसे लोग आप से आप हमसे दूर हो गये।

साहित्य में संयुक्त मोर्चा, पृ. 24.

(ix) .... लेकिन जो विचारशील हैं वे यह लक्ष्य किए बना न रहेंगे कि प्रगतिवाद आरंभ की अनेक अध्यात्मवादी, व्यक्तिवादी, प्राकृतिकतावादी आदि मध्यवर्गीय प्रवृत्तियों से क्रमशः मुक्त होता हुआ अब अपना प्रकृत जनवादी रूप प्राप्त कर रहा है। इस विराट जनवादी अभियान में जो रूका सो छूटा; जिसने इसका विरोध करने की हिमाकत की, वह गया और जिसने इसके उद्देश्य और कार्य में संदेह प्रकट किया, वह संदेहवादी टूटा।

आधुनिक साहित्य की प्रवृत्तियां, पृ. 73-74.

दे. (क) प्रगतिशील साहित्य की समस्याएं, पृ. 135, 140, 193.

दे. (ख) प्रगति और परम्परा, पृ. 168, 169.

दे. (ग) प्रगतिशील साहित्य के मानदण्ड, पृ. 325.
दे. (घ) हिन्दी साहित्य के अस्सी वर्ष, (प्रस्तावना पृ. ङ)।
दे. (ङ) साहित्यानुशीलन, पृ. 140, 141, 145.
दे. (च) साहित्य में संयुक्त मोर्चा, पृ. 8, 15, 16, 19, 104, 106, 107-109, 114.
दे. (छ) आधुनिक साहित्य की प्रवृत्तियां, पृ. 95.
दे. (ज) साहित्य की समस्याएं, पृ. 6.

46. दे. 'कार्लमार्क्स और उनके सिद्धान्त', पृ. 4-5, 18, 70, 76.
दे. 'आज का भारत' चौथा भाग, पृ. 265, 283, 290, 381, 382, 405, 407, 414, 422, 429, 430.
दे. India Today, P. 268-69, 287-88, 295, 392, 418, 426-27, 434.
दे. 'आज का भारत' पांचवां भाग, पृ. 434, 451, 463, 465, 469-70, 486, 489, 511, 529, 551, 568-69.
दे. India Today, P.448-49, 480, 482, 487, 504, 507, 551.
दे. 'जनवादी मार्चा और सर्वहारा नेतृत्व', पृ. 3, 5, 11, 12.
दे. 'प्रतिक्रियावादी जनतांत्रिक समाजवाद', पृ. 6.
दे. ' आज के सवाल', पृ. 5-7, 9, 12, 17, 19-20, 39, 43, 65.
दे. 'जनवादी चीन का भूमि सुधार कानून', पृ. 8, 9, 14, 68.
दे. 'शांति जनवाद और राष्ट्रीय प्रगति के संघर्ष में', पृ. 1, 2, 8, 11-14, 16-17.
दे. 'पूंजीवादी जनवाद और समाजवादी जनवाद', पृ. 4-6, 8, 23, 26, 30-31.
दे. 'साम्राज्यवाद पूंजीवाद की चरम अवस्था', पृ. 4, 6, 45.
दे. 'अराजकतावाद या समाजवाद', पृ. 61.
दे. 'कम्युनिस्ट पार्टी और जनतांत्रिक समाजवाद', पृ. 5,19, 24.
दे. 'समाजवादः काल्पनिक और वैज्ञानिक', पृ. 10-11.
दे. 'मार्क्सवाद क्या है', पृ. 82, 84, 90.
दे. 'जनता का लोकराज', पृ. 4, 10, 20.
दे. 'सोवियत संघ में समाजवाद की आर्थिक समस्याएं', पृ. 33-34, 39.
दे. 'राजसत्ता और क्रान्ति', पृ. 43, 67, 69.
दे. Selected Works of Lenin, Vol. II, Part I, p. 247, 274, 276.
दे. 'राजसत्ता', पृ. 12, 17, 19, 21-22, 29.
दे. 'त्रावन्कोर–कोचीन के आम चुनाव और प्रजा सोशलिस्ट पार्टी', पृ. 5-7, 14, 17.
दे. 'क्या पूंजीवाद और समाजवाद शान्तिपूर्वक साथ–साथ रह सकते हैं', पृ. 5, 9, 14.
दे. 'समाजवाद और व्यक्ति', पृ. 9.
दे. '*पंडितजी* यही है आपका जनतंत्र?', पृ. 4, 15, 16, 19-20, 22, 23.
दे. रिपोर्ट 'प्रादेशिक प्रगतिशील लेखक सम्मेलन', पृ. 23.

47. Socialism, like everything else that is vital, is rather a tendency than a strictly definable body of doctrine.
Roads to Freedom, p. 23.

48. (i) A definition of Socialism is sure either to include some views which many would regard as not Socialistic, or to exclude others

which claim to be included. But I think we shall come nearest to the essence of Socialism by defining it as the advocacy of communal ownership of land and capital. Communal ownership may mean ownership by a democratic State, but cannot be held to include ownership by any State which is not democratic.
Roads to Freedom, p. 23.

(ii) Socialism 1. A State of society based on public or collective ownership of the main instruments of wealth production (land, means of transportation and communication, mines, mills, factories, and modern machinery), and on democratic management of the industries by the community for the benefit of its members.
New Standard Dictionary of the English Language, Vol. IV, p. 2310.

(iii) Socialism. A political and economic theory of social organisation based on collective or governmental ownership and democratic management of the essential means for the production and distribution of goods.
Webster's New International Dictionary of English Language.

(iv) Socialism is the political movement of the working class which aims to abolish exploitation by means of the collective ownership and democratic management of the basic instruments of production and distribution.
What is Socialism?, p. 40.

और भी देखिए –

(क) Encyclopaedia of World Politics, p. 388.

(ख) The New Century Dictionary of the English Language.

(ग) A New English Dictionary on Historical Principles, p. 358.

(घ) Chambers's Twentieth Century Dictionary.

49. Socialism arose as a revolt against the glaring evils of capitalism, of which the one that was most widely condemned was the economic inequality that capitalism lived. Critics have pointed out that in the social order built up by the bourgeoisie, the ideals announced at the time of the Revolution were adopted only in their legal and political aspect while their economic and social aspects were cynically ignored. In this abstract form liberty, equality and fraternity appeared in capitalist society more as mocking shadows than as realised values. By contrast, socialism came to represent a new order in which economic equality combines with political liberty and the spirit of fraternity, for the first time, to make of these ideals a living reality.
For Democracy, p. 19.

50. (i) The Socialist believes that the root cause of social injustice is that relation of capitalist and wage-earner upon which the profit system is founded. He proposes, therefore that social capital become the property of the workers; and since the complexity of modern industry makes it impossible for each producer to own and control the objects upon which he labors, the Socialists demand that these capital goods be owned and controlled collectively by the entire society of workers with

hand and brain.
What is Socialism?, p. 42.

(ii) The theory of socialism is founded on the principles of justice and right and is the economic complement of democracy. The socialist wants common ownership of the material instruments of production, the common management of production, and the distribution of income by the common authority. Socialism provides for socialisation of banking, of basic industries and complete governmental control of all natural resuources, and public utilities, nationalisation of land, the enactment of laws to provide employment, health and accident insurance, workmen's compensation, legislation regarding wages, hours of labour and sanitation.
Organised Democracy, p. 34.

(iii) The core of socialist doctrine is the requirement that the ownership and control of the primary means of production, distribution, and exchange shall be vested in the whole people and operated by representative agencies to provide a maximum of economic well-being. In an ethical sense, socialism seeks to create that material environment most conducive to the growth of harmonious and constructive relationships among men.
Modern political Philosophies, p. 87-88.

51. Socialism means the ending of exploitation of man by man, a society without class antagonisms, in which the people themselves control their means of life and use them for their happiness.

On the Theory of the Socialist Revolution, Article by Maurie Cornforth 'The Marxist Quarterly', p. 42-43.

52. (i) Communism has become, in our own day, at once an ideal and a method. As an ideal, it aims at a society in which classes have been abolished as a result of the common ownership of the means of production and distribution. As a method, it believes that its ideal can be attained only by means of a social revolution in which the dictatorship of the proletariat is the effective instrument of change.
Communism, p. 11.

(ii) It is at once an ideal, and a method. As an ideal it aims at a society in which classes have been abolished as a result of the common ownership of the means of production and distribution. As a method, it asserts that its ideal can be attained only by means of a social revolution in which the dictatorship of the proletariat is the effective instrument of change. Communists consider that the prime necessity of social reconstruction is the abolition of the capitalist class and the development of the control of political and economic affairs through the hands of the wage-earners.
Organised Democracy, p. 34-35.

(iii) Communism 1. A theory which advocates a state of society in which there should be no private ownership, all property being vested in the community and labour organized for the common benefit of all members; the professed principle being that each

should work according to his capacity, and receive according to his wants.
A New English Dictionary on Historical Principles, Vol. II, Part II, p. 701.

(iv) Communs. (a) General term: a system of common property and common work, with equal participation of all members in the products and in administration.
Encyclopaedia of World Politics, p. 109.

53. (i) Communism, n. a theory or condition of things, according to which private property should be abolished, and all things held in common: Marxian socialism as understood in Russia.
Chambers's Twentieth Century Dictionary.

Com'mu.nism -

(ii) A doctrine and program based upon revolutionary Marxian socialism as developed by N. Lenin and the Bolshevik party ....
Webster's New International Dictionary of the English Language.

54. According to Marx there is no such thing as a state, or therefore as a government, which has no class basis. The state comes into existence as the result of class ant-agonisms and is the instrument through which one class establishes its predominance. The first criterion of democracy is that it should establish the predominance of the longest class - the class which, by coming into power, automatically sweeps away all other classes and thus ushers in the classless society - the mass of the workers.

The Soviet Impact on the Western World, p. 11.

55. (i) The Proletariat needs State power, the centralized organization of force, the organization of violence, both to crush the resistance of the exploiters and to lead the enormous mass of the population - the peasantry, the petty bourgeoisie, the semiproletarians - in the work of organizing socialist economy.
Selected Works of Lenin, Vol. II, Part I, p. 224.

(ii) The overthrow of the bourgeoisie can be achieved only by the proletariat becoming transformed into the ruling class, capable of crushing the inevitable and desperate resistance of the bourgeoisie, and of organizing all the toiling and exploited masses for the new economic order.
Selected Works of Lenin, Vol. II, Part I, p. 224.

56. Marx continues :

"......... Between capitalist and communist society lies the period of the revolutionary transformation of the one into the other. There corresponds to this also a political transition period in which the State can be nothing but the revolutionary dictatorship of the proletariat...."

Selected Works of Lenin, Vol. II, Part I, p. 288.

57. During the period of reconstruction, however, Marx declares, the victorious workers must establish a dictatorship to inaugurate their program and stamp out counter-revolution. The period of this dictatorship is indeterminate; it will last until a socialist economy is firmly secured, until all vestiges of bourgeois society have dis-appeared and the working class has grown to include the whole people. Until that time the proletarian State is

frankly a class dictatorship of the emancipated workers over the opposition. When there are no longer opposed classes, the State, whose historic function has hithert been that of class domination, will gradually "wither away; leaving only a skeleton of administrative agencies. Socialist society is itself but the intermediate stage to usher in communism, the completely classless, equalitarian society.

Modern Political Philosophies, p. 80.

58. And the dictatorship of the proletariat, i.e the organisation of the vanguard of the oppressed as the ruling class for the purpose of suppressing the oppressers, cannot result merely in an expansion of democracy. Simultaneously with an immense expansion of democracy, which for the first time becomes democracy for the poor, democracy for the people and not democracy for the moneybags, the dictatorship of the proletariat imposes a series of restrictions on the freedom of the oppressors, the exploiters, the capitalists, we must suppress them in order to free humanity from wage slavery, their resistance must be crushed by force; it is clear that where there is suppression, where there is violence, there is no freedom and no democracy.

Selected Works of Ienin, Vol. II, Part I, p. 291.

59. Only in communist society, when the resistance of the capitalists has been completely crushed, when the capitalists have disappeared, when there are no classes (i.e. when there is no defference between the members of society as regards their relation to the social means of production), only then "the state----ceases to exist, and it becomes possible to speak of freedom". Only then will there become possible and be realised a truly complete democracy, democracy without any exceptions whatever.

Selected Works of Lenin, Vol. II, Part I, p. 291-92.

60. They did not expect that capitalist society would be transformed into socialist society without violent revolution.

Communist manifesto socialist Land Mark, Introduction by H.J. Laski. p. 44.

61. (i) Marx and Engels were both convinced that the victory of the proletariat, and the consequential establishment of a classless society would normally be established by violent revolution.
Communist manifesto socialist Land Mark, Introduction by H.J. Laski, p. 62

(ii) It is quite clear that both Marx and Engels expected that most proletarian revolutions would be succesful only after heavy fighting........
Communist Manifesto Socialist Landmark Introduction by H.J. Laski, p. 64.

दे. (क) Communist Manifesto Socialist Landmark, p. 41.

दे. (ख) Which Way Lies Hope, p. 101.

62. The communists disdain to conceal their views and aims. They openly declare that their ends can be attained only by the forcible overthrow of all existing social conditions. Let the ruling classes tremble at a communist revolution. The proletarians have nothing to lose but their chains. They have a world to win.

Working men of all countries, unite!

Communist Manifesto Socialist Landmark, p. 160.

63. (i) Communism. The term communism, which is derived from the Latin word communis, does not occur before 1840, although the concept it embraces is as old as civilization itself. It was coined in the secret revolutionary societies of Paris between 1834 and 1839 and in a short time replaced such terms as community of goods, agrarian laws or communaute'. *..............*. Between 1872 and 1917 the two terms were looked upon as synonymous, or rather the term communism disappeared. With the rise to power in 1917 of Bolshevism in Russia the old distinction between the two terms was revived and sharply accentuated.

Encyclopaedia of the social sciences Vol. IV, p. 81.

(ii) In the nineteenth century communism was at first identified with socialism, and the terms were practically synonymous. In 1847, Marx and Engels (both q.v.) issued the Communist Manifesto (q.v.) to this day the credo of Marxian parties even if they call themselves socialist and not communist. Between 1848 and 1918 the term 'communist was little used and labour parties called themselves usually socialist or social democratic. In 1918, Lenin's radical movement calling itself communist broke away from the socialist movement.

Encyclopaedia of World Politics, p. 109.

64. Attempts have repeatedly been made to distinguish between 'socialist' and 'communist' but no specific definitions have been generally accepted for the two so far. Following hints by Marx and Lenin, 'socialist' is applied to systems in which the principal means of production are public property and used in accordance with a plan based not on profit but common welfare, while money must be paid by the individual for goods, and he receives wages for his labour. 'Communist' would mean a system of thorough going common property (and presumably a higher degree of communalization of life), in which goods would be available to all without payment and everybody would give his labour without getting specific wages for it. This distinction is epitomized in the slogan, 'from each according to his ability,to each according to his work' for socialism, and 'from each according to his ability, to each according to his needs' for communism.

Encyclopaedia of World Politics p. 109.

65. (i) In addition to this historical and general meaning the term communism in the years 1840-72 came to imply revolutionary action for the violent overthrow of capitialist society. Socialism, on the other hand, was the term used to describe constitutional activities for the reform of the economic system in the direction of national control of the means of production.

Encyclopaedia of the Social Sciences Vol. four, p. 81.

(ii) The second, evolutionary socialism, is described below. Although resting on a Marxian base, it will be found to have undergone important modifications. The reality of class confilict is acknowledged, but its role is minimized. Revolutionary action has been replaced by gradualistic methods. Reimbursenment for socialized property takes the place of outright confiscation. Furthermore, the political State is to be converted to democratic purposes, not destroyed, and the proposal of a transitional dictatorship is altogther rejected.

Modern Political Philisophies, p. 81.

(iii) Communism is revolutionary Marxism in practice. Its first distinction from evolutionary socialism lies in its method. Communists regard the class struggle as an inherent feature of capitilistic society, with the power of the State always in the service of the propertied class; the possibility of attaining socialism by way of gradual reform is therefore abandoned, and communists direct their strategy toward an eventual seizure of power by armed force.

Modern Political Philosophies, p. 95.

66. But the scientific difference between socialism and Communism is clear. What is usually called Socialism was termed by Marx the "first or lower phase of communist society. In so far as the means of production become common property the word "Communism" is also applicable here, providing we do not forget that this is not complete communism.

Selected Works of Lenin, Vo.II, Part I, p. 301-02.

67. (i) Some Socialists expect communal ownership to arrive suddenly and completely by a catastrophic revolution, while others expect it to come gradually, first in one industry, then in another. Some insist upon the necessity of completeness in the acquistion of land and capital by the public, while others would be content to see lingering islands of private ownership, provided they were not too extensive or powerful. What all forms have in common is democracy and the abolition, virtual or complete, of the present capitalistic system.

Roads to Freedom, p. 23-24.

(ii) Socialists, on the other hand, believe that fundamental, social and economic changes can and should be made by peaceful persuasion, and Socialists consider themselves bound to use truth in their statements and actions. As Fenner Brockway stated, "The Socialist ideal expresses fraternity, service, mutual trust, liberty, respect for personality". Max Eastman described Socialism as a society in which the spirit of mutual aid predominates over that of competition. In other respects, the socialist aims, as I understand them, concide with those of communism. The prime aim of both is the establishment of a classless society.

Which way Lies Hope?, p. 101-02.

68. A fundamental tenet of Marxiom socialism is that of the complete equality of all persons, regardless of race, nationality, creed, or sex, in so far as their social, political, legal, and economic status is coneerned.

Modern Political Philosophies, p. 109-110.

69. विगत पृष्ठों से स्पष्ट है प्रेमचंद एक सच्चे जनवादी मार्क्सवादी कलाकार थे। प्रेमचंद ने मार्क्स दर्शन पढ़ा था या नहीं इसके पक्ष में या विपक्ष में कोई साक्ष्य नहीं मिलता, पर एक सच्चे

मार्क्सवादी की भांति उन्होंने जीवन संघर्ष का निकट से अध्ययन किया था। इसका प्रमाण उनका पूरा साहित्य है। प्रेमचंद ने जीवन को भिन्न दृष्टिकोणों से देखा था। और प्रत्येक दृष्टिकोण के अध्ययन से वे पक्के जनवादी सिद्ध होते हैं।

प्रेमचंद, पृ. 185.

और भी दे. प्रेमचंद, पृ. 165, 168, 183, 188.

70. प्रगतिवाद के अन्तर्गत राष्ट्रीयता का भी समावेश है, परन्तु वह साधारण दक्षिणपक्षीय राष्ट्रीयता से भिन्न हे। पराधीनता के उन्मूलन आदि प्रश्नों पर प्रगतिवादी शक्तियों का लक्ष्य भी वही है जो दक्षिण–पक्षीय शक्तियों का, परन्तु उनकी विधि में अंतर है। इनकी विधि पूर्णतः क्रान्ति की विधि है जिसका आधार एकांत भौतिक है। वह अहिंसादि आदर्शमय साधनों को कोई मान्यता नहीं देती। इसके अतिरिक्त प्रगतिवादी में राष्ट्र केवल सर्वहारा वर्ग का प्रतीक है, अन्य वर्गों के प्रति उसकी सहानुभूति नहीं है। अतएव प्रगतिवाद का राष्ट्रवाद सर्वहारावाद अथवा जनवाद का ही पर्याय है।

आधुनिक हिन्दी कविता की मुख्य प्रवृत्तियां, पृ. 103.

71. Proletarianism. The political principles and practice of the proletarians.

A New English Dictionary on Historical Principles, p. 1447.

72. (i) The proletariat, in the us-age adoted by Karl Marx, designates, strictly speaking, the class of wage workers engaged in industrial production whose chief source of income is derived from the sale of their labour power.
Eneyclopaedia Britannica, p. 576 B.

(ii) Proletariate, 2.b. Pol. Econ. That class of the community which is dependent on daily labour for subsistence, and has no reserve or capital ; the indigent wage-earners; sometimes extended to include all wage-earners; working men,the labouring classes.
A New English Dictionary on Historical Principles, Vol VII, Part II, p. 1447.

(iii) Proletariat 2. In modern socialistic use, the wage-workers of a state or of the world, collectively, regarded as the producers of capital and creators of wealth; the laboring classes;working men.
Funk & Wagnalls New Standard Dictionary of the English Language, Vol. III, p. 1981.

(iv) Proletariat. The term proletariat is used to designate the class of workers who are legally and economically free to dispose of their labour power and who sell it for wages to a Capitalist entreprenour for a definite period of time.
Encyclopaedia of the Social Sciences, p. 510.

73. Since Marx assumed that the proletariat would constitute the overwhelming majority of the population as the polar class to the bourgeoisie, the dictatorship of the proletariat was conceived as a form of democracy.

Encyclopaedia Britannica, p. 576 C.

74. (i) Proletarian democracy is a million times more democratic than any bourgeois democracy; Soviet power is a million times more democratic than the most democratic bourgeois republic.
Selected Works of Lenin, Vol. II, Part II, p. 55.

(ii) Proletarian democracy, of which soviet government is one of the forms, has brought a develpment and expansion of democracy hither to unprecedented in the world, precisely for the vast majority of the population, for the exploited and toiling people.
Selected Works of Lenin, Vol. II, Part II, p. 53.

(iii) But in Russia the bureaucratic machine has been completely smashed, rezed to the ground; the old judges have all been sent packing, the bourgeois parliament has been dispersed - and far more accessible representation has been given to the workers and peasants; their Soviets have replaced the bureaucrats, or their Soviets have been placed in control of the bureaucrats, and their Soviets have been authorized to elect the judges. This fact alone is enough to cause all the oppressed classes to recognize that the soviet power, i.e. the present form of the dictatorship of the proletariat, is a million times more democratic than the most democratic bourgeois republic.
Selected Works of Lenin, Vol. II, Part II, p. 56.

और भी दे. The Soviet Impact on the Western World, p. 4.

75. Thus, in Capitalist society we have a democracy that is curtailed, wretched, false; a democracy only for the rich, for the minority. The dictatorship of the proletariat, the period of transition to communism, will for the first time create democracy for the people, for the majority, along with the necessary suppression of the minority - the exploiters. Communism alone is capable of giving really complete democracy, and the more ccomplete it is the more quickly will it become unnecessary and wither away itself.

Selected Works of Lenin, Vol. II, Part I, p. 292.

76. (i) इस काल की दो प्रवृत्तियां 'जनवाद' और 'मानववाद' भी हैं। 'बुद्धिवाद' और 'आदर्शवाद' की ही शाखायें 'जनवाद' और 'मानववाद' हैं। *जनवाद में प्रेरणा सामयिक*, राजनीतिक, आर्थिक चेतना की है और मानववाद में शाश्वत सांस्कृतिक चिन्ता के पुनरुत्थान की।
हिन्दी कविता में युगान्तर, पृ. 36.

(ii) प्रेमचन्द को कथावस्तु पर पूर्ण अधिकार रहता था; चरित्र–चित्रण की जटिलता और गहराई में वह आसानी से उतरते थे; उनकी भाषा में साहित्यिकता के साथ–साथ प्रवाह और सरलता के गुण भी थे; किन्तु सबसे महत्त्वपूर्ण बात यह थी कि प्रेमचन्द ने एक *जनवादी* दृष्टिकोण अपनाया। वह *सामाजिक कुरीतियों* पर अपने पूरे बल से आघात करते थे और *राजनीतिक* और *आर्थिक दोहन* का अन्त कर देना चाहते थे। प्रेमचन्द की रचनाएं हिन्दी जनता की साहित्यिक क्षुधा को तो शान्त करती ही थीं, किन्तु उसकी *अन्तश्चेतना* को भी जगाती थीं। प्रेमचन्द प्रत्येक अर्थ में जनता के कलाकार थे।
हिन्दी साहित्य की जनवादी परम्परा, पृ. 89.
और भी देखिये – हिन्दी साहित्य की जनवादी परम्परा, पृ. 26, 118.

77. (i) तुलसी–साहित्य के *जनवादी* तत्त्व क्या हैं, जिन्हें आज का भारतीय साहित्यकार अपनी थाती समझकर सहेजेगा? तुलसी ने सदा *मानव–कल्याण* की भावना से

प्रेरिकत होकर साहित्य रचा। उनका साहित्य भारतीय *जन समाज की पीड़ा और व्यथा* से ओत–प्रोत है। उन्होंने जनता तक पहुंचने के लिए 'भाषा' में रचना की। यह भाषा अत्यन्त सरल, मधुर और जन–सुलभ थी। उनका साहित्य मनुष्य का मानसिक धरातल ऊंचा करता है और जीवन–संघर्ष में उसे बल देता है। वे शासक–वर्ग के विरुद्ध थे और त्रस्त–जनता के बीच उनका स्थान था।

हिन्दी साहित्य की जनवादी परम्परा, पृ. 19-20.

(ii) हिन्दी साहित्य की परम्परा मूलतः एक *जनवादी* परम्परा रही है। हिन्दी के साहित्यकारों ने पूर्वकाल से ही भारतीय जनता की भावनाओं को अपने साहित्य में व्यक्त किया है, उसके *दुःख–सुख* के गीत गाये हैं और *लोक–कल्याण* के आदर्श को सदैव ही अपने सामने रखा है। हिन्दी के भक्त–कवि इसी श्रेणी में आते हैं।

भूमिका 'हिन्दी साहित्य की जनवादी परम्परा', पृ. 3.

(iii) तुलसी महाकवि हैं और अपने युग की सामाजिक, मानसिक और आध्यात्मिक परिस्थितियों का सच्चा और मार्मिक वर्णन करते हैं। उनके दृष्टिकोण में सामन्ती विचार–धारा के अवशेष मौजूद हैं, किन्तु वे भारत की असंख्य *जनता के सच्चे हितू थे* और उसी का अविभाज्य अंग थे। उनकी साहित्य–रचना का ध्येय जन–जन की सेवा ही था। प्रतिगामी विचारक तुलसी के *जनवादी* तत्त्व आंख की ओट करना चाहते हैं, ताकि वह जनता को आसानी से भ्रम में डाल सकें।

हिन्दी साहित्य की जनवादी परम्परा, पृ. 11-12.

78. (i) सूर का श्रृंगार–वर्णन और अन्य लीलाओं का दिग्दर्शन मानव–जीवन का ही वर्णन है। सूर ने कृष्ण को ईश्वर के रूप में कम देखा है सखा के रूप में अधिक। ......।

सूर निरन्तर भूलते रहते हैं कि उनके सखा सूर–श्याम राजवंश की उपज हैं। सूर की दृष्टि में राज–दरबारों के प्रति अद्‌भुत उदासीनता का भाव है। न केवल सूर–साहित्य में हमें तुलसी के अन्तर्विरोध कम मिलते हैं, वरन् कुछ दिशाओं में हम सूर का दृष्टिकोण अधिक *मानवतावादी* और *जनवादी* पाते हैं। इसका एक उदाहरण उनका कृष्ण के प्रति सखा–भाव भी है।

हिन्दी साहित्य की जनवादी परम्परा, पृ. 40-41.

(ii) रीतिकालीन कवियों की तुलना में हम सूर के प्रेम–वर्णन की गंगा का स्वच्छ और निर्मल प्रवाह भली–भांति हृदयंगम कर सकते हैं। सूर के वर्णन हमारी मानवता को परिष्कृत करते हैं और उच्चतर स्तर तक ले जाते हैं। सूर हिन्दी–साहित्य की *मानवतावादी* परम्परा में एक अनमोल कड़ी है।

हिन्दी साहित्य की जनवादी परम्परा, पृ. 50.

79. कुछ दिन पहले तक इस 'जनवादी' शब्द से हिन्दी के पाठक अपरिचित थे। अंग्रेजी या अन्य यूरोपीय भाषाओं में भी इसका या इसके पर्यायवाची शब्द का प्रचार बहुत पुराना हो, ऐसा नहीं है। स्पैनिश गृहयुद्ध के आसपास साहित्य में 'पापुलर फ्रन्ट' की जो लहर आई उसमें ही पहले पहल इस जनवादी नारे का असली शोर सुनाई पड़ा। अधिकतर रिवाज अपने को 'प्रोग्रेसिव' या 'प्रगतिशील' कहने का था। कभी–कभी जनवादी का भी नाम आ जाता था।

'आलोचना' (त्रैमासिक), अंक 14 (वर्ष 4, अंक 2) जनवरी, 1955,

सम्पादकीय – जनवादी साहित्य (1) पृ. 1.

द्वितीय विश्वयुद्ध के बाद 'प्रगतिशील' या 'समाजवादी यथार्थवाद' जैसे शब्दों का चलन कुछ कम हो गया है। चीन की 'पीपुल्स डेमाक्रेसी' के उदय के बाद हिन्दी में नये आवेश के साथ 'जनवादी साहित्य' का रिवाज चला है, यद्यपि भारतवर्ष की नई–पुरानी मिली–जुली मुद्रा की भांति पुराने सिक्के बाजार से बिलकुल गायब नहीं हुए हैं। शब्द चूंकि नया है, अतः उसका स्वाद भी नया है।

'आलोचना' (त्रैमासिक), अंक 14 (वर्ष 4, अंक 2), जनवरी, 1955.

सम्पादकीय – जनवादी साहित्य (1) पृ. 2-3.

80. दे.

(क) शांति जनवाद और राष्ट्रीय प्रगति के संघर्ष में भारतीय कम्युनिस्ट पार्टी, पृ. १, ६.

(ख) रिपोर्ट प्रादेशिक प्रगतिशील लेखक सम्मेलन, उत्तरप्रदेश, पृ. 23, 25.

(ग) जनवादी चीन का भूमि–सुधार कानून, पृ. 3, 12, 17, 27, 35, 40, 53, 77, 86.

(घ) पंडित जी यही है आपका जनतंत्र? पृ. 7.

(ङ) जनता का लोकराज, पृ. 27.

81. (i) Popular, a. (Pertaining to the Common people) लौकिक साधारणलोक सम्बन्धी & c., सामान्य लोक सम्बन्धी

-(Suitable to common people) सामान्य लोकयोग्य :– ग्या – ग्यं, सामान्यलोकोपयोगी–गिनी–गि (न्), सर्व्वलोकयोग्य :

A Dictionary English And Sanskrit, By Monier Williams, p. 607.

(ii) Popular of or pertaining to the people at large: Common among or carried on by the masses; as, popular demonstrations or government.

Funk & Wagnalls New Standard Dictionary of the English Language, Vol. III, p. 1931.

(iii) Popular :

1. Affecting, concerning, or open to all or any of the people; public
2. Of, pertaining to, or consisting of the common people, of the people as a whole as distinguished from any particular class; constituted or carried on by the people.

A New English Dictionary on Historical Principles, Vol. VII, Part II, p. 1125.

82. Finally, the term humanism has been rather strictly applied to a recent school of philosophy.

Its dominant place has been in an intellectual climate in which man is considered the measure of the universe and the architect of his own fortunes in it.

Encyclopaedia of the Social Sciences, p. 541-42.

83. हिन्दी साहित्य, पृ. 430-31.

और भी दे.

(क) Humanism is the view-point that men have but one life to lead and should make the most of it in terms of creative work and happiness; that human happiness is its own justification and requires no sanction or support from supernatural sources, that in any case the supernatural, usually conceived of in the form of heavenly gods or immortal heavens, does not exist; and that human beings, using their own intelligence and cooperating liberally with one another, can build an enduring citadel of peace and beauty upon this earth.

Humanism As A Philosophy, p. 21.

(ख) In the Humanist ethics the chief end of thought and action is to further this-earthly human interests on behalf of the greater happiness and glory of man.

Humanism As A Philosophy, p. 273.

84. (i) To define twentieth-century Humanism in the briefest possible manner, I would say that it is a philosophy of joyous service for the greater good of all humanity in this natural world and according to the methods of reason and democracy.
Humanism As A Philosophy, p. 18.

(ii) Hu'man.ism - A system, mode, or attitude of thought or action centering upon distinctively human interests or ideals, esp. as contrasted with naturalistic or religious interests.
Webster's New International Dictionary of the English Language, p. 1212.

(iii) Humanism - Any system of thought, belief or action which centres about human or mundane things to the exclusion of the divine.

Dictionary of Philosophy And Psychology, Vol. I, p. 486.

85. I want to underscore at the start Humanism's goal of the welfare of all mankind. In its primary connotation Humanism means simply human-being-ism, that is, denotion to the interests of human beings, wherever they live and whatever their status. *...............* Humanism cannot tolerate discrimination against any people or nation as such. Current Humanism reaffirms the spirit of cosmopolitanism, of international friendship and the essential brotherhood of man.

Humanism As A Philosophy, p. 22-23.

86. औपन्यासिक क्षेत्र में राहुल और यशपाल जैसे दो *जनवादी* या *मानवतावादी* लेखक अवश्य हैं, परन्तु ये भी प्रेमचन्द की स्वस्थ ऊंचाइयों पर अब तक नहीं पहुंचे हैं।

नया साहित्य : नये प्रश्न, पृ. 219.

87. (i) उपन्यास और कथा साहित्य के क्षेत्र में प्रेमचन्द जी के पश्चात जैनेन्द्र, भगवती प्रसाद, भगवती चरण, इलाचन्द्र जोशी, अज्ञेय और अश्क जैसे विभूतिमान औपन्यासिक आये और कार्य कर रहे हैं, जिसमें थोड़–बहुत अंतर के साथ नागरिक औपन्यासिकों की वे प्रवृत्तियां मिलती हैं जिनका उल्लेख मैंने ऊपर लारेंस और पूस्ट के सिलसिले में किया है। यह सभी हमारे–साहित्य के प्रथम श्रेणी के कलाकार हैं, किन्तु इन्होंने प्रेमचन्द जी की जनवादी परम्परा को नहीं अपनाया है। अब आजकल कुछ लोग ऐसे लेखकों को मानवतावादी कहने लगे हैं; परन्तु मेरी समझ में नहीं आता कि आज की स्थिति में जो जनवादी लेखक

नहीं हैं, वे मानवतावादी कैसे कहे जायेंगे।

नया साहित्य, नये प्रश्न, पृ. 219.

(ii) जहां तक मार्क्सवाद के इस मूल मंतव्य का प्रश्न है, कि हमारा साहित्य व्यक्तियों या वर्गों के हितों का संरक्षक न बनकर जनवादी बने और समाज की प्रगतिशील शक्तियों का साथ दे, मुझे निश्चय है कि प्रेमचंद और प्रसाद की परम्परा का कोई भी लेखक इस उद्देश्य से असहमत न होगा।

नया साहित्य, नये प्रश्न, पृ. 217.

88. यहां मैं जनवादी साहित्य से भिन्न उस अपर साहित्य की भी थोड़ी चर्चा करूंगा जो हमारे नागरिक लेखकों द्वारा तैयार किया जा रहा है। इसकी सारी स्थितियां और समस्याएं या तो वैयक्तिक होती हैं, या एक विशेष वर्ग या समूह की। ऐसे साहित्य के निर्माता उन सीमित स्थितयों के पारदर्शी पंडित होते हैं। वे अपनी इस विशेषज्ञता को अनेक नवीन विज्ञानों की सहायता से और भी चमका देते हैं और भाषा तथा रचनासौष्ठव की दृष्टि से प्रथम श्रेणी की कृतियां प्रस्तुत करते हैं। उपन्यासों के क्षेत्र में डी.एच. लारेंस अथवा मासेले पूस्ट पश्चिम के ऐसे ही विशिष्ट लेखक हैं किन्तु विशिष्ट होते हुए भी क्या हम उन्हें टाल्सटाय या गोर्की के समकक्ष रख सकते है? मेरे विचार से कदापि नहीं। कारण यह है कि इनकी *रचनाएं जनजीवन के महान स्रोतों से अभिषिक्त और परिप्लावित हैं,* किन्तु लारेन्स और पूस्ट की कृतियों में वह संजीवनी धारा उपस्थित नहीं है।

नया साहित्य, नये प्रश्न, पृ. 218.

89. मेरे विचार से केवल *आर्थिक स्वतंत्रता* की लड़ाई ही *जनवादी* लड़ाई नहीं है। हमें जनजीवन के सभी पहलुओं पर समान ध्यान देना होगा। हम जिस *जनवादी* राष्ट्र या मानव–समूह की कल्पना करते हैं, वह केवल आर्थिक दृष्टि से सुखी नहीं होगा; उसे पूर्णतः सांस्कृतिक और नैतिक मानव भी होना चाहिए। यहां भी मार्क्सवादी शिक्षाएं और उपचार मुझे तो अधूरे दिखाई देते हैं। उनसे तो गांधी जी का *सर्वोदय* सिद्धान्त मुझे भारतीय जीवन के अधिक अनुरूप जान पड़ता है। यदि तुलसी, सूर और मीरा का आत्मोन्मुखी काव्य; उपनिषदों का दिव्य ज्ञान; शकर, *कबीर* का विवेकानन्द का महान् दर्शन और उदात्त आदर्श हमारे तथाकथित जनवादी संघर्ष का अंग नहीं बन सकते, तो ऐसे जनवादी संघर्ष की सार्थकता ही मेरे लिए संदिग्ध होगी।

नया साहित्य : नये प्रश्न, पृ. 217-18.

90. देखिये पृ. 54-55.

91. देखिये पृ. 56-58.

92. इस काल की दो प्रवृत्तियां 'जनवाद' और 'मानववाद' भी है।। 'बुद्धिवाद' और 'आदर्शवाद' की ही शाखायें 'जनवाद' और 'मानववाद' हैं। *जनवाद में प्रेरणा सामयिक, राजनीतिक, आर्थिक चेतना की है* और मानववाद में शाश्वत सांस्कृतिक चिन्ता के पुनरुत्थान की। दोनों एक–दूसरे के पूरक हैं, फिर भी दोनों में स्पष्ट अंतर है।

हिन्दी कविता में युगान्तर, पृ. 36.

93. आज नाना स्वरों में वैचित्र्य–संवलित आकार धारण करके एक ही उत्तर मानव चित्त की गम्भीरतम भूमिका से निकल रहा है – मानववतावाद ठीक है। पर मुक्ति किसकी? क्या व्यक्ति मानव की? नहीं। सामाजिक मानवतावाद ही उत्तम साधन है। मनुष्य को – व्यक्ति मनुष्य को नहीं, बल्कि समष्टि मनुष्य को – आर्थिक, सामाजिक और राजनीतिक शोषण से मुक्त करना होगा।

हिन्दी साहित्य, पृ. 494.

94. I want to underscore at the start Humanism's goal of the welfare of all mankind. In its primary connotation Humanism means simply human-

being-ism, that is devotion to the interests of human beings, wherever they live and whatever their status. .... Humanism cannot tolerate discrimination aganist any people or nation as such. Current Humanism reaffirms the spirit of cosmopolitanism, of international friendship and the essential brotherhood of man.

Humanism As A Philosophy, p. 22-23.

95. दे. हिन्दी साहित्य, पृ. 430-31.

96. Power as such, when uncontrolled, is always the natural enemy of freedom. It prevents the exercise of those capacities which are released for activity by the absence of restraint. Wherever it is possessed in excess, it tilts the balance of social action in favour of its possessors.

Liberty in the Modern State, p. 51.

97. I know no instance in history in which men in possession of power have voluntarily abdicated its privileges.

Liberty in the Modern State, p. 175.

98. (i) "In this age of democracy, however, it is essential that desired results are achieved by the collective effort of the people. It will no doubt be good to achieve an objective through the effort of a supremely powerful in-dividual, but it can never make the community conscious of its corporate strength". Besides, "Anything that millions can do together becomes charged with a unique power". As it is, mass movements are essential, and with patience and perseverance masses have to be organized and dis-ciplined for the use of collective non-violent technique.

The Political Philosophy of Mahatma Gandhi, p. 187.

(ii) व्यक्ति जब 'समता' के सिद्धान्त को समाज के स्थूल आधार पर घटित और चरितार्थ करने का उपक्रम करता है तब व्यक्तिवाद के स्थान पर जनवाद की प्रतिष्ठा होती है। तब व्यक्ति की दृष्टि व्यष्टि 'स्व' में सीमित न होकर समष्टि (सर्व) में व्याप्त हो जाती है।

हिन्दी कविता में युगान्तर, पृ. 36.

99. जनवाद केवल अधिकार तक सीमित है अतः उससे मानववाद का क्षेत्र अधिक विस्तृत है।

हिन्दी कविता में युगान्तर, पृ. 53. (प्रथम संस्करण)

The malaise of the age may be attributed to an excessive emphasis upon the rights of man than on duties. Today men talk loudly of their rights, but rarely of their duties.

Organised Democracy, p. 23.

100. जनवाद केवल भौतिकता में सीमित है अतः उससे मानववाद का क्षेत्र अधिक विस्तृत है।

हिन्दी कविता में युगान्तर, पृ. 36.

101. दे. (क) हिन्दी साहित्य, पृ. 430.

(ख) Humanism As A Philosopy, p. 21.

102. A fundamental tenet of Marxian socialism is that of the complete equality of all persons, regardless of race, nationality, creed, or sex, in so far

as their social, political, legal and economic status is concerned.

Modern Political Philosophies, p. 109-110.

103. (i) During the period of reconstruction, however, Marx declares the victorious workers must establish a dictatorship to inaugurate their program and stamp out counter-revolution. The period of this dictatorship is indeterminate; it will last until a socialist economy is firmly secured, until all vestiges of bourgeois society have disappeared and the working class has grown to include the whole people. Until that time the proletarian State is frankly a class dictatorship of the emancipated workers over the opposition. When there are no longer opposed classes, the State, whose historic function has hitherto been that of class domination, will gradually "wither away", leaving only a skeleton of administrative agencies. Socialist society is itself but the intermediate stage to usher in communism, the completely classless, equalitarian society.

Modern Political Philosophies, p. 80.

(ii) But the scientific difference between socialism and communism is clear. What is usually called socialism was termed by Marx the "first" or lower phase of communist society. In so far as the means of production become common property, the word "Communism" is also applicable here, providing we do not forget that this is not complete Communism.

Selected Works of Lenin, Vol. II, Part I, p. 301-02.

104. Communism - A doctrine and program based upon revolutionary Marxian socialism as developed by N. Lenin and the Bolshevik Party.

Webster's New International Dictionary of the English Language.

105. दे. Roads to Freedom, p. 23-24.

106. दे. Modern Political Philosophies, p. 109-110.

107. दे. (क) Modern Political Philosophies, p. 95.

दे. (ख) Encyclopaedia of the Social Sciences, Vol. IV, p. 81.

108. दे. (क) हिन्दी साहित्य, पृ. 430-31.

दे. (ख) Humanism As A Philosophy, p. 21-23, 273.

109. राजनीति या समाजनीति की भौतिक भाषा में जो 'जनवाद' है वही धर्म–नीति या दर्शन–नीति की आध्यात्मिक भाषा में 'मानववाद' है।

हिन्दी कविता में युगान्तर, पृ. 36.

110. दे. Humanism As A Philosophy, p. 22.

111. हिन्दी कविता में युगान्तर, पृ. 36.

112. 'आपके समाजवाद से आपका क्या मतलब है?'

'मेरे समाजवाद का अर्थ है 'सर्वोदय'। मैं गूंगे, बहरे और अन्धों को मिटाकर उठना नहीं चाहता। उनके समाजवाद में शायद इनके लिए कोई जगह नहीं है। भौतिक उन्नति ही उनका एकमात्र मकसद है।'

गांधी और साम्यवाद, पृ. 119.

(परिशिष्ट–3 समाजवादी हूं, पर दूसरे ढंग का)

सन् 1946 में जब अमेरिकन पत्रकार श्री लुई फिशर गांधी जी से पंचगनी में मिले, तो दोनों के बीच विधान–सभा, समाजवाद, अहिंसा वगैरा कई विषयों पर बातचीत हुई। समाजवाद के बारे में दोनों की जो चर्चा हुई, उसकी प्यारेलाल जी द्वारा ली हुई रिपोर्ट।

प्रकाशित हरिजन सेवक, 4-8-1946.

113. (i) मेरे जीवन में यदि किसी पुस्तक ने तत्काल महत्त्वपूर्ण रचनात्मक परिवर्तन कर डाला है, तो वह रस्किन की 'अन्टु दिस लास्ट' पुस्तक ही है। बाद में मैंने इसका गुजराती में अनुवाद किया था, जो सर्वोदय के नाम से प्रकाशित भी हुआ है।
लेख – सर्वोदय, (आत्मकथा भाग 4, अध्याय 18)
लेखक – महात्मा गांधी।
सर्वोदय का सिद्धान्त, (संग्रह), पृ. 3.

(ii) सर्वोदय शब्द का मूल अन्त्योदय की कल्पना में है। रस्किन की 'अन्टु दिस लास्ट' के अपने अनुवाद को बापू ने सर्वोदय नाम दिया है।
लेख – सर्वोदय का विचार
– श्री विनोबा (हरिजन सेवक 10-4-1949)
'सर्वोदय का सिद्धान्त', (संग्रह), पृ. 25.

114. सर्वोदय की कल्पना हमारे प्राचीन ग्रंथों में भी मिलती है। ऋषि गाता है – 'सर्वे नः सुखिनः संतु।' उसने 'सब' शब्द में केवल मानव–समाज का ही समावेश नहीं किया है बल्कि उन जानवरों का भी समावेश कर दिया है, जिनकों मनुष्य ने अपने कुटुंब का एक हिस्सा मान लिया था।

सर्वोदय–विचार, पृ. 103.

115. सर्वोदय यानी सबका उदय, यानी किसी का उदय और किसी का अस्त, ऐसा नहीं। 'सर्वोदय' शब्द बहुत अच्छा है और गांधी जी का ही वह बनाया हुआ है। 'सर्वभूतहिते रताः' की कल्पना उसमें है। बाइबिल में भी वैसा विचार आता है। रस्किन ने उसी का आधार लेकर अपनी 'अन्टु दिस लास्ट' वाली किताब लिखी है। मतलब उसका यह है कि पहली श्रेणी वाले की जैसी रक्षा की जाती है, वैसी उसकी भी होनी चाहिए जो आखिर वाला है।

सर्वोदय–विचार, पृ. 53.

116. (i) **While the Western mind is trained to think in terms of the greatest good of the greatest number, the Indian mind, from its very childhood, is taught to think in terms of the good of all.**
Sarvodaya, p. 149.

(ii) पश्चिम के लोगों ने जो ध्येय हमारे सामने रखा है – अधिक से अधिक लोगों के अधिक से अधिक सुख का – उसमें बहुसंख्यकों और अल्पसंख्यकों के झगड़ों का बीज है। लेकिन सर्वोदय की दृष्टि, जैसा कि गीता में कहा है, सर्वभूतहित में रत होने की है। उसके लिए हम सबको सत्य और अहिंसा की निष्ठा बढ़ानी है। अपने निजी और सामाजिक जीवन में तथा व्यापार, उद्योग आदि में कभी असत्य उपयोग नहीं करना है।
'सर्वोदय का सिद्धान्त' – लेख – श्री विनोबा (हरिजन सेवक 13-2-89)

सर्वोदय का सिद्धान्त, (संग्रह), पृ. 25.
और भी दे. सर्वोदय–विचार, पृ. 64.

(iii) हमें चन्द लोगों का उदय नहीं करना है, ज्यादा लोगों का उदय हमें नहीं करना है, ज्यादा से ज्यादा लोगों के उदय से भी हमें संतोष नहीं है। हमें तो सबके उदय से ही संतोष होगा। छोटे–बड़े, कमजोर–ताकतवर, बुद्धिमान और जड़ सबका उदय होगा, तभी हमें चैन लेना है। यही विशाल भावना हमें यह शब्द देता है।
लेख – सर्वोदय–समाज – श्री विनोबा, (हरिजन सेवक, 26-12-48)
सर्वोदय का सिद्धान्त, (संग्रह), पृ. 41.
और भी दे. – सर्वोदय–विचार, पृ. 68.

117. (क) सर्वोदय का सिद्धान्त, पृ. 4.
(ख) लेख – 'सर्वभूतहिताय' लेखक – गांधीजी (हिन्दी नवजीवन, 9-12-26)

118. Sarvodaya, as the welfare of all, represents the ideal social order according to Gandhiji. Its basis is all - embracing love. So it has room in it for all without exception - prince and peasant, Hindu and Muslim, touchable and untouchable, white and black, saint and sinner. No individual or group is to be suppressed, exploited or liquidated. All are to be equally members of this social order, all sharing in the produce of their labour, the strong protecting the weak and functioning as trustees for the weak, and each promoting the welfare of all.

Sarvodaya (Editor's Note), p. iii.

119. If we would see our dream of Sarvodays* i.e. true democracy realized, we would regard the humblest and lowest Indian as being equally the ruler of India with the tallest in the land.

Sarvodaya, p. 4

(* Theterm used here is Panchayat Raj, which for Gandhiji meant the same as Sarvodaya.)

120. (i) A Philosophy such as this, of all-embracing, self-suffering love, presupposes deep spiritual foundations. It implies a living faith in the one that pervades all. It requires also great self-discipline and training, and development of soul-force.
Sarvodaya (Editor's Note), p. iii-iv.

(ii) समाजवादी को सत्य और अहिंसा की मूर्ति होना चाहिये। इसके लिए उसकी ईश्वर में जीती जागती श्रद्धा होनी चाहिये।
अहिंसक समाजवाद की ओर, पृ. 12.

121. इस तरह एक विचार सबके सामने हमने रख दिया। और फिर निष्ठा भी बता दी कि हमें वर्ग–हीन समाज कायम करना है, जो सत्य और अहिंसा के आश्रय से ही हो सकता है।

सर्वोदय–विचार, पृ. 54.

122. अहिंसक समाजवाद की ओर, पृ. 12.

123. समाजवाद और सर्वोदय के दोनों ही कार्यक्रम अंतिम ध्येय के बारे में बहुत–कुछ मिलते हुए हैं। दोनों ही कार्यक्रम मनुष्य–जाति की मुक्ति और सुख–संतोष चहाते हैं। आज दुनिया में जो सामाजिक एवं आर्थिक विषमता दृष्टिगोचर होती है, जो अन्याय और जुल्म नजर आता है, दोनों ही कार्यक्रम उसका अन्त करना चाहते हैं।

गांधीवाद : समाजवाद, पृ. 90.

और भी दे. (क) गांधीवाद : समाजवाद, पृ. 172.

(ख) गांधी और साम्यवाद, (भूमिका – विनोवा भावे), पृ. 23.

124. गांधीजी और मार्क्स में जो बात समान है, वह यह है कि दोनों के दिल में मानववंश के करोड़ों नंगे–भूखे, दलित–शोषित, साधनहीन, ज्ञानहीन, मवेशी और जंगल के जानवरों की तरह हकाले या मारे जाने वाले बेजबान लोगों के प्रति गहरी सहानुभूति और चिन्ता थी।

गांधी और साम्यवाद, पृ. 36.

125. (i) अगर समाजवाद और सर्वोदयवाद की तुलना करनी हो तो मैं यह कहूंगा कि समाजवाद का ध्येय है क्रान्ति, यानी सुसम्पन्नों पर दरिद्रों का शासनाधिकार और सर्वोदय का ध्येय है हृदय परिवर्तन यानी सुसम्पन्नों द्वारा दरिद्रों की सेवा। समाजवाद में क्रान्ति की सिद्धि के लिए दरिद्र सेवा (बल्कि, दरिद्र संपर्क) एक साधन है। सर्वोदय में मानव–सेवा की सिद्धि के लिए क्रान्ति, यानी शासनाधिकार की प्राप्ति एक साधन हो सकता है। समाजवाद को परवाह नहीं कि जिस क्रान्ति देवी की वह बड़ी दिव्य श्रद्धा से आराधना करता है, उसकी प्राप्ति अहिंसा द्वारा ही हो या रक्तपात द्वारा, सर्वोदय में हिंसा के लिए गुंजाइश नहीं, क्योंकि उसमें परिवार–न्याय है।

गांधीवाद : समाजवाद, पृ. 21-22.

(ii) इस तरह जहां तक मैं सोचता हूं, गांधीवाद और समाजवाद में ध्येय या आदर्श का उतना अन्तर नहीं है जितना सन्धिकाल की योजना में या साधनों में अन्तर है। *गांधीवाद में अहिंसा शुरू से आखिर तक अनिवार्य है, समाजवाद में हिंसा से भी काम लिया जा सकता है; यही मुख्य अन्तर है।*

गांधीवाद : समाजवाद, पृ. 43.

और भी दे.

(क) गांधीवाद : समाजवाद, (संग्रह), पृ. 28-29.

लेख – गांधीवाद : समाजवाद – श्री हरिभाऊ उपाध्याय।

(ख) Which Way Lies Hope? p. 102.

126. The difference between Communism and Sarvodaya is not in the ends but in the means. Gandhiji himself more than once declared that he was a Communist minus their violence.

Sarvodaya, p. 157.

127. The latter difference he expressed in positive language by saying that he did not propagate Samyavada (the theory or ideology of Communism) but Samyadharma (the practiceor duty of equality).

Sarvodaya, p. 157.

128. Satyagraha as corporate action raises complicated questions of leadership, organisation, discipline, training and strategy. Satyagraha is essentially a matter of quality rather than quantity and its use even in group affairs would not be difficult, if there could be found a few or even one perfect satyagrahi. One perfect satyagrahi, Gandhiji has repeatedly said, is enough to win the battle of right against wrong. He can "defy the whole might of an unjust empire .... and lay the foundation for that empire's fall or regeneration."

The Political Philosophy of Mahatma Gandhi, p. 186.

129. इतना साम्य होते हुए भी दोनों की कार्य–पद्धति में घोर विभिन्नता है। गांधी–दर्शन

मनुष्य की व्यक्तिगत शक्ति के ऊपर अमर्याद विश्वास रखता है।

गांधीवाद – समाजवाद, पृ. 172.

130. A Philosophy such as this, of all-embracing, self-suffering love, presupposes deep spiritual foundations. It implies a living faith in the one that pervades all. It requires also great self-dis-cipline and training, and development of soul-force. In this its essentially spiritual basis it is the very antithesis of Communism which is avowedly materialistic, ...

Sarvodaya, (Editor's Note), p. iii-iv.

131. (i) आज के समय में दो विरोधी शक्तियां हैं : पूंजीवाद और साम्यवाद। पूंजीवाद, जिसका साम्राज्यवाद भी एक अंग है, विमाशोन्मुख हैं; और साम्यवाद विकासोन्मुख। *निदान प्रगतिवादी साम्यवाद का पोषक है और पूंजीवाद का शत्रु। बल्कि यों कहये कि प्रगतिवाद साम्यवाद की ही साहित्यिक अभिव्यक्ति है।* हमारे समाज की जागृत शक्तियां वे लोग हैं जो अब तक दलित और शोषित रहे हैं। प्रगतिवादी साहित्य उनकी सहायता करता है, उनके पक्ष में आन्दोलन करता है, उनकी शक्ति को संगठित करता है, उनकी पीड़ा को मुखर करता है और उन पर होने वाले अत्याचार का तीव्र विरोध करता है।

आधुनिक हिन्दी कविता की मुख्य प्रवृत्तियां, पृ. 100-101.

(ii) प्रगतिवाद मार्क्स के द्वन्द्वात्मक भौतिकवाद अथवा सामाजिक दर्शन की साहित्यिक धारा है। मार्क्स का दर्शन जिस प्रकार समाज के आर्थिक वैषम्य और तन्मूलक वर्ग–भेद के प्रति विद्रोही है, उसी प्रकार प्रगतिवाद का वणर्य विषय भी है।

'हीरक जयन्ती ग्रन्थ', (नागरी प्रचारिणी समा), पृ. 435.

लेख – काव्य प्रवृत्तियों का विवेचन – श्री करुणापति त्रिपाठी।

(iii) कला और साहित्य के क्षेत्र में भी मार्क्सवादी विचार–धारा का प्रचार त्वरित गति से होने लगा। साहित्य का मूल्यांकन कला का मान–निर्धारण, मानवता की मान्यताएं समाजवादी दृष्टि से होने लगीं। भारत के साहित्य–प्रांगण में इसकी संज्ञा प्रगतिवाद चल पड़ी।

हीरक जयन्ती ग्रन्थ, (नागरी प्रचारिणी सभा, काशी), पृ. 430-31.

लेख काव्य–प्रवृत्तियों का विवेचन – श्री करुणापति त्रिपाठी।

132. आधुनिक हिन्दी कविता की मुख्य प्रवृत्तियां, पृ. 102.

133. हीरक जयन्ती ग्रन्थ, (नागरी प्रचारिणी सभा काशी), पृ. 434.

लेख – 'काव्य प्रवृत्तियों का विवेचन' – श्री करुणापति त्रिपाठी।

134. इस प्रकार प्रगतिवादी साहित्यिक समाज की किसी व्यवस्था को सनातन नहीं मानता, किसी भी वस्तु को रहस्य और अज्ञेय नहीं समझता तथा किसी अज्ञेय–अलक्ष्य चिरंतन प्रियतम की लीला को साहित्य का लक्ष्य नहीं मानता। वह समाज बदल देने में विश्वास करता है। उसका विश्वास है कि मनुष्य प्रयत्न करके इस समाज को ऐसा बना सकता है जिसके शोषकों और शोषितों के वर्ग न हों और मनुष्य शांति–पूर्वक जीवन बिता सके। इसीलिए उनके अनुसार साहित्य वर्गहीन समाज की स्थापना का एक साधन है।

हिन्दी साहित्य, पृ. 497.

और भी दे. हीरक जयन्ती ग्रन्थ, (नागरी प्रचारिणी सभा), पृ. 435.

लेख – 'काव्य प्रवृत्तियों का विवेचन' – श्री करुणापति त्रिपाठी।

135. द्वितीय विश्वयुद्ध के बाद 'प्रगतिशील' या 'समाजवादी यथार्थवाद' जैसे शब्दों का चलन कुछ कम हो गया है। चीन की 'पीपुल्स डेमाक्रेसी' के उदय के बाद हिन्दी में नये आवेश के साथ 'जनवादी साहित्य' का रिवाज चला है, यद्यपि भारतवर्ष की नई–पुरानी मिली–जुली मुद्रा की भांति पुराने सिक्के बाजार से बिलकुल गायब नहीं हुए हैं। शब्द चूंकि नया है, अतः उसका स्वाद भी नया है।

'आलोचना', अंक 15, अप्रैल 1955, जनवादी साहित्य (2) (सम्पादकीय) पृ. 2-3.

136. (i) प्रेमचन्द ने कहा था कि प्रगतिशील साहित्य, यह शब्द ही गलत है। क्योंकि श्रेष्ठ साहित्य सदा प्रगतिशील होता है। इसका तात्पर्य यही हो सकता है कि श्रेष्ठता पर हमारा आग्रह बना रहे। साहित्य की साहित्यिक शक्ति प्रमुख पूंजी है। उसे क्षीण न होने देना चाहिए। प्रेमचंद की उक्ति जनवादी शंब्द पर भी लागू होती है, क्योंकि जनवादी और प्रगतिशील समानार्थी शब्द हैं। कम–से–कम साहित्यिक आन्दोलन की विशेष शब्दावली में, उनका प्रयोग एक ही अर्थ में होता है।

'आलोचना', अंक 15, अप्रैल 1955, सम्पादकीय – जनवादी साहित्य (2) पृ. 2.

(ii) सन्त कवियों की कला से आज का प्रगतिशील कलाकार जनता के हृदय तक पहुंचने का रहस्य पा सकता है। तुलसी और सूर की वाणी जीवन के पंथों और गलियारों में व्याप्त है। इस वाणी में *जनवादी तत्त्व* मुखर हैं।

हिन्दी साहित्य की जनवादी परम्परा, पृ. 49-50.

(iii) हमारे साहित्य की एक अपनी प्रगतिशील परम्परा है। जो साहित्य सामाजिक जीवन में प्रगतिशील शक्ति है, उसे हम प्रगतिशील साहित्य कहेंगे। सभी साहित्य सदैव ही प्रगतिशील नहीं होता। *भक्त कवियों का काव्य अपने समय और परिस्थितियों के अनुसार प्रगतिशील था;* यह कवि जनता के कवि थे और उसके दैन्य और दारिद्रय से प्रभावित होकर लिखते थे। अनेक सामाजिक कुरीतियों और रूढ़ियों पर उन्होंने कुठाराघात किया। इनके विपरीत रीतिकालीन कवियों ने कला का बाह्य परिष्कार तो अवश्य किया, किन्तु उनकी सामाजिक चेतना किसी प्रकार प्रगतिशील नहीं कही जा सकती।

हिन्दी साहित्य की जनवादी परम्परा, पृ. 140.

द्वितीय अध्याय

भारतीय इतिहास में जनवादी प्रवृत्तियाँ

यह एक निर्विवाद सत्य है कि प्राचीन भारत में इतिहास लिखने की परिपाटी नहीं थी। यही कारण है कि तत्कालीन परिस्थितियों एवं घटनाओं का विवरण प्रस्तुत करने वाली एक भी ऐसी प्राचीन कृति उपलब्ध नहीं है जिसे इतिहास–ग्रन्थ की संज्ञा दी जा सके। प्राचीन भारतवर्ष में साहित्यिक ग्रन्थों की रचना विपुल मात्रा में हुई जिसमें से आज भी बहुत–सा साहित्य उपलब्ध है। उन साहित्यिक ग्रन्थों में ऐतिहासिक सामग्री यत्र–तत्र बिखरी हुई है। वर्तमान युग में अनेक भारतीय तथा पाश्चात्य विद्वानों ने प्राचीन साहित्यिक ग्रन्थों, भग्नावशेषों, शिलालेखों तथा ताम्रपत्रों से सामग्री संचित करके उसे इतिहास का रूप प्रदान किया है। अतः हमें भी अपनी ऐतिहासिक शोध के निमित्त उन साहित्यिक कृतियों को ही आधार बनाना होगा।[1]

राजनीतिक, सामाजिक तथा आर्थिक अवस्था के अध्ययन की दृष्टि से हमने हिन्दी साहित्य के प्रादुर्भाव के पूर्वकालीन भारतीय इतिहास के तीन विभाग किये हैं। पहले विभाग के अन्तर्गत महात्मा बुद्ध के आविर्भाव (ईसा पूर्व छठी शताब्दी) के पूर्व तक का काल रखा है। दूसरा विभाग बुद्ध के आविर्भाव काल से लेकर चन्द्रगुप्त मौर्य के सिंहासनारोहण (ई.पू. चौथी शताब्दी) तक का काल है। इस काल के

अंतर्गत राजनीतिक दृष्टि से बुद्ध के आविर्भाव काल तक वैदिक वाङ्मय में उपलब्ध समिति और सभा नाम की लोकप्रिय संस्थाओं का लोप हो गया।[2] सामाजिक दृष्टि से ब्राह्मण कर्मकांड के विरुद्ध बुद्ध तथा जैन धर्मों की सामाजिक क्रान्ति एक महत्त्वपूर्ण घटना है। तृतीय विभाग के अंतर्गत सम्राट चन्द्रगुप्त मौर्य से लेकर महाराज हर्षवर्धन की मृत्यु (सं. 704) तक का काल रखा गया है। राजनीतिक दृष्टि से इस काल की प्रमुख घटना चन्द्रगुप्त द्वारा साम्राज्य की स्थापना है। इसके अतिरिक्त इस काल के अंतर्गत राजा को ईश्वर का प्रतिनिधि समझने का विचार दृढ़तापूर्वक प्रतिष्ठापित किया जा रहा था।[3] राजा के ऊपर प्रजा के अंकुश का उच्छेदन करने वाली इस काल की एक अन्य प्रमुख घटना गणों का विनाश है। चन्द्रगुप्त (द्वितीय) विक्रमादित्य जो 437 वि. के आसपास सिंहासन पर बैठा, वह गणारि था। उसने गणों का समूल विनाश कर दिया जिसके उपरांत वर्तमान गणतंत्र के पूर्व भारतीय इतिहास में गणों का पुनरुत्थान फिर कभी नहीं हुआ।[4]

{ १ }

बुद्ध-पूर्व वैदिक वाङ्मय में उपलब्ध राजनीति स्थिति

भारतीय चिन्तनधारा के अंतर्गत इहलौकिक क्षणभंगुर जीवन के परे पारलौकिक अनंत अमर जीवन के लिए आकुलता सदैव विद्यमान रही है।[5] अतएव भारतवर्ष में भोगवाद की अपेक्षा त्याग–परायण जीवन का प्राधान्य रहा है।[6] यही कारण है कि भारतीय समाज में अधिकार पर नहीं वरन् कर्त्तव्य पर बल दिया गया है। कर्त्तव्य में अधिकार स्वयमेव सन्निहित एवं सुरक्षित रहता है।[7] अतः भारतीय इतिहास एवं साहित्य में अधिकार की भावना का प्रायः अभाव दृष्टिगत होता है। फिर

भी प्राचीन भारतीय साहित्य में राजनीतिक जनवाद के अंकुर स्पष्ट दृष्टिगोचर होते हैं।

भारतवर्ष के प्राचीनतम उपलब्ध ग्रन्थ वेद हैं और तदुपरांत ब्राह्मण, आरण्यक और उपनिषदों की रचना हुई।[8] साहित्य के आधार पर भारतवर्ष के प्राचीन इतिहास की न्यूनाधिक सामग्री वेदों के समय से ही मिल सकती है। यहाँ हमें भारतवर्ष के प्राचीन इतिहास में जनवादी प्रवृत्तियों के प्रादुर्भाव तथा विकास का अन्वेषण अभिप्रेत है। इसके लिए हमें यह देखना होगा कि वैदिक साहित्य में जनता को अपने हित तथा अधिकारों के प्रति जागरूक करने वाले विचारों की कहाँ–कहाँ अभिव्यक्ति हुई है। वैदिक ऋचाओं के अनुशीलन से हमें ज्ञात होता है कि उस युग का मानव एक सुनियोजित शासन–प्रणाली को जन्म देकर उसके अनुशासन के पालन करने का अभ्यस्त हो चुका था। अतः जनता के हित तथा अधिकारों का प्रश्न तत्कालीन शासन–प्रणाली से सम्बद्ध हो गया। वैदिक वाङ्मय में निहित जनजागृतिपरक विचारों से अवगत होने के लिए हमें यह देखना अनिवार्य है कि तत्कालीन शासन–पद्धति किस प्रकार की थी, शासक और शासित के कैसे सम्बन्ध थे, शासित का शासक पर किसी प्रकार का नियन्त्रण था अथवा नहीं, जनता जनहित तथा जनाधिकारों की अवहेलना करने वाले स्वेच्छाचारी शासक अथवा शासक–वर्ग को पदच्युत कर सकती थी अथवा नहीं तथा जनता की संघटित संस्थाएँ विद्यमान थीं अथवा नहीं। अब हम वेदों, ब्राह्मणों, आरण्यकों, उपनिषदों आदि ग्रन्थों में इन प्रवृत्तियों को देखने का प्रयास करेंगे।

वैदिक–अनुशीलन से ज्ञात होता है कि तत्कालीन भारत में शासन की प्रायः नृपतंत्र–प्रणाली ही प्रचलित थी।[9] वैदिक ऋचाओं में अनेकत्र 'जन', 'विश्' तथा 'राष्ट्र' आदि शब्दों का प्रयोग हुआ है।[10] 'वैदिक समाज का संघटन कबीलों (**Tribes**) के रूप में था। उन कबीलों को वे लोग जन कहते थे। एक जन की समूची जनता विशः

(विश् का बहुवचन) कहलाती थी। जन या विशः का ही राजा होता, और राजनैतिक रूप से संगठित विंशः अर्थात् जिस प्रजा का अपना देश हो और राजा हो, राष्ट्र कहलाती थी।'[11]

यद्यपि इस काल में नृपतंत्र–शासन–प्रणाली प्रचलित थी किन्तु अनेक वैदिक ऋचाओं से यह तथ्य स्पष्ट मुखरित होता है कि तत्कालीन प्राचीन भारतवर्ष में राजा का निर्वाचन प्रजा के द्वारा किया जाता था। इतना ही नहीं कि उत्तराधिकारी के अभाव में ही प्रजा अथवा विशः नए राजा का निर्वाचन करती थी, अपितु उत्तराधिकारी होने पर भी प्रजा उसके राजा बनने की विधिवत् स्वीकृति देती थी। इन ऋचाओं में राजा को राष्ट्र के ऐश्वर्यमय उच्च स्थान पर आसन ग्रहण करके उग्रवीर बनकर प्रजा के लिए धन का विभाग करने तथा अविचलित होकर शासन को संचालित करने का निर्देश किया गया है। इसके अतिरिक्त उसे राष्ट्र को पतित होने से बचाने के लिए सावधान किया गया है।[12]

उत्तर–वैदिक कालीन साहित्य में इस प्रकार के भी संकेत उपलब्ध हैं कि प्रत्येक नये राजा के राज्यारोहण के लिए प्रजा की स्वीकृति आवश्यक थी।[13] रामायण में अयोध्या के राजा दशरथ श्री रामचन्द्र को युवराज अभिषिक्त करने का प्रस्ताव प्रजा के समक्ष प्रस्तुत करते हैं तथा प्रजा से उसकी स्वीकृति के निमित्त निवेदन करते हैं।[14] तब जनता ने राजा दशरथ से कहा कि आपको लोक कल्याण में रत, विष्णु के सदृश अपने उदारगुणयुक्त सुपुत्र श्री रामचन्द्र का हमारे कल्याण के निमित्त शीघ्र प्रसन्नतापूर्वक राज्याभिषेक करना चाहिए।[15]

हम महाभारत में देखते हैं कि अनेक अवसरों पर जनता के आन्दोलन के कारण नूतन राजा के वरण में अनेक परिवर्तन हुए। राजा ययाति पर्याप्त वाद–विवाद के अनन्तर जनता की सहमति से वास्तविक उत्तराधिकारी यदु के स्थान पर अपने कनिष्ठ पुत्र पुरु को राज्याभिषिक्त

कर सका।[16] इसी प्रकार हम देखते हैं कि धृतराष्ट्र के पितामह महाराज प्रतीप का ज्येष्ठ पुत्र देवापि था। वह अत्यन्त उदार, सत्यनिष्ठ एवं महातेजस्वी था। सज्जनों में उसका बड़ा सम्मान था और वह अत्यन्त लोकप्रिय था। ऐसे योग्य देवापि के राज्याभिषेक के निमित्त शास्त्रानुसार सामग्री एकत्रित की गई परन्तु उसके चर्म रोग से ग्रस्त होने के कारण प्रजा ने ब्राह्मणों और वृद्धों सहित इस मंगलमय कार्य में विघ्न डाल दिया। जब राजा प्रतीप को यह समाचार विदित हुआ कि मेरे पुत्र के अभिषेक में प्रजा ने विघ्न डाल दिया है तो वह अपने पुत्र के विषय में अत्यधिक चिन्तातुर होकर रोने लगा।[17] तदनन्तर राजा ने शान्तनु को अभिषिक्त किया।[18] इसी प्रकार धृतराष्ट्र राजा का ज्येष्ठ पुत्र होते हुए नेत्रविहीन होने के कारण राज्यपद से वंचित रह गया तथा उसके अनुज पाण्डु को अभिषिक्त किया गया।[19] इसके अतिरिक्त धर्मज्ञ होने के कारण सारी प्रजा ने कुरु को राज्यपद पर प्रतिष्ठित कर दिया।[20] अतः हम देखते हैं कि उत्तराधिकारी के होते हुए भी नए राजा की नियुक्ति में प्रजा का पर्याप्त हाथ रहता था।

प्रजा के आग्रह पर क्रूर एवं आततायी राज्य के उत्तराधिकारी को राजपद से वंचित करके वनवास दिये जाने का रामायण में एक सुन्दर उदाहरण है। राजा सगर का ज्येष्ठ पुत्र असमंज राज्य का उत्तराधिकारी था। उसमें राज्यपद प्राप्ति के योग्य समस्त वांछनीय गुण विद्यमान थे परन्तु वह अत्यन्त क्रूर था। वह अयोध्या की जनता के छोटे–छोटे बच्चों को सरयू नदी के जल में फेंक देता था तथा उनको जलमग्न होते देखकर आनन्दानुभव करता था। उसके पिता ने उसे प्रजा के अहित में संलग्न देखकर प्रजा के आग्रह पर वनवास दे दिया।[21] इस प्रकार वह सदैव के लिए राज्याधिकार से वंचित कर दिया गया।

प्राचीन भारतीय मनीषियों ने राजा के लिए लोक–हित विधायिनी शपथ का विधान किया है। ऐतरेय ब्राह्मण में मूर्धाभिषिक्त राजा के लिए इस प्रकार की शपथ उपलब्ध है कि 'जिस रात्रि में मैंने जन्म

लिया है और जिस रात्रि में मैं मृत्यु को प्राप्त होऊँ इस काल में मैंने जो पुण्य कमाए हों वह, मेरी सन्तति, मेरा जीवन और मेरा सर्वस्व नष्ट हो जाए यदि मैं तेरा (प्रजा का) द्रोह करूँ।'[22] महाभारत में महाराज वैण के सुपुत्र पृथु द्वारा ग्रहण की गयी परम्परागत शपथ का यह रूप उपलब्ध होता है कि 'मैं देशवासियों को ब्रह्म के सदृश मानकर उनका पालन करूँगा तथा अपनी इच्छानुसार आचरण न करके निर्धारित विधि का अनुसरण करूँगा।'[23] उपर्युक्त राजकीय शपथ से ही स्पष्ट लक्षित होता है कि प्राचीन भारतीय शासक सदैव प्रजा के हित–साधन में ही संलग्न रहता था तथा जनमत का अत्यधिक आदर करता था।

रामायण में राम, भरत को उसके कर्त्तव्य के प्रति सचेत करते हुए कहते हैं कि राज्य के समस्त निवासियों का पालन करना राजा का धर्म है।[24] महाभारत ने तो राजा को माता के सदृश बतलाया है जो अपनी इच्छा का परित्याग करके गर्भस्थ शिशु के हित–चिंतन में रत रहती है।[25] इसके अतिरिक्त महाभारत में एक अन्य प्रसंग आता है जहाँ राजा को अपनी अभिलाषाओं का त्याग करके लोकहितार्थ धर्मानुसार आचरण करने का आदेश दिया गया है।[26]

रामायण के अध्ययन से हमें विदित होता है कि तत्कालीन राजा जनमत को अनुकूल रखने के लिए कितने चिन्तित रहते थे। अरण्यकाण्ड में श्री रामचन्द्र जनमत से कितने भयभीत प्रतीत होते हैं। सीताहरण का स्मरण करके उन्हें इस बात की तीव्र वेदना होती थी कि अयोध्या की जनता में मेरे प्रति कैसा अपवाद उठेगा। वह विलाप करते हुए कहते हैं कि मैं सीता के बिना शून्य अन्तःपुर में कैसे प्रवेश करूँगा, लोग मुझे निर्बल एवं निर्दय कहेंगे।[27] इसी प्रकार महाभारत में भी राजा दुष्यन्त लोकापवाद से कितने भयभीत दृष्टिगत होते हैं। कण्व ऋषि द्वारा आदिष्ट शकुन्तला अपने पुत्र भरत को लेकर राजा दुष्यन्त की राजसभा में पहुँची। दुष्यन्त ने लोकापवाद के भय के कारण यह कहा कि मेरा तुझसे कभी कोई संबंध नहीं रहा परन्तु शकुन्तला के सहेतुक

वचनों से उपस्थित सभासदों को यह विश्वास हो गया कि शकुन्तला का कथन सर्वथा सत्य है। अन्त में राजा ने यह कहते हुए शकुन्तला और अपने पुत्र भरत को स्वीकार कर लिया कि मैं यह जानता हूं कि यह मेरा ही पुत्र है। यदि मैंने शकुन्तला के कथन मात्र से ही अपने पुत्र को ग्रहण कर लिया होता तो जनता के मन में संदेह रहता और लोकापवाद के कारण पुत्र भी शुद्ध नहीं कहलाता।[28]

प्रजा (विशः) अपने अधिकारों का प्रयोग समिति नाम की एक राष्ट्रीय संस्था के माध्यम से करती थी। यह समिति समूची विशः की संस्था थी। तत्कालीन राजा स्वेच्छाचारी एवं उच्छृंखल नहीं हो सकता था क्योंकि उसके ऊपर सम्पूर्ण–प्रभुत्व– सम्पन्न समिति होती थी जो राजा पर कड़ा नियंत्रण रखती थी।[29] समिति से विरोध राजा के लिए सबसे बड़ी विपत्ति समझी जाती थी। राजा के लिए आवश्यक था कि समिति को अपने अनुकूल रखे।[30] अथर्ववेद में राजा प्रार्थना करता है कि प्रजापति की पुत्रियां सभा और समिति मेरे ऊपर कृपा करें। समिति के अतिरिक्त सभा नामक एक अन्य महत्त्वपूर्ण संस्था थी। यह प्रजापति की दो पुत्रियों में से एक थी जिसे समिति की बहन कहा गया है। यह भी एक लोकप्रिय संस्था थी। समिति के विरोध के सदृश सभा का विरोध भी राजा के लिए बड़ी विपत्ति थी। इसीलिए राजा सभा के भी अनुकूल रहने की प्रार्थना करता है। वैदिक ऋचाओं में समिति और सभा को राजा द्वारा पुत्रीवत् पालने योग्य कहा है। इनको प्रजापति की पुत्रियां इसीलिए कहा है कि ये राजा के अधिकार से परे उसके द्वारा सम्मान करने योग्य हैं। राजा उन दोनों से एकमत होकर अपनी रक्षा के लिए प्रार्थना करता है।[31] इसके अतिरिक्त वह सभासदों के अपने से दूर अर्थात् विरुद्ध हुए मन को अपने मन पर रममाण करने की प्रार्थना करता है।[32] अथर्ववेद की ऋचाओं में एक प्रसंग आता है कि राजा प्रजा के अनुकूल होकर चला अतः सभा, समिति, सैन्य और धनकोश सब उसके अनुकूल हो गये।[33]

प्रस्तुत काल में राजा के बहुत से अधिकार होते हुए भी उसकी शक्ति निरंकुश नहीं थी। प्राचीन भारतीय राजनीति का यह एक सामान्य सिद्धान्त रहा है कि राजा विधि का निर्माता नहीं वरन् संरक्षक होता है। उसके आदेश धर्म और समाज के आदर्शों के अनुरूप होने चाहिएं।[34] इस प्रकार हम देखते हैं कि विधि–निर्माण का कार्य राजा की शक्ति के परे होने के कारण जनता के हित तथा अधिकार भली प्रकार सुरक्षित थे। विधि–निर्माण का कार्य राजा के हाथ में न देकर भारतीय मनीषी जनता को अपने इस अधिकार की अनुभूति कराते प्रतीत होते हैं।

प्राचीन भारत में राजा राज्य का सेवक समझा जाता था। हमारे पूर्वजों ने तो उसे दास तक कह दिया है। राजा को राज्यपद में अपने व्यक्तित्व को पूर्ण रूपेण विलीन कर देना पड़ता था। इस प्रकार उसकी अपनी व्यक्तिगत इच्छा अनिच्छा का कोई स्थान नहीं था। रामायण हमारे सम्मुख यह आदर्श प्रस्तुत करती है कि राजा को अपनी प्राणप्रिया तक को भी तिलांजलि देनी पड़ती थी यदि प्रजा उसे ऐसा करने के लिए निर्देश करती थी।[35]

जिस प्रकार विशः अर्थात् समूची जनता अपनी लोकप्रिय संस्था 'समिति' के माध्यम से राजा का निर्वाचन करती थी उसी प्रकार यदि राजा असत्यप्रतिज्ञ हो जाता था अर्थात् राज्याभिषेक के समय की हुई प्रतिज्ञा का पालन नहीं करता था तो वह जनता के द्वारा पदच्युत भी कर दिया जाता था। अनेक वैदिक मन्त्रों में इस प्रकार के संकेत उपलब्ध होते हैं।[36] शतपथ ब्राह्मण में भी इस प्रकार के उदाहरण पाए जाते हैं।[37] इसके अतिरिक्त जनता निर्वासित राजा का कभी–कभी पुनर्वरण भी कर लेती थी। अथर्ववेद के एक मन्त्र में आता है कि 'तेरे विरोधी तुझे बुलावें। तेरे मित्रों ने तुझे चुना है। इन्द्र और अग्नि इत्यादि देवताओं ने जनता में तेरा क्षेम धारण कर दिया है।[38]

'महाभारतकार प्रजा के लिए यह अधिकार प्रमाणित करता है कि

वह अन्यायी राजा के विरोध में विप्लव खड़ा करे।'[39] इसके अतिरिक्त वह इस बात का भी पोषक है कि प्रजा को रक्षा न करने वाले राजा को नष्ट हुए जहाज की भांति त्याग देना चाहिए।[40] यदि राजा धर्मानुसार कार्य करने की शपथ लेकर अवैध आचरण करता है तो वह दोषी है। इस प्रकार उसके आदेश भी अवैध हो जाते हैं। प्रजा को ऐसे राजा को पदच्युत कर देना चाहिए। इतना ही नहीं यदि और कोई उपाय शेष न रहे तो महाभारतकार ने स्पष्ट शब्दों में अत्याचारी राजा के वध की भी अनुमति दी है।[41] 'प्रजा को अत्याचारी राजा के वध का अधिकारी मानने से स्पष्ट सिद्ध होता है कि प्राचीन शास्त्रकार प्रभुता या सार्वभौमता का स्रोत जनता को ही मानते थे।[42]

वैदिक साहित्य में नृपतंत्र–शासन–पद्धति से इतर प्रजातंत्र–शासन–प्रणाली के भी संकेत उपलब्ध होते हैं।[43] प्रजातंत्र–शासन–पद्धति के अंतर्गत तो जनता के हित तथा अधिकार सुरक्षित होते ही हैं इसके अतिरिक्त हम देख चुके हैं कि तत्कालीन नृपतंत्र के अंतर्गत भी प्रजा के हित तथा अधिकार सुरक्षित थे। हैवेल नामक एक अंग्रेज विद्वान ने तो भारतीय नृपतंत्र को भी प्रजातंत्र ही कहा है। उनका कथन है कि ग्रामों के सामुदायिक संघटन पर आधृत आर्यों की राजनीतिक संस्था प्रजातंत्रात्मक थी।[44]

प्राचीन वैदिक वाङ्मय के काल में राज्य छोटे–छोटे होते थे अतः केन्द्रीय तथा स्थानीय शासन में कोई भेद प्रतीत नहीं होता था। केन्द्रीय शासन के होते हुए भी ग्रामीण ग्राम के सामान्य विषयों का स्वयं प्रबन्ध कर लेते थे। ऐसा प्रतीत होता है कि ग्राम मूलतः पूर्णरूपेण स्वशासित होते थे जो व्यावहारिक रूप में केन्द्र के नियन्त्रण से सर्वथा मुक्त थे।[45] शतपथ ब्राह्मण में ग्रामणी शब्द का अनेकत्र प्रयोग हुआ है।[46] यह ग्रामणी अथवा मुखिया तथा अन्य ग्रामाधिकारी ग्राम–समुदाय के द्वारा नियुक्त किये जाते थे और वे उसी के प्रति उत्तरदायी होते थे।[47]

डॉ. राधाकुमुद मुकर्जी ने इन ग्राम–समुदायों के विषय में सर चार्ल्स मेटकाफ़ का यह कथन प्रस्तुत किया है कि ग्राम–समुदाय अपनी आवश्यकताओं की स्वयं पूर्ति करने वाले छोटे–छोटे आत्मनिर्भर गणराज्य हैं। वंश के वंश नष्ट हो गए, क्रान्ति पर क्रान्ति हुई परन्तु ग्राम–समुदाय ज्यों के त्यों रहे। अनेक क्रान्तियों के होते हुए भी इन ग्राम–समुदायों के स्थायित्व को प्रमाणित करने के निमित्त डॉ. मुकर्जी ने सर जार्ज बर्डवुड की यह उक्ति भी प्रस्तुत की है कि भारत में संसार के अन्य देशों की अपेक्षा अधिक धार्मिक तथा राजनीतिक क्रान्तियाँ हुई हैं। परन्तु ग्राम–समुदाय सर्वत्र सुचारू रूप से कार्यरत रहे हैं।[48] इस प्रकार हम देखते हैं कि वैदिक भारत में केन्द्रीय शासन के साथ–साथ स्थानीय शासन की भी प्रतिष्ठा हो चुकी थी। यह स्थानीय शासन ग्राम के जन–समुदाय के द्वारा ही संचालित होता था। स्थानीय शासन की स्थापना से परिलक्षित होता है कि तत्कालीन भारत में प्रजातंत्र का भव्य विकास हो चुका था।[49]

महाभारत में नृपतंत्र से इतर शासन–प्रणाली भी उपलब्ध होती है। महाभारत के शान्ति पर्व के अंतर्गत अनेक ऐसे श्लोक हैं जिनमें गण शब्द का प्रयोग हुआ है। इसी प्रयोग के आधार पर डॉ. बेनीप्रसाद कहते हैं, 'महाभारत में कुछ प्रजातंत्र हैं जिनको गण कहते थे और जो अपने शासक आप ही चुनते थे।'[50] एक स्थल पर युधिष्ठिर भीष्म से पूछते हैं कि हे विद्वद्वर यह बतलाइये कि गणों का कार्य किस प्रकार संचालित होता है। वे किस प्रकार उन्नति करते हैं तथा किस प्रकार शत्रु पर विजय प्राप्त करते हैं।[51] सभापर्व में कहा गया है कि दशार्ण (वृष्णि) राजा रहित थे।[52]

अब हमें यह भी देख लेना चाहिए कि वैदिक भारत में जनता की कोई संघटित संस्थाएँ विद्यमान थीं अथवा नहीं। अत्यन्त समुन्नत सामूहिक जीवन का विकास प्राचीन हिन्दू सभ्यता का एक विशेष गुण है। धर्म, विद्या, राजनीति, नागरिकशास्त्र, अर्थशास्त्र इत्यादि जीवन के

विभिन्न क्षेत्रों में सामूहिक जीवन का विकास हो चुका था। राष्ट्रीय जीवन के ध्येय की पूर्ति के निमित्त जनतंत्र अथवा लोकतंत्र के आधार पर इन सभी क्षेत्रों में संस्थाओं का जन्म हुआ।[53]

वैदिक साहित्य में अनेकत्र 'श्रेष्ठिन्' तथा 'श्रेष्ठ्य' शब्दों का प्रयोग हुआ है जिनका पूर्वापर प्रसंग से क्रमशः समूह अथवा श्रेणी का 'मुखिया' तथा उसको प्राप्त होने वाला 'सर्वप्रथम स्थान' अर्थात् समूह का 'सभापति–पद' अर्थ प्रतीत होता है।[54] ऐतरेय ब्राह्मण में समूह के मुखिया के स्थान के विषय में एक उल्लेख है। अन्यत्र उसके नेतृत्व का स्थान 'श्रेष्ठ्य' तथा 'श्रेष्ठता' इत्यादि शब्दों के प्रयोग से प्रदर्शित किया गया है। शतपथ ब्राह्मण में भी श्रेष्ठता के लिए 'श्रेष्ठ्य' शब्द का प्रयोग किया गया है। अथर्ववेद में भी श्रेष्ठता के निमित्त 'श्रैष्ठ्य' शब्द का व्यवहार हुआ है। छान्दोग्योपनिषद् में भी 'श्रैष्ठ्य' शब्द इसी अर्थ में प्रयुक्त हुआ है।[55] वैदिक साहित्य के इन सभी प्रसंगों में समूह अथवा श्रेणी के मुखिया, उसके उच्च सामाजिक स्थान तथा उसके महत्त्वपूर्ण प्रभाव इत्यादि का इस प्रकार का प्रयोग वैदिक अध्येताओं द्वारा व्यक्त इस निष्कर्ष की पुष्टि करता है कि उस समय समूह अथवा श्रेणी एक प्रसिद्ध सर्वविदित संस्था थी जो नित्य प्रति के व्यवहार से घनिष्ठ रूप से सम्बद्ध थी।

रामायण में भी इन श्रेणियों अथवा समूहों के संघटन के प्रमाण उपलब्ध हैं। जब भरत राम की खोज में जाते हैं तो नागरिक समुदाय भी उनके साथ चल देता है। उस नागरिक समुदाय में विभिन्न श्रेणियों के लोग सम्मिलित थे।[56] महाभारत में भी एक प्रसंग आता है जब कि एक राजकुमार युद्ध में अपनी पराजय के कारण लज्जित होकर यह कहता है कि मैं अपने संबंधियों, ब्राह्मणों तथा श्रेणी के मुखियाओं को क्या उत्तर दूँगा।[57] इससे हम सहज ही यह अनुमान लगा सकते हैं कि उस समय श्रेणियों का समाज में कितना महत्त्वपूर्ण स्थान था। इतना ही नहीं इन श्रेणियों तथा इनके मुखियाओं का राजनीतिक क्षेत्र में भी

बड़ा महत्त्वपूर्ण स्थान था। राजा अपनी सेना की शक्ति के सदृश ही इन श्रेणियों की शक्ति का भी मूल्य समझता था।[58] इन श्रेणियों की विधि–निर्माण की शक्ति भी कुछ कम महत्त्व की नहीं थी। यह श्रेणियाँ अपने लिए स्वयं विधि का निर्माण करती थीं तथा वे अपनी प्रथाओं से आबद्ध रहती थीं।[59] नियम की दृष्टि से राज्य को किसी ऐसी विधि के निर्माण का अधिकार नहीं था जो इन श्रेणियों की प्रथाओं के प्रतिकूल हो।[60]

हम देख चुके हैं कि प्राचीन वैदिक–भारत में प्रायः शासन की नृपतंत्र–प्रणाली प्रचलित थी जिसके अंतर्गत प्रजा अपनी समिति, सभा आदि लोकप्रिय संस्थाओं के द्वारा राजा पर नियन्त्रण रखती थी। नृपतंत्र के अतिरिक्त प्रजातंत्रीय शासन पद्धति भी प्रचलित हो गई थी। विभिन्न स्थानीय संस्थाओं का पूर्ण विकास हो चुका था जिनको विधि–निर्माण तथा न्याय–संबंधी महत्त्वपूर्ण अधिकार प्राप्त हो चुके थे। जनता श्रेणी, समूह इत्यादि अपने संगठन स्थापित कर चुकी थी। अतः प्रजा–हितैषी राजकीय शपथ का विधान, जनता द्वारा राजा का निर्वाचन, जनता का समिति आदि संस्थाओं के माध्यम से राजा पर नियन्त्रण तथा उसको पदच्युत एवं पुनर्वरण करने तक का अधिकार, प्रजातन्त्रात्मक राज्यों की स्थापना, महत्त्वपूर्ण अधिकार प्राप्त स्थानीय संस्थाओं का आविर्भाव तथा जनता की श्रेणियों अथवा समूहों को अपने हेतु विधि–निर्माण तक का अधिकार तत्कालीन जनता को अपने राजनीतिक हितों एवं अधिकारों के प्रति सचेत अथवा जागरूक करने के लिए प्रेरणा प्रदान करने वाले बड़े प्रबल स्रोत थे। अतः निस्संदिग्ध रूप से यह कहा जा सकता है कि वैदिक–भारत में ही राजनीतिक जनवाद का प्रोद्मास हो चुका था।

सामाजिक स्थिति

आर्यों ने अपनी सभ्यता, जाति और रक्त की पवित्रता की रक्षा

के विचार से, अपने प्रभुत्व के गर्व से तथा पराभूत अनार्यों के प्रति ग्लानि से, अनार्यों से संबंध रोकने की चेष्टा की। अतः इस हेतु अनेक नियमों तथा प्रतिबंधों की व्यवस्था के द्वारा वर्ण–व्यवस्था का सूत्रपात हो गया।[61]

ऋग्वेद के समय तक वर्ण–व्यवस्था की स्थापना नहीं हुई थी पर अनेक कारणों से जनता विभिन्न वर्गों एवं श्रेणियों में विभक्त होती जा रही थी और भविष्य के सामाजिक संगठन का अंकुर जम रहा था।[62]

परन्तु वैदिक–भारत में परवर्ती काल की वर्ण–व्यवस्था की कठोरता दृष्टिगत नहीं होती। विवाह के संबंध में कोई नियंत्रण नहीं था, अंतर्जातीय विवाह प्रचलित थे।[63] और इसी प्रकार खान–पान के विषय में भी कोई रोक–टोक नहीं थी।[64] किसी व्यक्ति का वर्ग जन्म से निर्धारित नहीं होता था वरन् शिक्षा और ज्ञान से होता था। एक वर्ग से दूसरे वर्ग में प्रवेश करना संभव था।[65] इसके अतिरिक्त समाज में कोई व्यवसाय हीन नहीं माना जाता था।[66] अतः उस समय तक समाज के विभिन्न वर्गों में ऊँच–नीच का भेदभाव उत्पन्न ही नहीं हुआ होगा।

महाभारत में अंतर्जातीय विवाह के अनेक उदाहरण उपलब्ध हैं।[67] अनुशासन पर्व में स्पष्ट स्वीकार किया गया है कि गुण और कर्म के अनुसार जन्म का वर्ण बदल सकता है।[68] शांति पर्व में स्पष्ट उल्लेख है कि यदि किसी शूद्र में शुद्रोचित गुण न हों तो वह शूद्र नहीं तथा यदि किसी ब्राह्मण में ब्राह्मणोचित गुणों का अभाव हो तो वह ब्राह्मण नहीं माना जा सकता।[69] इतना ही नहीं महाभारत में तो शूद्रों को राजपद का भी अधिकारी मान लिया गया है।[70]

यहाँ यह जान लेना अप्रासंगिक न होगा कि परवर्ती वैदिक भारत में वर्ण–व्यवस्था दृढ़ होती गई और शूद्रों की स्थिति बिगड़ती गई।[71] आर्य और शूद्र का भेद बढ़ता गया और शूद्रों को यज्ञ करने तथा धर्म–ग्रन्थों के अध्ययन के अधिकार से वंचित कर दिया गया। शूद्र के

साथ विवाह हीन दृष्टि से देखा जाने लगा।[72] वर्ण–व्यवस्था के संबंध में गौतम के कुछ और नियम शूद्रों के लिये बहुत कठोर हैं। दो उदाहरण लीजिये। शूद्रों को ऊँचे वर्ण के जूठे भोजन, कपड़े, छाते, चटाई और जूते इस्तेमाल करने चाहिएँ। अगर शूद्र कभी वेद सुन ले तो कान में लाख भर देनी चाहिए, अगर उच्चारण करे तो जुबान काट लेनी चाहिए और अगर याद रख ले तो शरीर के दो टुकड़े कर देने चाहिए। पर संदेह है कि पुरोहितों के बनाये यह नियम कभी व्यवहार में आते थे या नहीं?[73] न्याय में ऊँचे–नीचे वर्गों का विचार किया जाता था। एक ही अपराध के लिए निम्न वर्ण वालों को उच्च वर्ण वालों से अधिक कठोर दण्ड दिया जाता था और शूद्रों के प्रति विशेष कठोरता का व्यवहार किया जाता था।[74] 'ऐतरेय ब्राह्मण में लिखा है कि शूद्र दूसरों के सेवक हैं, और इच्छा के अनुसार रखे और निकाले जा सकते हैं। उनका वध तक किया जा सकता है।'[75] शूद्र को भूमि के स्वामित्व का अधिकार भी नहीं दिया गया।[76]

यद्यपि समाज चार वर्गों में विभक्त कर दिया गया था तथापि वर्ण–व्यवस्था सर्वथा अपवादहीन नहीं थी। अंतर्जातीय विवाह भी प्रचलित थे तथा खान–पान पर कोई प्रतिबंध नहीं था।[77] इसके अतिरिक्त कभी–कभी उसे यज्ञादि में सम्मिलित होने की स्वतंत्रता भी मिल जाती थी।[78] फिर भी समग्र रूप से शूद्रों की स्थिति दयनीय ही थी जिसके प्रति असंतोष की भावना का जन्म इसी काल में ही हो चुका होगा जिसकी प्रबल अभिव्यक्ति बुद्ध के समय में दृष्टिगत होती है। इस प्रकार इस काल में अंकुरित सामाजिक जनवाद बुद्ध के समय में पल्लवित होकर डहडहा उठा।

स्त्रियों की स्थिति

जहाँ तक शिक्षा का संबंध है वैदिक–भारत में स्त्रियों की स्थिति पुरुषों के समान ही थी। वे पुरुषों के सदृश शास्त्रार्थ में भाग लेती थीं

तथा तपस्या करती थीं।[79] तत्कालीन स्त्रियाँ सामाजिक तथा धार्मिक सभी यज्ञादि विधानों में पुरुषों के साथ भाग लेती थीं।[80] पत्नी की अनुपस्थिति में पति यज्ञ नहीं कर सकता था तथा अपने आप को कर्म का अनधिकारी समझता था।[81] बृहदारण्येकोपनिषद् का कथन है कि पत्नी से ही पुरुष की पूर्णता है।[82] शतपथ ब्राह्मण के अनुसारः 'जाया' (स्त्री) अपना आधा है। इसलिए जब तक जाया का वरण नहीं होता तब तक प्रजनन संभव नहीं; तब तक मनुष्य असर्व (अपूर्ण) रहता है।[83] वैदिक साहित्य में स्त्रियों की सामाजिक स्थिति के अवलोकन से पता चलता है कि आर्यों के आगमन के पश्चात् कई शताब्दियों तक स्त्रियों ने पूर्ण स्वतन्त्रता का उपभोग किया। उस समय पर्दे की प्रथा नहीं थी तथा स्त्री को अपने पति को स्वयं वरण करने की स्वतंत्रता थी।[84]

महाभारत के आदि पर्व में भार्या को मनुष्य का आधा अंग, श्रेष्ठतम सखा, त्रिवर्ग का मूल तथा संसार सागर से तरण का साधन कहा गया है।[85] इसके अतिरिक्त यह परामर्श दिया गया है कि क्रोध में भी पुरुष को कभी अपनी स्त्री को अप्रसन्न नहीं करना चाहिए।[86] अनुशासन पर्व में भीष्म स्त्रियों के लिए अत्यधिक आदर एवं सम्मान का महत्त्व प्रदर्शित करते हैं।[87] शांति पर्व में भीष्म युधिष्ठर को सम्मति देते हैं कि युद्ध में आहत जिन राजाओं के पुत्र न हों उनकी पुत्रियों को राज्यपद पर अभिषेक्त कर दिया जाये।[88] इसके विपरीत महाभारत में इस प्रकार के शब्द भी मिलते हैं कि स्त्रियाँ कभी स्वतंत्रता के योग्य नहीं हैं।[89] ऐसी भावनाएँ निवृत्ति–मार्ग के बढ़ने पर प्रकट हुई थीं। पर महाभारत में बहुत जगह स्त्रियों की प्रशंसा है और पदवी भी बहुत ऊँची है।[90] ऐसी स्थिति में स्त्री जाति द्वारा पुरुष समाज के प्रति क्षोभ व्यक्त करने का कोई कारण नहीं था। अतः नारी को सामूहिक जागरण की प्रेरणा प्रदान करने वाले जनवादी साहित्य की रचना की आवश्यकता ही नहीं पड़ी होगी।

परवर्ती वैदिक भारत में वर्ण–व्यवस्था के बंधन दृढ़ होने के

साथ–साथ स्त्रियों का पद भी गिरता गया। वर्ण–व्यवस्था तथा विशेषतया अनार्यों की उपस्थिति के कारण स्त्रियों का पुरुषों से स्वतंत्रतापूर्वक मिलना–जुलना कम होने लगा। यद्यपि पर्दे की प्रथा का प्रारम्भ नहीं हुआ था तथापि स्त्रियाँ पुरुषों की गोष्ठियों में सम्मिलित नहीं होती थीं जिसके कारण उनका ज्ञान और अनुभव परिमित होने लगा और इसलिए उनका आदर भी कुछ कम होने लगा।[91] इसके अतिरिक्त अनुलोम विवाह की प्रथा से भी स्त्रियों की पदवी को क्षति पहुँची। निम्न वर्ण की कन्या का उच्च वर्णों में उच्च वर्ण की कन्या का–सा आदर नहीं होता था। इस प्रकार बहुत–सी स्त्रियों का पद नीचा हो जाने से स्त्री मात्र के पद पर बुरा प्रभाव पड़ा। तपस्या और संसार–त्याग के आदर्श ने भी स्त्री को अनादर का पात्र बना दिया।[92] पूर्व की भाँति पुत्री के जन्म का स्वागत होना बंद हो गया। जिससे पता चलता है कि समाज में स्त्री का स्थान नीचा माना जाता था।[93] स्त्री की पदवी का यह पतन इस स्थिति तक पहुँच गया कि उसकी गणना द्यूत और सुरा के साथ की जाने लगी। ऋग्वेद संहिता के समय में उच्च पद पर आसीन स्त्री समाज की इस युग में यह दुर्दशा हो गई।[94] परन्तु भारतीय नारी अपनी दुर्दशा को भी सहन करती हुई अपने पति के प्रति उपासिका ही बनी रही अतः आधुनिक युग में पाश्चात्य प्रभाव के पूर्व तक उसके मन में पुरुष के प्रति क्षोभ अथवा सामूहिक विद्रोह के भाव का उदय नहीं हुआ।

आर्थिक स्थिति

प्राचीन भारत की सामान्य जनता की आर्थिक स्थिति के संबंध में हमारी जानकारी अत्यंत स्वल्प है।[95] फिर भी कतिपय विद्वानों ने उसे प्रकाश में लाने का स्तुत्य प्रयत्न किया है। वैदिक–भारत की आर्थिक स्थिति के संबंध में पता चलता है कि आर्यों का जीवन सादा और सुखी था।[96] भेड़–बकरियाँ, शिकार और कृषि उनकी जीविका के साधन थे।[97] उस समय सिक्कों का प्रचलन नहीं था वरन् वस्तुएँ परस्पर बदल

ली जाती थीं। जीवन की आवश्यकताएँ अत्यंत सीमित थीं जो प्रायः गाँव में ही पूरी हो जाया करती थीं।[98] उस समय जनसंख्या कम थी जो विस्तृत प्रदेशों में बिखरी रहती थी। कुटुंब के बड़ा हो जाने की स्थिति में कृषि के लिए और अधिक भूमि सहज सुलभ थी। उत्तर–पश्चिम की नदियाँ सोना उगलतीं थीं।[99] डॉ. बेनीप्रसाद के शब्दों में 'ऋग्वेद के समय में जैसा उल्लास और सामाजिक स्वातंत्र्य था वैसा हिंदुस्तान में फिर कभी नहीं देखा गया।'[100] अतः ऐसी सम्पन्न स्थिति में आर्थिक जनवाद के लिए अवकाश ही नहीं था।

। २ ।

राजनीतिक स्थिति

महात्मा बुद्ध के आविर्भाव–काल से लेकर सम्राट चन्द्रगुप्त मौर्य तक का काल हमारे ऐतिहासिक अध्ययन का दूसरा काल है। इस काल के अंतर्गत प्रजा द्वारा राजा के निर्वाचन के संकेत बौद्ध साहित्य में उपलब्ध होते हैं। अनेक जातक कथाएँ[101] उपर्युक्त मान्यता के स्पष्ट प्रमाण हैं।

राज्य के महत्वपूर्ण विषयों के निर्णय के समय जनता अथवा जनता के प्रतिनिधियों की सम्मति ली जाती थी और निर्णय शलाका–पद्धति के द्वारा बहुमत के अनुसार किया जाता था। श्री काशी प्रसाद जायसवाल ने इसका प्रमाण प्रस्तुत करते हुए लिखा है कि जब कोशल नरेश ने शाक्यों की राजधानी को घेर लिया तो समर्पण के प्रश्न पर विचार करते समय मतभेद उत्पन्न हो गया अतः शाक्यों ने बहुमत जानने के लिए शलाका–पद्धति का प्रयोग किया।[102] इसके अतिरिक्त राजा को अपनी प्रजा की सम्मति के अनुसार प्रशासनिक नीति में भी परिवर्तन करना पड़ता था।[103]

भारतीय राजनीति का यह एक अत्यन्त प्राचीन मूलभूत सिद्धान्त रहा है कि राजा राज्य का सेवक है। बौधायन का कथन है कि राजा प्रजा की आय का छठा भाग अपने वेतन के रूप में प्राप्त करके उसकी रक्षा के कार्य में संलग्न रहे।[104] 'तेलपत' जातक में जब यक्षिणी तक्षशिला के राजा से सारे राष्ट्र का ऐश्वर्य एवं राज्य लेने के लिए कहती है तो राजा उत्तर देता है 'भद्रे ! सारे राष्ट्र के निवासियों पर मेरा कुछ अधिकार नहीं। मैं उनका स्वामी नहीं।'[105] राजा के इस कथन से भी स्पष्ट लक्षित होता है कि राजा अपने आप को प्रजा का स्वामी न समझकर उसका सेवक समझता था।

श्री काशीप्रसाद जायसवाल के कथनानुसार लंका के इतिहास–ग्रन्थ महावंश में ऐसा उल्लेख मिलता है कि भारत में 'पौर' राजा को अवैध कार्य के अपराध के फलस्वरूप पदच्युत करके वनवास दे सकते थे और उसके स्थान पर जनहित को दृष्टि में रखकर अपनी सभा में किसी योग्य व्यक्ति को राजपद पर अभिषिक्त कर दिया करते थे।[106] जातकों में भी इस प्रकार के उदाहरण उपलब्ध हैं। पादंजली जातक की कथा के अनुसार बनारस के राजा ब्रह्मदत्त की मृत्यु के उपरान्त उसका पातंजली नाम का पुत्र राजा बना परन्तु क्योंकि वह मूर्ख तथा आलसी था अतः अमात्यों तथा प्रजा ने उसे पदच्युत करके बोधिसत्व को अभिषिक्त कर दिया।[107] इसके अतिरिक्त बौद्ध जातकों में प्रजा द्वारा अत्याचारी राजा के वध की भी अनेक कथाएँ हैं।[108]

इस युग में नृपतंत्रात्मक शासन–प्रणाली के अतिरिक्त प्रजातंत्र–राज्यों की स्थापना का भी पता चलता है। यूनानी इतिहासकारों के कथनानुसार सिकन्दर के आक्रमण के समय तक भारत में अनेक नगरों ने प्रजातंत्र–शासन–प्रणाली को अपना लिया था।[109] 'कार्टियस' 'सबरक' जाति की शासन–व्यवस्था को प्रजातन्त्रात्मक बतलाते हैं।[110] इसी प्रकार 'सिक्यूलस' ने भी एक प्रबल जाति की राज्य–व्यवस्था को प्रजातंत्रात्मक कहा है।[111] उस समय के प्रमुख नगर पाटलिपुत्र का

प्रबन्ध भी प्रजा के प्रतिनिधियों के हाथ होना वर्णित है।[112] शाासन के क्षेत्र में अंगीकृत प्रजातंत्रात्मक प्रणाली के अनुरूप बौद्ध संघ के भीतर भी सब कार्यवाही, सब निर्णय प्रजातांत्रिक सिद्धांत के अनुसार होते थे।[113]

बुद्ध के आविर्भाव के पूर्व ही गणतंत्रों की स्थापना के संकेत उपलब्ध होते हैं। पाणिनि 'संघ' शब्द को गण का समानार्थक मानते हैं।[114] उन्होंने अनेक संघों अथवा गणों (गणराज्यों) का उल्लेख किया है।[115] ईसा पूर्व सातवीं शताब्दी में उत्तर भारत में अनेक गणराज्य थे।[116] बुद्ध के जीवन काल में ही बहुत से गणराज्य स्थापित हो चुके थे।[117] बौद्ध ग्रन्थों में भी इन गणराज्यों का अनेकत्र उल्लेख मिलता है।[118] सिकन्दर के आक्रमण के समय भी भारत में गणराज्य विद्यमान थे।[119] इसके अतिरिक्त सर्वथा नवीन गणराज्यों का भी निर्माण हुआ। उदाहरणतया कुरु और पांचाल प्रदेश जो वैदिक साहित्य तथा जातकों में राजा द्वारा शासित वर्णित हैं उन्होंने ईसा पूर्व चौथी शताब्दी के लगभग गणतंत्र–पद्धति को अपना लिया।[120] गणराज्यों के अन्तर्गत शासन के मामलों पर विचार और निर्णय करने के लिए जनता सभा भवनों में एकत्रित होती थी जिन्हें संथागार कहा जाता था।[121]

इस काल में सामूहिक जीवन का भी भव्य विकास हो चुका था क्योंकि व्यापारियों शिल्पकारों तथा महाजनों की अनेक श्रेणियाँ स्थापित हो गई थीं।[122] इन श्रेणियों को अपने प्रबन्ध के लिए विधि–निर्माण तक का भी अधिकार प्राप्त था।[123]

प्रस्तुत काल में जनता द्वारा राजा के निर्वाचन की कथाएँ, राज्य के महत्त्वपूर्ण विषयों पर जनता की सम्मति का लिया जाना, राजा को राज्य का सेवक समझने का भाव, अयोग्य राजा को पदच्युत करने का जनता के अधिकार का समर्थन, अत्याचारी राजा के वध को प्रदर्शित करने वाली जातक कथाएं, प्रजातंत्र का अविर्भाव और गणतंत्रों की

स्थापना, तथा प्रभूत अधिकार प्राप्त श्रेणियाँ अथवा समूह, ये सभी जनता को अपने हित तथा राजनीतिक अधिकारों के प्रति जागरूक होने के लिए प्रेरित करते हैं। अतः कह सकते हैं कि इस युग में राजनीतिक जनवाद का पर्याप्त विकास हो चुका था।

सामाजिक स्थिति

भारतीय इतिहास की प्रगति पर दृष्टि डालने पर एक द्वन्द्वात्मकता परिलक्षित होती है। आभिजात्य पुरोहिती विचार–परम्परा के विरुद्ध समय–समय पर व्यापक लोक–जीवन विद्रोह करता रहा है और अभिनव धार्मिक विचारों के रूप में अपने को प्रतिष्ठित करता रहा है। जब–जब पुरोहितों ने अपनी सत्ता निर्ममता से जनजीवन पर लादी है तभी दलित जनशक्तियों ने परम्परागत रूढ़ियों की तह के नीचे संगठित होकर खुले विद्रोह की भूमिका प्रस्तुत की है।[124] बौद्ध और जैन धर्मों के आविर्भाव और प्रचार का कारण भी यही था कि तत्कालीन ब्राह्मण धर्म से जनता संतुष्ट नहीं थी। पुराना धर्म क्रियाकांड एवं अन्य बाह्य आडंबर पर अत्यधिक बल देता था, इस प्रकार यह पुराना धर्म लकीर ही पीट रहा था। ब्राह्मणों ने अपना प्रभुत्व स्थापित कर रखा था, थोड़े दिनों तक यह क्रम चलता रहा पर इस पुरोहिती को ध्वंस करने वाली सच्ची धार्मिक प्रवृत्ति का उदय अवश्यंभावी था।[125] फलस्वरूप बौद्ध धर्म ने ब्राह्मण–कर्मकांड के विरुद्ध जनव्यापी विद्रोह का रूप ग्रहण कर लिया।[126]

वर्ग–भेद ने अभी कठोर वर्ण–व्यवस्था का रूप धारण नहीं किया था और ब्राह्मणों का प्रभुत्व पूर्ण रूप से प्रतिष्ठित नहीं हो पाया था। महात्मा बुद्ध ने जाति–भेद को सदोष सिद्ध करके सबकी समानता की घोषणा कर दी।[127] बौद्ध संघ की सदस्यता का द्वार लिंग, जाति तथा वर्णभेद रहित सबके लिए समान रूप से खुला था।[128] सभी श्रमणों को वर्ग तथा जाति के भेदभाव रहित समान अधिकार प्राप्त थे।[129] बुद्ध ने

अपने सिद्धान्तों के प्रचार के लिए संस्कृत को न अपनाकर तत्कालीन जनभाषा को अपनाया।[130]

जैन धर्म के प्रतिष्ठापक महावीर भी गौतम बुद्ध के समसामयिक थे। उनके सिद्धांत भी महात्मा बुद्ध के सिद्धांतों से बहुत कुछ मिलते–जुलते थे। इन्होंने भी महात्मा बुद्ध के सदृश जाति–भेद की निन्दा की तथा अपने सिद्धान्तों के प्रचार के लिए दुरूह संस्कृत को न अपनाकर जनभाषा को अपनाया।[131] इस प्रकार इस युग में बौद्ध तथा जैन धर्मों द्वारा पुरोहिती प्रभुत्व को दी गई चुनौती में सामाजिक जनवाद स्पष्ट परिलक्षित होता है जिसकी पुनरावृत्ति परवर्ती सिद्ध–साहित्य तथा संत–साहित्य में दृष्टिगोचर होती है।

स्त्रियों की स्थिति

स्त्रियों की स्थिति लगभग परवर्ती वैदिक–भारत की तरह ही रही। 'संन्यास के कारण ग्रन्थों में स्त्रियों की निंदा बढ़ गई है। उनके संबंध में अनेक बार जातकों में बहुत से अपशब्द प्रयोग किये हैं – कहा है कि स्त्रियाँ चंचल होती है, दुराचारी होती हैं, पापी होती हैं। जैन आचारांग सूत्र कहता है कि पुरुष स्त्रियों को सुख का साधन समझते हैं पर वास्तव में वह अज्ञान, दुख, मृत्यु और नरक की द्वार हैं।'[132] महात्मा बुद्ध ने अपने प्रधान शिष्य आनंद के आग्रह पर स्त्रियों को संघ में लेना स्वीकार कर लिया था पर उन्हें अनुचित संबंध और लोकापवाद का भय बराबर बना रहा।[133] परंतु जैसा कि पहले कहा जा चुका है कि पातिव्रत के दृढ़ संस्कारों में दीक्षित भारतीय नारी ने सामूहिक रूप में कभी पुरुष के विरुद्ध विद्रोह करने के भाव को मन में नहीं आने दिया।

आर्थिक स्थिति

इस काल में कृषि ही लोगों का मुख्य व्यवसाय था। भूमि पर ग्राम–समुदायों का स्वामित्व होता था। इन ग्राम–समुदायों की अपने

कर्त्तव्यों एवं अधिकारों के प्रति चेतना बड़ी विकसित थी।[134] 'जीवन सादा और सुखी था। न बहुत धनवान लोग वहाँ थे, न बहुत दरिद्र। अपराध कम होते थे और झगड़े पंचायत में निपटा लिए जाते थे।'[135] इस प्रकार की आर्थिक स्थिति में आर्थिक असंतोष के लिए विशेष अवकाश नहीं था। अतः इस काल में आर्थिक जनवाद का अभाव ही रहा।

। ३ ।

राजनीतिक स्थिति

हमारे ऐतिहासिक अध्ययन का तृतीय काल चन्द्रगुप्त मौर्य के समय से लेकर महाराज हर्षवर्धन के समय को परिव्याप्त किये हुए है। इस काल में राजपद बहुधा वंशानुगत होता था। उदाहरणतया चन्द्रगुप्त की मृत्यु के उपरान्त उसका पुत्र बिन्दुसार सिंहासनारूढ़ हुआ। एरियन के कथन से इस बात की पुष्टि होती है कि तत्कालीन भारत में राजा का पद वंशानुगत होता था। परंतु वंशानुगत उत्तराधिकारी के अभाव में प्रजा राजा का स्वयं निर्वाचन करती थी। जिस व्यक्ति को प्रजा हर प्रकार से योग्य समझती थी उसी को मूर्धाभिषिक्त किया जाता था।[136]

यद्यपि प्रस्तुत काल के अन्तर्गत राजा के वंशानुगत उत्तराधिकार का प्रचलन था तथापि ऐसे भी उदाहरण उपलब्ध होते हैं जबकि जनता ने स्वयं अपने राजा का निर्वाचन किया है। पश्चिमी भारत का क्षत्रप रुद्रदामन जनता की सभी श्रेणियों द्वारा अभिषिक्त किया गया और शिशुनाग वंश की नींव तो जन–आंदोलन के द्वारा ही डाली गई।[137] अतः पता चलता है कि तत्कालीन भारत की जनता में किसी अंश में राजनीतिक चेतना विद्यमान थी।

नृपतंत्रात्मक शासन–पद्धति के प्रबल समर्थक आचार्य कौटिल्य ने भी राजा को वैयक्तिक इच्छाओं और अनिच्छाओं को रखने का

अधिकार नहीं दिया है। उनका कथन है कि राजा की कोई व्यक्तिगत इच्छा नहीं होती, उसके लिए प्रजा की इच्छा ही शिरोधार्य है। प्रजा के सुख में ही राजा का सुख तथा प्रजा के हित में ही राजा का हित निहित है।[138] अर्थशास्त्र के सूत्रों से स्पष्ट लक्षित होता है कि तत्कालीन राजा पर अनेक बन्धन थे और उसे परम्परागत तथा शास्त्रोक्त नियमों के आधीन रहना पड़ता था। शासन के व्यावहारिक कार्य में वास्तविक अधिकार–प्राप्त तथा जनता का श्रद्धा–भाजन मंत्रिगण राजा का पथ–प्रदर्शन करता था। कौटिल्य राजा को पुरोहित का इस प्रकार अनुगामी बनने की सम्मति देता है जैसे कि शिष्य आचार्य का, पुत्र पिता का तथा भृत्य स्वामी का होता है।[139] इससे प्रतीत होता है कि जनता द्वारा समाज के प्राकृतिक संरक्षक समझे जाने वाले ब्राह्मण विद्वद्वर्ग का भी राजा पर पर्याप्त प्रभाव रहता था। इस प्रकार के बन्धनों के रहते हुए राजा मनमानी नहीं कर सकता था। अतः राजा की शक्ति निरंकुश नहीं थी।[140] 'मौर्य चातुरन्त राज्य की नीति और संगठन' शीर्षक के अन्तर्गत प्रजापक्ष और राजपक्ष की तुलना करते हुए श्री जयचन्द्र विद्यालंकार लिखते हैं कि 'उस समय की भारतीय प्रजा में सामूहिक जीवन और स्वाधीनता का भाव बहुत सचेष्ट था; और सब कुछ देखते हुए कहना पड़ता है कि प्रजा और राजा की शक्ति परस्पर इस प्रकार तुली हुई थी कि राजा उच्छृंखल नहीं हो सकता था।'[141] इसके अतिरिक्त राजा प्रजा को अपनी संतान के तुल्य समझता था और उसके हित के लिए सचेष्ट रहता था।[142] इसी प्रकार के भाव अग्निपुराण तथा विष्णु–धर्मोत्तर पुराण में व्यक्त किये गए हैं।[143]

प्राचीन भारतीय शास्त्रकारों ने जनता को राज्याभिषेक के समय की गई प्रतिज्ञा का पालन करने में असमर्थ तथा नीति–विरुद्ध आचरण करने वाले राजा को पदच्युत करने का भी अधिकार प्रदान किया है। अंतिम मौर्य सम्राट बृहद्रथ मौर्य को बाण ने अपने 'हर्षचरित' में 'प्रतिज्ञा–दुर्बल' कहा है क्योंकि वह अपनी राजकीय शपथ का पालन

करने में असमर्थ रहा। अतः वह जनता द्वारा पदच्युत कर दिया गया।[144]

प्रस्तुत काल में प्रजा द्वारा प्रजापीड़क राजा को पदच्युत करने का ही नहीं वरन् उसें बान्धवों सहित नष्ट कर देने की अनुमति का भी विधान दृष्टिगत होता है।[145] इसी प्रकार का आशय मत्स्यपुराण में भी व्यक्त किया गया है जिसमें कहा गया है कि यदि राजा अपने राष्ट्र की उपेक्षा करके प्रजा का उत्पीड़न करता है तो वह शीघ्र ही राज्य तथा संबंधियों सहित जीवन से हाथ धो बैठता है।[146] मनुस्मृतिकार के उपर्युक्त आदेश का समर्थन याज्ञवल्क्यस्मृति में भी किया गया है।[147] इसके अतिरिक्त याज्ञवल्क्य का कथन है कि प्रजापीड़न की जलन से प्रज्वलित अग्नि राजा के कुलश्री और प्राणों को जलाये बिना नहीं रूकती।[148] इस प्रकार का कथन प्रजा–पीड़क राजा के विरुद्ध प्रजा के विद्रोह करने के अधिकार की स्वीकृति देता है।[149]

इसके अतिरिक्त भारतीय–शासन–विधान के अन्तर्गत विधि का उद्‌गम राजा न था, वरन् शास्त्र और जनता के रीति–रिवाज थे। अतः विधि–निर्माण की दृष्टि से भी राजा निरंकुश नहीं होता था।[150]

प्रत्येक ग्राम स्वशासित था। इस प्रकार प्राचीन भारत एक सुविस्तृत ग्रामीण जनतंत्र से विनिर्मित था।[151] विदेशी आक्रांताओं के प्रतिरोधार्थ राष्ट्रीय दुर्बलता का निवारण करने के लिए स्थापित मौर्य–साम्राज्य के अंतर्गत भी इन ग्राम–समुदायों की शक्ति क्षीण नहीं हुई थी।[152] दक्षिण भारत में ये ग्राम–समुदाय राजा की शक्ति को नियन्त्रित रखते थे।[153] ग्राम–सभा की विभिन्न समितियों के सदस्यों का निर्वाचन मतदान द्वारा प्रजातांत्रिक विधि से सम्पन्न होता था।[154] निर्वाचन की इस पद्धति से अनुमान लगाया जा सकता है कि ग्राम के सभी लोग अपने सामूहिक हितों के कार्यों में अत्यधिक रुचि रखते थे।[155]

इसके अतिरिक्त इस काल में सामूहिक जीवन का भव्य विकास हो चुका था क्योंकि व्यापारियों शिल्पकारों तथा महाजनों की अनेक श्रेणियाँ स्थापित हो गई थीं।[156] इन श्रेणियों को अपने प्रबन्ध के लिए विधि–निर्माण का भी अधिकार प्राप्त था। राजा भी इन श्रेणियों के द्वारा निर्मित नियमों अथवा विधियों का आदर करता था।[157] और इनके आन्तरिक मामलों में हस्तक्षेप नहीं करता था।[158] यद्यपि इस काल में राजा की शक्ति निरंकुश होती जा रही थी।[159] परन्तु उस पर इन विभिन्न श्रेणियों का पर्याप्त अंकुश रहता था।[160] इन संस्थाओं का सबसे महत्त्वपूर्ण अधिकार न्याय–प्रशासन का था।[161]

सम्राट चन्द्रगुप्त से लेकर हर्षवर्धन तक के इस काल में उत्तराधिकारी के अभाव में प्रजा द्वारा राजा के निर्वाचन की कथाएँ, शास्त्रकारों द्वारा राजा को प्रजा के सुख में ही अपना सुख अनुभव करने तथा प्रजा को संतान तुल्य समझने का निर्देश, तत्कालीन मनीषियों द्वारा प्रतिज्ञा–दुर्बल राजा को पदच्युत करने तथा प्रजापीड़क राजा को बान्धवों सहित नष्ट कर देने के प्रजा के अधिकार की स्वीकृति, विधि का उद्गम राजा को न मानकर शास्त्र तथा जनता के रीति–रिवाज के अनुसरण का अनुमोदन, पर्याप्त अधिकार प्राप्त श्रेणियों अथवा समूहों की स्थिति जनता को अपने राजनीतिक अधिकारों के प्रति सचेत रहने के लिए प्रेरित करते हैं। अतः निस्संशय कहा जा सकता है कि शास्त्रकारों, स्मृतिकारों तथा पुराणकारों की निर्भीक वाणी में राजनीतिक जनवाद का रूप काफी प्रखर है।

सामाजिक स्थिति

मौर्य प्रभुत्व के नाश से ब्राह्मणों की सामाजिक और धार्मिक पद्धति का पुनरुन्नयन हो गया। शुंग और कण्व दोनों ब्राह्मण–वंश के थे अतः उनके राज्य में समाज में ब्राह्मणों के महत्त्व को प्रोत्साहन देना स्वाभाविक था। हिंदुओं की धर्मसंहिता मनुस्मृति की रचना इसी काल

में हुई।[162] हिन्दुत्व के पुनरुन्नयन का सामाजिक जीवन पर बड़ा प्रभाव पड़ा। ब्राह्मण–जाति का सम्मान अत्यधिक बढ़ गया।[163] मनुस्मृति में शूद्रों के लिए बड़े कठोर नियमों का विधान किया गया। मनु ने शूद्रों को दास के सदृश मानकर उनके लिए बड़े कठोर दण्ड का निर्धारण किया।[164] शूद्रों का कर्त्तव्य सेवा और दासता था। उन्हें संस्कारों और धर्म–ग्रन्थों के अध्ययन के अधिकार से वंचित कर दिया गया।[165] इस प्रकार ब्राह्मणों ने अपने और शूद्रों के बीच एक दुर्लंघ्य खाई बना दी। शूद्रों के साथ विवाह तथा उनके द्वारा बनाया हुआ भोजन वर्जित कर दिया, यहाँ तक कि उनका स्पर्श भी अपवित्र माना जाने लगा।[166] 'चीनी यात्री फाहियान से मालूम होता है कि चंडाल शहर के बाहर रहते थे और शहर में आते समय एक लकड़ी बजाते थे कि छू न जायें।'[167]

यद्यपि शूद्रजाति के प्रति अस्पृश्यता तथा अपवित्रता का भाव शनैः शनैः बढ़ रहा था तथापि उसने कठोर नियम का रूप धारण नहीं किया था।[168] ऐसी व्यवस्था में भी अंतर्जातीय विवाहों के अनेक उदाहरण उपलब्ध होते हैं।[169] इसके अतिरिक्त व्यवसाय भी जाति के अनुसार दृढ़तापूर्वक निश्चित नहीं हो पाए थे। एक वर्ग द्वारा दूसरे वर्ग के व्यवसाय अपनाने के अनेक उदाहरण उपलब्ध हैं।[170] फिर भी निष्कर्ष रूप में कह सकते हैं कि उपर्युक्त वर्ग–भेद निश्चय ही सामाजिक असंतोष की भूमिका प्रस्तुत कर रहा था जिसकी अभिव्यक्ति परवर्ती सिद्ध–साहित्य में हुई।

स्त्रियों की स्थिति

मनुस्मृति में मनु ने स्त्रियों के महत्त्व एवं सम्मान के संबंध में जो कुछ कहा है उससे प्रतीत होता है कि समाज में स्त्रियों का स्थान अत्यंत ऊँचा समझा जाता था।[171] मनु ने सिद्धांत रूप में नारियों का स्थान बहुत ऊँचा रखा है पर वस्तुतः ऋग्वैदिक काल के अनन्तर

उनकी स्थिति निरन्तर बिगड़ती चली गई और उनका स्थान सम्पत्ति के अधिकार तथा शिक्षा आदि के क्षेत्र में लगभग शूद्रों के बराबर हो गया। स्वयं मनु अपने उपर्युक्त सिद्धांत पर स्थिर न रह सके और अपनी स्मृति में नारी का दूसरा रूप यह रख दिया कि नारी अपने जीवन के किसी काल में स्वतंत्र रहने योग्य नहीं है।[172] स्त्रियों की वैधिक स्थिति भी सुरक्षित नहीं थी क्योंकि मनु ने उसे सम्पत्ति के अधिकार से भी वंचित कर दिया।[173] उपर्युक्त विवेचन से पता चलता है कि व्यवहार रूप में स्त्री की स्थिति इस काल के अन्तर्गत गिरती ही जा रही थी। परन्तु भारतीय संस्कृति के अनुसार पति–पत्नी का संबंध देवता और उपासक का रहा है। भारतीय ललना का प्रतिकार में विश्वास नहीं रहा। वह अपने अहित करने वाले को भी क्षमा कर देती है।[174] पुरुष के प्रति नारी का विद्रोह आधुनिक काल के पूर्व तक भारतवर्ष के लिए अज्ञात ही रहा। अतः निष्कर्ष रूप में कह सकते हैं कि भारत में आधुनिक काल के पूर्व तक स्त्रियों के हितों एवं अधिकारों के संरक्षक सामाजिक जनवाद का आविर्भाव ही नहीं हो पाया।

आर्थिक स्थिति

प्राचीन भारत का वैभव–विलास आधुनिक पाश्चात्य देशों की भाँति भिखमंगों की सेना से प्रतिसंतुलित नहीं था। विरूपित मानवता को बहिष्कृत करने वाले कारखानों का उदय नहीं हुआ था। सुनियोजित कुटीर–उद्योगों से सबका भरण–पोषण भली–भाँति हो जाता था।[175] अतः दरिद्रों अथवा भिक्षुकों के वर्ग के विषय में कोई संकेत उपलब्ध नहीं होता। समग्र रूप से जनता का जीवन सुख–शांतिमय था।[176] कृषि लोगों का मुख्य व्यवसाय था।[177] वैज्ञानिक ढंग से की जाने वाली कृषि की समृद्ध उपज से कृषि की विकसित अवस्था का पता चलता है।[178]

तत्कालीन यूनानी लेखकों से विदित होता है कि अधिकांश लोग

ग्रामों में रहते थे तथा सुखी थे। कानून सादे थे; चोरी बहुत कम होती थी और घर–द्वार बिना चौकीदारी के पड़े रहते थे। ईमानदारी का भाव बड़ा प्रबल था।[179] मेगास्थनीज से पता चलता है कि सम्पूर्ण साम्राज्य में शांति, सम्पन्नता और संतोष था। इसका कारण भूमि का उपजाऊपन तथा खनिज सम्पत्ति का आधिक्य था। लोगों के पास आजीविका के विपुल साधन थे। लोग विभिन्न कलाओं में प्रवीण थे। अनेक प्रकार के फलों से धरती लदी हुई थी और धातुओं का विपुल–भंडार था।[180] चीनी यात्री फ़ाहियान ने तत्कालीन भारत की सुख–समृद्धि का भव्य चित्र प्रस्तुत किया है।[181] इसके अतिरिक्त चीनी यात्रियों ने राजाओं की बढ़ी–चढ़ी दानशीलता का भी परिचय दिया है। उनका कथन है कि राजा दीनों तथा बीमारों में भोजन तथा दवाइयाँ मुफ्त बाँटते थे। उनका अनुकरण करते हुए बहुत से सेठ और मंत्री भी इसी प्रकार दान करते थे।[182] जनता की ऐसी समृद्ध और सुख–शांति की अवस्था में आर्थिक असंतोष अथवा आन्दोलन के लिए कोई अवकाश नहीं था। अतः प्राचीन भारत में आर्थिक जनवाद का प्रायः अभाव ही रहा।

संदर्भ

1. साहित्य के आधार पर भारतीय सभ्यता का इतिहास ऋग्वेद के समय से थोड़ा बहुत लिखा जा सकता है। अनुमान से ग्रन्थों की तिथियाँ स्थापित की जा सकती हैं और संस्थाओं का कुछ क्रमिक विकास भी दिखाया जा सकता है। पर अभाग्यवश हिन्दुस्तान का साधारण राजनैतिक इतिहास ई.पू. सातवीं सदी के पहले लगभग शून्य है और उसके बाद भी लगातार ठीक–ठीक नहीं मिलता। ई.पू. सातवीं सदी से बारहवीं ई. सदी तक कभी बहुत, कभी थोड़ा राजनैतिक इतिहास अनेक दिशाओं से सामग्री जमा करके जैसा तैसा बनाया जा सकता है पर उसके पहले की घटनाएँ अन्धकार में छिपी हैं। यह सच है कि रामायण और महाभारत में बहुत से राजाओं और युद्धों के वर्णन हैं पर इनके इतिहास में काव्य और कल्पना का ऐसा समावेश है कि किसी घटना की ऐतिहासिकता पूरी तरह प्रमाणित नहीं होती।

हिन्दुस्तान की पुरानी सभ्यता, पृ. 188.

और भी दे. A Short HIstory of the Indian People, P. 13.

2. The Samiti dis-appears before the time of the Jatakas (600 B.C.). We have thus the age-history of the Samiti from the latter part of the millenium of the Rig-Veda down to about 700. B.C., a life extending certainly over a thousand years, and very likely longer.

Hindu Polity, P. 16.

3. (i) सर्वलोक गुरुं चैव राजानं योऽवमन्यते ।
न तस्य दत्तं न हुतं, न श्राद्धं फलते क्वचित् ।।
महाभारत, शांतिपर्व, अ. 65 श्लोक 28 ।।

(ii) मानुषाणामधिपतिं देवभूतं सनातनम् ।
देवापि नावमन्यन्ते धर्मकामं नरेश्वरम् ।।
महाभारत, शांतिपर्व, अ. 65, श्लोक 29 ।।

दे. Democratic Process, P. 237.

(iii) सोऽग्निर्भवति वायुश्च सोऽर्कः सोमः स धर्मराट् ।
स कुबेरः स वरुणः स महेन्द्रः प्रभावतः ।।
मनुस्मृति, अ. 7, श्लोक 7 ।।

बालोऽपि नावमन्तव्यो मनुष्य इति भूमिपः ।
महती देवता ह्येषा नररूपेण तिष्ठति ।।
मनुस्मृति, अ. 7, श्लोक 8 ।।

दे. सांस्कृतिक भारत, पृ. 66।

दे. Democratic Process, P. 237.

4. गुप्तवंश का द्वितीय चन्द्रगुप्त विक्रमादित्य गणारि था। वह 437 वि. के आसपास सिंहासन पर बैठा। उसने गणों का समूल विनाश किया। उसके समय से भारतीय इतिहास में फिर गणों का प्रादुर्भाव वर्तमान गणतंत्र के पूर्व कभी नहीं हुआ।

हिंदी साहित्य का वृहत् इतिहास (प्रथम भाग), पृ. 36.

5. इस क्षणिक जीवन के परवर्ती अनंत अमर जीवन के लिए आकुलता भारत की

अन्तरात्मा का सार है। परलोक की साधना में ही वह इहलोक की सार्थकता मानती है। आत्मा और परमात्मा की ऐक्य–साधना का निर्देश करने वाली मधुर वाणी का भारतीयों की भावना, रुचि और आकांक्षा के ऊपर सर्वदा से वर्णनातीत अधिकार रहा है। भारतीय जीवन में संचार करने वाली आध्यात्मिक प्रवृत्ति की इस धारा के उद्‌गम अत्यन्त प्राचीनता के कुहरे में छिपे हुए हैं। युग–युगांतर को पार करती हुई यह धारा अबाध रूप से बहती चली आ रही है। प्रवाह–भूमि के अनुरूप कभी सिमटती कभी फैलती, कभी बालुका में विलीन होती और फिर प्रकट होती हुई वह अनेक रूप अवश्य धारण करती आई है। परन्तु उसका प्रवाह कभी बंद नहीं हुआ।

हिन्दी काव्य में निर्गुण सम्प्रदाय, पृ. 65.

6. ऊं ईशा वास्यमिदँ सर्वं यत्किंच जगत्यां जगत् ।
तेन ह्यक्तेन भुंजीथा मा गृधः कस्यस्विद्धनम् ।।१।। ईशावास्योपनिषद्।

7. Ancient Hindu Society did not speak of rights as existing apart from duties. It stressed only duties. Since the enforcement of duties was the function of society, rights were antomatically protected by communal action. While the contemplation of rights arouses a feeling of egotism, the contemplation of duties, of one's responsibility to the family and to the community examplified in the case of a Hindu mother and wife, arouses a sense of service.

Organised Democracy, By Prof. M.V. Krishna Rao, P. 23.

8. (i) The most ancient literary work of the Aryans is the Rigveda .... Besides the Rigveda, there are three other collections known as the Yajurveda, the Sama Veda and the Atharva Veda. Connected with them, but later in date, are the Brahmanas, they are written in proses. They explain the meaning of the Vedic verses.
A Short History of the Indian People, P. 32.

(ii) ऋग्वेद आर्यों की सबसे प्राचीन पुस्तक है, सबसे पवित्र।
सांस्कृतिक भारत, पृ. 28. (उत्तर वैदिक काल)

(iii) पहले यजुर्वेद, सामवेद और अथर्ववेद बने, बाद में ब्राह्मण आरण्यक और उपनिषद् लिखे गये।
सांस्कृतिक भारत, पृ. 37.

9. The early Vedas know only monarchy.
Hindu Polity, P. 21.

और भी दे. (क) A History of Hindu Political Theories, P. 1.
(ख) The History And Culture of the Indian People, Vol. I, (The Vedic Age), P. 352.

10. (i) जनं विभ्रती बहुधा विवाचसं नाना धर्माणं पृथिवी यथौकसम्।
सहस्रं धारा द्रविणस्य मे दुहां ध्रुवेव घेनुरनपस्फुरन्ती ।। अथ. १२।१।४५।।

(ii) स विशोऽनुव्य चलत् ।। १५।६।१ (अथ.)

(ii) आ त्वाहार्षमंतरेघि ध्रुवस्तिष्ठाविचाचालिः ।
विशस्त्वा सर्वा वांछतु मा त्वद्राष्ट्रमघि भ्रशत् ।। ऋ. १०।१७३।१।।

(iii) असपत्नः सपत्नहाभिराष्ट्रो विषासहिः ।
यथाहमेषां भूतानां विराजानि जनस्य च ।। ऋ. १०।१७४।५।।
दे. भारतीय इतिहास की रूपरेखा, जिल्द 1, पृ. 220-21 (संस्करण 1942)।

11. भारतीय इतिहास की रूपरेखा, जिल्द 1, पृ. 220-21 (संस्करण 1942)।
12. त्वां विशो वृणतां राज्याऽय त्वामिमाः प्रदिशः पंचदेवीः ।
    वर्ष्मन्राष्ट्रस्य ककुदि श्रयस्व ततो न उग्रो वि भेजावसूनि ।। अथ. ३।४।२।।
    आ त्वाहार्षमन्तरे भूर्ध्रुवस्तिष्ठाविचाचलत्
    विशस्त्वा सर्वा वांछन्तु मा त्वद्राष्ट्रमधि भ्रशत् ।। अथ ६।८७।१।।
    ह्वचन्तु त्वाप्रतिजनाः प्रति मित्रा अवृषत ।
    इन्द्राग्नी विश्वे देवास्ते विशि क्षेममदीधरन् ।। अथ. ३।३।५।।
    आ त्वाहार्षमन्तरेधि ध्रुवस्तिष्ठाविचाचलिः ।
    विशस्त्वा सर्वा वांछन्तु मा त्वद्राष्ट्रमधि भ्रशत् ।। ऋ. १०।१७३।१।।

दे. (क) भारतीय इतिहास की रूपरेखा, पृ. 233 (संस्करण 1942)
(ख) Hindu Polity, P. 12.
(ग) Public Administration in Ancient India, P. 64.
(घ) Pre-Buddhist India, P. 85.
(ङ) लेख – 'वेदों में राजनीतिक सिद्धान्त' – श्री पण्डित प्रियव्रतजी वेद वाचस्पति 'आर्य', पृ. 301, भाग 16, अंक 7, लाहौर कार्तिक सं. 1991, (नवम्बर 1934)।
(च) हिन्दुस्तान की पुरानी सभ्यता, पृ. 82.
(छ) भारतीय संस्कृति का विकास, पृ. 133.
(ज) Corporate Life in Ancient India, P. 97.
(झ) The History And Culture of the Indian People, Vol. I, P. 353-428.

13. राज्येन छन्दयामासुः प्रजाः स्वर्गं गते गुरौ ।
    स मुहूर्तमिय घ्यात्वा प्रजास्ताः प्रत्यभाषत ।। शौनकीय बृहद्देवता, ७।१५७।।
    दे. Public Administration in Ancient India, P. 67.
14. यदीदं मेऽनुरूपार्थं मया साधु समुन्त्रितम् ।
    भवन्तो मेऽनुमन्यन्तां कथं व्रा करवाण्यहम् ।। अ.का. सर्ग २ श्लोक १४–१५।।
    दे जनतन्त्रवाद, पृ. 55.
15. तं. देवदेवोपममात्मजं ते सर्वस्य लोकस्य हितेनिविषृम् ।
    हिताय नः क्षिप्रमुदारजुष्टं मुदाभिषेक्तुं वरद त्वमर्हसि ।।
    अ.का. सर्ग 2, श्लोक 54.
    दे. (क) जनतन्त्रवाद, पृ. 57-
    (ख) Corporate LIfe in Ancient India, P. 107.
16. अभिषेक्तुकामं नृपतिं पूरूं पुत्रं कनीयसम् ।
    ब्राह्मणप्रमुखा वर्णा इदं वचनमब्रुवन् ।। आदि पर्व, अ. ८५, श्लोक १६ ।।
    कथं शुक्रस्य नप्तारं देवायान्याः सुतं प्रभो ।
    ज्येष्ठं यदुमतिक्रम्य राज्यं पूरोः प्रयच्छसि ।। आदि पर्व, अ. ८५, श्लोक २० ।।
    कथं ज्येष्ठाानितिक्रम्य कनीयान् राज्यमर्हति ।
    एतत् सम्बोधयामस्त्वां धर्मं त्वं प्रतिपालय ।। आदि पर्व, अ. ८५, श्लोक २२।।
    दे. The Political Institutions And Theories of the Hindus, P. 85.
17. कारयामास सर्वाणि मंगलार्थानि वे विभुः ।

तं ब्राह्मणाश्च वृद्धाश्च पौरजानपदैः सह ।। उद्योग पर्व, अ. १४६, श्लोक २२।।
सर्वे निवारयामासुर्देवापेरभिषेचनम् ।
स तच्छुत्वा तु नृपतिरभिषेकनिवारणम् ।
अश्रुकण्ठोऽभवद् राजा पर्यशोचत चात्मजम् ।। उ.प., अ. 149, श्लोक 23 ।।

दे. (क) The Political Institutions And Theories of the Hindus, P. 85.
(ख) जनतंत्रवाद, पृ. 43.
(ग) हिंदुस्तान की पुरानी सभ्यता, पृ. 122.
(घ) Corporate Life in Ancient India, P. 110.
(ङ) Hindu Civilization, P. 169.

18. न राज्यमहमहामि नृपतिर्वोऽस्तु शंतनुः ।
तथेत्युक्त्वाम्यसिंचस्ताः प्रजाराज्याय शंतनुम् ।। शौनकीयबृहद्देवता।८।१।।

दे. (क) Public Administration in Ancient India, P. 67.
(ख) The Politiclal Institutions And Theories of the Hindus, P. 85.

19. (i) प्रज्ञाचक्षुरचक्षुष्ट्वाद् धृतराष्ट्रो जनेश्वरः ।
राज्यं न प्राप्तवान् पूर्व स कथं नृपतिर्भवैत् ।। आदि पर्व, अ. 140, श्लोक 25.
दे. Public Administration in Ancient India, P. 67.
(टिप्पणीः श्री प्रभथनाथ बनर्जी ने अ. 141 का पचीसवाँ श्लोक बतलाया है परन्तु गीता प्रेस द्वारा प्रकाशित महाभारत के १४०वें अध्याय का पचीसवाँ श्लोक है।

(ii) तथैवाहं मतिमता परिचिन्त्येह पाण्डुना ।
ज्येष्ठः प्रम्राशितो राज्याद्धीनांग इति भारत ।। उद्योग पर्व, अ. 149, श्लोक 29.
दे. Early History of India, P. 39.

20. राजत्वे तं प्रजाः सर्वा धर्मज्ञ इति वद्रिरे ।
तस्य नाम्नामिविख्यातं पृथिव्यां कुरुजांगलम् ।। आदि पर्व, अ. 94, श्लोक 49.
दे. The Political Institutions And Theories of the Hindus, P. 85.

21. स च ज्येष्ठो नरश्रेष्ठः सगरस्यात्मसम्भवः ।
बालान् गृहीत्वा तु जले सरय्वा रघुनन्दन ।।
बाल का. सर्ग 38, श्लोक 20 ।।
प्रक्षिप्य प्रहसन्नित्यं मज्जतस्तान्निरीक्ष्य वे ।
एवं पापसमाचारः सज्जनप्रतिवाधक ।।
बाल का. सर्ग 38, श्लोक 21 ।।
पौराणामहिते युक्तः पित्रा निर्वासितः पुरात् ।।
बाल का., सर्ग 38, श्लोक 22 ।।
दे. जनतन्त्रवाद, पृ. 49.

22. यां च रात्रीमजायेऽहं यां च प्रेताऽस्मि तदुभयमन्तरेणेष्टापूर्त मे लोकं सुकृततमायुः प्रजां वृंजीथा यदि ते दृह्येयमिति ।। ८।१५।।

दे. (क) Hindu Polity, P. 202.
(ख) The Political Institutions And Theories of the Hindus, P. 84.
(ग) The History And Culture of the Indian People, Vol. I, P. 428.

23. यन्मां भवन्तो वक्ष्यन्ति कार्यमर्थसमन्वितम् ।
तदहं वे करिष्यामि नात्र कार्या विचारणा ।।
शां. प., अ. 59, श्लोक 102।।
प्रतिज्ञां चाधिरोहस्व मनसा, कर्मणा गिरा ।
पालयिष्याम्यहं भौमं ब्रह्म इत्येव चासकृत् ।।
शां प., अ. 59, श्लोक 106।।
यश्चात्र धर्मों नित्योक्तो दण्डनीतिव्यपाश्रयः ।
तमशंकः करिष्यामि स्ववशो न कदाचन ।।
शां. प., अ. 59, श्लोक 107 ।।
(क) The Political Institutions And Theories of the Hindu, P. 84.
(ख) सांस्कृतिक भारत, पृ. 79 ।।

24. रक्ष्याहि राज्ञा धर्मेण सर्वे विषयवासिनः ।
अयोध्याकांड, सर्ग 100, श्लोक 48 ।।
दे. जनतंत्रवाद, पृ. 16 ।।

25. यथाहि गर्भिणी हित्वा स्वं प्रियं मनसोऽनुगम्।
गर्भस्य हितमाधेत तथा राज्ञाप्यसंशयम् ।।
शां. प., अ. 56, श्लोक 45 ।।
दे. Chandragupta Maurya And His Times, P. 59.

26. वर्तित्व्यं कुरुश्रेष्ठ सदा धर्मानुवर्तिना ।
स्वं प्रियं तु परित्यज्य यद्यल्लोकहितं भवेत् ।।
शां. प., अध्याय 56, श्लोक 46 ।।

27. कथं नाम प्रवेक्ष्यामि शून्यमन्तःपुरं पुनः ।
निर्बीय इति लोको मां निर्दयश्चेति वक्ष्यति ।।
अरण्य काण्ड, सर्ग 62, श्लोक 12 ।।
दे. जनतंत्रवाद, पृ. 182 ।
(टिप्पणी – डॉ. श्यामलाल पाण्डेय ने सर्ग 62 का 11वाँ श्लोक बताया है जबकि उपर्युक्त श्लोक 12वाँ है।)

28. अहं चाप्येव मे वैनं जानामि स्वयमात्मजम् ।
यद्यहं वचनादस्या गृह्णीयामि ममात्मजम् ।।
भवेद्धि शंक्यो लोकस्य नैव शुद्धो भवेदयम् ।।
आदि पर्व, अ. 74, श्लोक 117 ।।
दे. जनतंत्रवाद, पृ. 195 ।

29. (i) The fact, if not the theory, was clear that the office of the king was a creation of the People and was held conditionally. Above him there was always the National Assembly, the Samiti which was, as we have seen above, the real sovereign. Hindu Polity, P. 191.
(ii) The Vedic king was not absolute, but his power was limited by the will of the people as expressed in the tribal assembly (Samiti and Sabha).
A History of Hindu Political Theories, P. 1.

और भी दे.

(क) A Short History of the Indian People, P. 33-34.
(ख) Early History of India, P. 27-28.
(ग) Corporate life in Ancient India, P. 113.
(घ) The History And Culture of the Indian People, Vol. I, (The Vedic Age) P. 352.
(ङ) Hindu Civilization, P. 98, 119.
(च) सांस्कृतिक भारत, पृ. 30.

30. दे. (क) हिंदुस्तान की पुरानी सभ्यता, पृ. 83.
(ख) भारतीय इतिहास की रूपरेखा, पृ. 234 (संस्करण 1942)।

31. सभा च मा समितिश्चावतां प्रजापतेर्दुहितरौ संविदाने ।
येना संगच्छा उप मा स शिक्षाच्चारु वदानि पितरः संगतेषु ।।
अथ. ७।१२–१३।१।।

दें. (क) हिंदुस्तान की पुरानी सभ्यता, पृ. 83-
(ख) Hindu Polity, P. 17.
(ग) The History And Culture of the Indian People, Vol. I, (The Vedic Age), P. 429.

32. यद्वो मनः परागतं यद्बद्धमिह वेह वो ।
तद्व आ वर्तयामसि मयि वो रमतां मनः ।। अथ. ७।१२–१३।४।।
दे. Hindu Polity, P. 17.

33. स विशोऽनु व्यचलत् ।। अथ. १५।६।१।।
तं सभा च समितिश्च सेना च सुरा चानुव्यचलन् ।। अथ. १५।६।२।।
दे. भारतीय इतिहास की रूपरेखा जिल्द, 1, पृ. 220, (संस्करण 1942)।

34. (i) The general theory of Ancient Indian Polity was that the king was only the guardian of the law and not its maker, and that his orders should conform to established principles of dharma and social usage.
History of India, Part I, (Ancient India), P. 75.

(ii) निस्संदेह राजा को बहुत अधिकार थे और बहुत शक्ति थी पर वह निरंकुश नहीं था, मनमानी नहीं कर सकता था। समाज के धर्म और आदर्शों के अनुसार ही वह शासन कर सकता था।
हिंदुस्तान की पुरानी सभ्यता, पृ. 83.

35. .... his position really was that of the servant of State, or rather as our forefathers put it mercilessly, of a drudging 'slave' (dasya). The epic exhibits as an ideal that a king should even give up his dear wife if asked to do so by his subjects; a popular and somewhat crude way of expressing the king's position, but all the same enshrining the radical demand of Hindu constitution from its king to sink his individuality in to his office. With such principle, the king was virtually a constitutional slave.

Hindu Polity, P. 340.

36. आ त्वा हार्षमन्तरेधि ध्रुवस्तिष्ठा विचाचलिः ।
विशस्त्वा सर्वा वांछन्तु मा त्वद्राष्ट्रमधि भ्रशत् ।। ऋ १०।१७३।१।।

आ त्वाहार्षमन्तरे मूर्ध्रुवस्तिष्ठा विचाचलत् ।
विशेस्त्वा सर्वा वांछन्तु मा त्वद्राष्ट्रमधि भ्रशत् ।। अथ. ६।८७।१।।

दे. (क) भारतीय इतिहास की रूपरेखा, पृ. 234, (संस्करण 1942)।
(ख) Hindu Polity, 220.
(ग) The History And Culture of the Indian People, Vol. I, (The Vedic Age), P. 428.

37. दुष्ट्टरीतुर्ह पौ सायन् । दशपुरुष राज्ज्यादपरुद्ध ऽआस
रेवोत्तरसमुह पाटवंचाक्क स्थपति सृंजया ऽअपरुरुघु ।। १२।६।३।१।।

दें. (क) Political History of Ancient India, P. 124.
(ख) The History And Culture of the Indian People, Vol. I, (The Vedic Age), P. 428.

38. ह्वयैन्तु त्वा प्रतिजनाः प्रति मित्रा अवृषत ।
इन्द्राग्नी विश्वे देवास्ते विशि क्षेममदीघरन् ।। अथ. ३।३।५।।

दे. (क) भारतीय इतिहास की रूपरेखा, पृ 234, (संस्करण 1942)।
(ख) Hindu Polity, P. 191.

39. जनतंत्रवाद, पृ. 29.

40. षड़ेतान् पुरुषों जह्याद् मिन्नां नावकिवार्णिने ।
अप्रवक्तारमाचार्यमनधीयानमृत्विजम् ।। शां. पं., अ. 57, श्लोक 44 ।।
अरक्षितारं राजानं भार्या चाप्रियवादिनीम् ।
ग्रामकामं च गोपालं वनकामं च नामितम् ।। शां. प., अ. 57 श्लोक 45 ।।
दे. जनतंत्रवाद, पृ. 29.

41. अरक्षितारं हर्तारं विलोप्तारमनायकम् ।
तं वै राजकलिं हन्युः प्रजाः सन्नह्य निर्घृणग् ।। अनु. प., अ. 61, श्लोक 32 ।।

दे. (क) Hindu Polity, P. 220.
(ख) Hindu Civilization, P. 169.
(ग) महाभारत, अनु. पर्व., अ. 61, श्लोक 33 ।
(घ) प्राचीन भारतीय शासन–पद्धति, पृ. 65 ।
(ङ) सांस्कृतिक भारत, पृ. 79 ।

42. प्राचीन भारतीय शासन पद्धति, पृ. 65 ।

43. (i) नृपतंत्र और उच्चवर्ग–तन्त्र के साथ–साथ विशुद्ध प्रजातंत्र का अस्तित्व भी भारत में वैदिक काल से ही है। ऐतरेय ब्राह्मण में एक स्थल पर कहा गया है कि हिमालय के पास उत्तर–कुरु और उत्तर–मद्र आदि जनों में विराट (राजा रहित) शासनतंत्र प्रचलित था जिस कारण वे लोक वि–राट अर्थात् नृप–हीन कहे जाते थे। इसी प्रकरण में पौर्वात्यों और दाक्षिणात्यों के राजाओं और उनकी उपाधियों (सम्राट और भोज) का उल्लेख है और उपर्युक्त स्थल में विराट शब्द राजा के लिए नहीं किंतु तद्देशस्थ लोगों के लिए स्पष्ट रूप से प्रयुक्त हुआ है। अतः यह निस्संदिग्ध है कि उत्तर–कुरु और उत्तर–मद्र जनों में अ–राजतंत्र या प्रजातंत्र शासन–पद्धति प्रचलित थी। सिकंदर के समय के यूनानी लेखकों ने भी इसी प्रदेश में प्रजातंत्र राज्यों के होने का उल्लेख किया है।

प्राचीन भारतीय शासन पद्धति, पृ. 20.

(ii) But in the Rigveda we come across terms which in later times were undoubtedly applied to nonmonarchical Constitutions. Thus we have references to the gana with the ganapati or jyeshtha (elder) at its head.
The History And Culture of the Indian People, Vol. I, (The Vedic Age) P. 352.

44. The political organization of the Aryan tribes was a democracy based upon the organization of the village community, a number of villages being generally federated for purposes of mutual protection under the rule of a rãjã, or king, sometimes elected and sometimes hereditary, who though vested with supreme authority was subject to Aryan Common Law and tradition.

The History of Aryan rule in India, P. 22.

45. In the early Vedic times, the villagers themselves managed the simple affairs of the village; but the States being small, there was hardly any distinction between the Central and the Local Government............

Originally, it seems, the villages were completely self-governing. They were practically free from central control.

Public Administration in Ancient India, P. 289.

और भी दे. The History of Aryan Rule in India, P. 33.

46. (i) अथ यल्लोहमयाः पय्र्यङ्ग्याणाम् । यथा वै राज्ञोऽराजानो राजकृतः सूतग्ग्रामण्ण्य ऽएवम्बुवाऽएतेऽश्वस्य यत्पय्र्यङ्ग्याऽएवमु वाऽएतद्धिरण्यस्य यल्लोह स्वेनैवैनांस्तद्रूपेण समर्द्धयति ।।
शतपथब्राह्मण, १३ ।२ ।२ ।१८

(ii) स वाऽअन्न्येनेव ततो यजुषा गृह्णीयात् । येनो चा ऽन्यानि हवी ष्येकं आ ऽएष भागं क्रीयमाणो ऽमिक्रीयते च्छन्दसामेव राज्ज्याय च्छन्दसा साम्म्राज्ज्याय तस्य च्छन्दा स्यभितः साचयानि यथा राज्ञो ऽराजानो राजकृतः सूतग्रामण्य एवमस्य च्छन्दा स्यभितः साचयानि ।।
शतपथब्राह्मण, ३ ।४ ।१ ।७ ।।

दे० Political History of Ancient India, P. 122-23.

47. The grãmani (headman) and other village officials were appointed by the community and were accountable to them.

Public Administration in Ancient India, P. 289-90.

48. As Sir George Birdwood has truly remarked : 'India has undergone more religious and political revolutions than any other country in the world; but the village communities remain in full municipal vigour all over the peninsula .... This is indeed an echo of an earlier utterance of Sir Charles Metcalfe: 'The village communities are little republics, having mearly everything they can want within themselves, and almost independent of any foreign relations. They seem to last where nothing else lasts. Dynasty after dynasty tumbles down; revolution succeeds a revolution; .... but the village community remains the same.

Local Government in Ancient India, P. 2.

और भी दे.

(क) The Political Institutions And Theories of the Hindus, P. 52.

(ख) Hindu Civilization, P. 74.

49. The sphere of local government also exhibits a noteworthy democratic development in ancient India.

Local Government in Ancient India, P. 22.

50. हिंदुस्तान की पुरानी सभ्यता, पृ. 176 ।

और भी दे.

(क) महाभारत, शांतिपर्व, अध्याय 107, श्लोक 10-32 ।

(ख) सांस्कृतिक भारत, पृ. 80-81 ।

(ग) The History And Culture of the Indian People, Vol. II, P. 331.

51. विजिगीषोस्तथा वृत मुक्तं चैव तथैव ते ।
गणानां वृत्तिमिच्छामि श्रोतुं मतिमतां वर ।। शां. पं.,
अध्याय 107, श्लोक 6.
यथा गणाः प्रवर्धन्ते न मिथन्ते च भारत ।
अरींश्च विजिगीषन्ते सुहृदः प्राप्तुवन्ति च ।।
शां. प., अध्याय 107, श्लोक 7 ।।
दे. A History of Hindu Political Theories, P. 159.

52. कथं ह्यराजा दाशार्होमध्ये सर्वमहीक्षिताम् ।
अर्हणामर्हति तथा यथा युष्मामिरर्चितः ।।
समापर्व, अ. 37, श्लोक 5।।
और भी दे.
समापर्व, अ. 37, श्लोक 21 ।
Hindu Polity, P. 34.

53. One of the characteristic features of ancient Hindu civilization is the marked development of associated life it exhibits. That development was achieved in varying degrees in the different spheres of life. We find it in those of religion, learning, politics, civics and economics. In all these spheres organizations grew upon what may be regarded as a democratic or popular basis to fulfil the ends of national life.

Local Government in Ancient India, P. 1.

54. Let us now proceed to the Vedic passages themselves. All of these contain the use of the words 'sresthin and' sraisthya, which from their contexts would appear to have respectively the sense of the 'headman of a guild' and the foremost place that belongs to such a headman, the presidency of a guild.

Local Government in Ancient India, P. 41-42.

55. (i) श्रेष्ठी पात्रे रोचयत्येव यं कामयते तम् । ऐतरेयब्राह्मण, ३।३०।३।।
घृत्यै श्रैष्ठ्याय गाथिनाः । ऐतरेय ब्राह्मण, ७।१८।८।।

(ii) सर्वेषां भूतानां श्रेष्ठ्यं । शतपथब्राह्म, १३।७।१।१।।

(iii) सजातानां श्रैष्ठ्य आधेह्येनम् । अथर्ववेद, १।६।३।।
मणिः श्रैष्ठ्याय मूर्धतः । अथर्ववेद, १०।६।३१।।

(iv) अथ प्रतिसृप्यांजलो मन्थमाघाय जपत्यमो नामास्यमा हिते
सर्वमिदँस हि ज्येष्ठः श्रेष्ठो राजाधिपतिः स मा ज्यैष्ठ्यँ श्रैष्ठ्यँ

राज्यमधिपत्यं गमयत्व हमेवेदँ सर्वमसानीति । छान्दोग्योपनिषद ५।२।६।।

दे. (क) Local Government in Ancient India, P. 43.

(ख) Corporate Life in Ancient India, P. 17, 18, 24.

56. ये च तत्रापरे सर्वे सम्मता ये च नैगमाः ।
रामं प्रतिययुर्ह्रष्टाः सर्वाः प्रकुतयस्तया ।।
अयोध्या का०, सर्ग 83, श्लो. 11 ।।
मणिकाराश्च ये केचित्कुम्भकाराश्च शोभनाः ।
सूत्रकर्मकृतश्चैव ये च शस्त्रोपजीविनः ।।
अयोध्या का०, सर्ग 83, श्लोक 12 ।।
मायूरकाः क्राकचिका रोचका वेधकास्तथा ।
दन्तकाराः सुधारकारास्तथा गन्धोपजीविनः ।।
अयोध्या का०, सर्ग 83, श्लो. 13 ।।

दे. Local Government in Ancient India, P. 44.

57. ब्राह्मणाः श्रेणिमुख्याश्च तथोदासीनवृत्तयः
किं मां वक्ष्यन्ति किं चापि प्रतिवक्ष्यामि तानहम् ।।
वनपर्व, अ. 249, श्लो. 16 ।। (महाभारत)

दे. (क) Local Government in Ancient India, P. 45.

(ख) The Political Institutions And Theories of the Hindus, P. 46.

(ग) Corporate Life in Ancient India, P. 42-43.

58. आददीत बलं राजा मोलंमित्र बलं तथा ।
अटवी बलं भृतंचैव तथा श्रेणी बलं प्रमो ।।
आश्रमवासिक पर्व, अ. 7, श्लोक 7 ।।
तत्र मित्र बलं राजन्मौलं चैव विशिष्यते ।
श्रेणी बलं भृंतचैव तुल्येएवेति मे मतिः ।।
आश्रमवासिक पर्व, अ. 7, श्लोक 8 ।।

दे. Local Government in Ancient India, P. 45.

59. दे. The Political Institutions And Theories of the Hindus, P. 48.

60. As a rule, the state could not institute any regulation over-riding these gild customs.

The Political Institutions And Theories of the Hindus, P. 48.

61. अपनी सभ्यता, जाति और रुधिर की रक्षा के विचार से अपनी प्रभुता के गर्व से और अनार्यों की ग्लानि से, आर्यों ने अनार्यों से संबंध रोकने की चेष्टा की। .... । अनार्यों से ब्याह करने के मामले में कुछ कड़े नियम बनाये गये, प्रतिबंधनों की व्यवस्था कर दी गई। इस प्रकार वर्ण–व्यवस्था प्रारम्भ हुई।

हिंदुस्तान की पुरानी सभ्यता, पृ. 29.

62. ऋग्वेद के समय तक वर्ण–व्यवस्था कायम नहीं हुई थी, रोटी बेटी के व्यवहार में आगामी काल की–सी रोक–टोक नहीं हुई थी, पर कई कारणों से जनता में भिन्न–भिन्न वर्ग, भिन्न–भिन्न श्रेणियाँ बन रही थीं, और भविष्य के सामाजिक संगठन का अंकुर जम रहा था।

हिंदुस्तान की पुरानी सभ्यता, पृ. 25.

63. The system, however, is not yet seem to be as rigid as in the

succeeding period of the Sutras .... In the Rigveda, the restrictions on inter-marriage applied only to incesty, such as marriage between brother and sister, father and daughter ...., while Brahmana and Kshatriya could intermarry with the lower castes, including Sudra. Sukanya, daughter of Kshatriya King 'Saryata, is mentioned as marrying Brahmana Chyavans. Hindu Civilization, P. 114.

और भी दे.

(क) हिंदुस्तान की पुरानी सभ्यता, पृ 36.

(ख) The History And Culture of the Indian People, (The Vedic Age), Vol. I, P. 452.

64. It has also been shown that there were no restrictions in the Rigvedic society in the matter of diet and drink between the different varnas such as we find in the later society.

Hindu Social Organization, P. 292.

और भी दे.

(क) हिंदुस्तान की पुरानी सभ्यता, पृ. 36.

(ख) The History And Culture of the Indian People, (The Vedic Age), Vol. I, P. 452.

65. (i) The doctrine that birth alone makes one a Brahman is one of slow growth. There is no trace of any such doctrine in either the Veda or the Brahmanas, and, as we have seen above, some texts distinctly assert that it was learning not birth that was really the determining factor............ It is related in ancient literature, how Visvamitra and Janaka, though originally belonging to the Rãjanya class became Brahman by means of austerities and learning.
Corporate Life in Ancient India, P. 351.

(ii) The three classes were not rigidly separated, and it was possible for a priest to become a prince and for a member of the princely family to become a priest.
A Short History of the Indian People, P. 33.

और भी दे.

(क) हिंदुस्तान की पुरानी सभ्यता, पृ. 36.

(ख) The History And Culture of the Indian People, (The Vedic Age), Vol. I, P. 452.

66. समाज में कोई पेशा छोटा नहीं माना जाता था।
सांस्कृतिक भारत, (वैदिक सभ्यता), पृ. 35 ।

67. आदि पर्व, महाप्रस्थानिक पर्व।
दे. हिंदुस्तान की पुरानी सभ्यता, पृ. 112-13 ।

68. (क) स्वभावः कर्म च शुभं यत्र शूद्रेऽपि तिष्ठति ।
विशिष्टः स द्विजातेर्वै विज्ञेय इति में मतिः ।।
महाभारत, अनु० प०, 143 ।49 ।।

(ख) न योनिर्नापि संस्कारो न श्रुतं न च संततिः ।
कारणानि द्विजत्वस्य वृत्तमेव तु कारणम् ।।

महाभारत, अनु० प०, 143 |50 ||

(ग) सर्वोऽयं ब्राह्मणो लोके वृत्तेन तु विधीयते ।
वृत्ते स्थितस्तु शूद्रोऽपि ब्राह्मणत्वं नियच्छति ।।
महाभारत, अनु० प०, 143 |51 ||

(घ) एतत् ते गुह्यमाख्यातं यथाशूद्रो भवेद् द्विजः ।
ब्राह्मणो वा च्युतो धर्माद् यथा शूद्रत्वमाप्नुते ।।
महाभारत, अनु० प०, 143 |59 ||
दे. हिंदुस्तान की पुरानी सभ्यता, पृ. 114 ||

69. शूद्रे चैतद्मवैल्लक्ष्यं द्विजे तच्च न विद्यते ।
न वे शूद्रो भवेच्छूद्रो ब्राह्मणो न च ब्राह्मणः ।।
महाभारत, शांति पर्व, अ. 189, श्लोक 8 ।
दे. Hindu Social Organization, P. 318.

70. (क) अपारे यो भवेत् पारमप्लवे यः प्लवो भवेत् ।
शूद्रो वा यदि वाप्यन्यः सर्वथा मानमर्हति ।।
शां.प., अ. 78, श्लोक 38 ||

(ख) ब्राह्मणो यदि वा वैश्यः शूद्रो वा राजसत्तम ।
दस्युभ्योऽथ प्रजा रक्षेद् दण्डं धर्मेण धारयन् ।।
शां.प., अ. 78, श्लोक 36 ||

दे. (क) Public Administration in ancient India, P. 73.
(ख) हिंदुस्तान की पुरानी सभ्यता, पृ. 112.

71. The Period of the Sutras witnessed the gradual hardening of the caste-system in general and the deterioration of the position of the Vaisyas and Sudras in particular.

The History And Culture of the Indian People, Vol. I, (The Age of the Upanishads And Sudras), P. 507.

72. The contrast between the 'Arya' and the 'Sudra', however, came to be more and more accentuated during the later part of the Vedic period. It was claimed that the 'Sudras' had no right to approach the sacred fire, i.e. perform sacrifice, or to read the sacred texts, although many passages in early texts clearly admitted these rights .... Further, as has just been mentioned, marriage with the 'Sudra' gradually came to be looked upon with disfavour. These were portents of evil days for the 'Sudras', but as yet there was no question of relegating them to a position of abject humiliation, such as has since been their fate.

Outline of Ancient Indian History And Civilization, P. 116-117.

और भी दे. सांस्कृतिक भारत, पृ. 45.

73. दे. हिंदुस्तान की पुरानी सभ्यता, पृ. 105-106.

74. इतना अवश्य मालूम होता है कि अब न्याय में वर्ण का कुछ ख्याल किया जाता था, यानी एक ही अपराध के लिये नीचे वर्ण वालों को ऊपरवालों से ज्यादा सज़ा दी जाती थी और शूद्रों पर खासकर बहुत सख़्ती होती थी। गौतम के अलावा न्याय के संबंध में आपस्तंब से भी यही नतीजा निकलता है।

हिंदुस्तान की पुरानी सभ्यता, पृ. 107.

और भी दे. The History And Culture of the Indian People, (The Age of the Upanishads and Sutras), Vol. I, P. 490.

75. सांस्कृतिक भारत, (उत्तर–वैदिक काल), पृ. 45.

और भी दे. Hindu Civilization, (Later Vedic Civilization), P. 115.

76. शूद्र भूमि का स्वामी नहीं हो सकता।

सांस्कृतिक भारत, (उत्तर–वैदिक काल), पृ. 45.

77. But although the society was divided into four classes, there was no rigid caste system as yet. There is nothing to show that none but the son of a Brahmana could belong to that class .... As to the other essentials of caste, the probibition of interdining among the different classes was not even thought of, and inter-marriage between different classes was in vogue.

Outline of Ancient Indian History And Civilization, (Later Vedic Period), P. 115-116.

78. In this later period, the Sudra still held the position of a menial labourer or slave; and he was still a non-Aryan. Even then, there was less restriction upon him; and, he was at times allowed the liberty of even taking part in sacrificial ceremonies.

Hindu Social Organization, P. 295.

79. Thus during the Vedic period, we have reasons to believe that so far as education was concerned, the position of women was generally not unequal to that of the men. Woman had similar education as man; she took part in philosophic debates like man and with men; she practised penances like man. This shows that man and woman were regarded as having equally important status in the social life of the early period.

Hindu Social organization, P. 254.

और भी दे.

(क) Hindu Civilization, P. 133.

(ख) Outline of Ancient Indian History And Civilization, P. 117-120.

(ग) हिंदुस्तान की पुरानी सभ्यता, पृ 37.

(घ) वैदिक संस्कृति का विकास, पृ. 47.

80. (i) The Vedic woman shared the social and religious duties of her husband.
Everyday life in Ancient India, P. 150.

(ii) The wife participated regularly in the sacrificial offerings of her husband.
The History And Culture of the Indian People, (The Vedic Age) (The Age of the Rik-Sanihita), Vol. I, P. 390.

81. (i) जाया कर्माधिकारहेतुभूता मे मम कर्तुः स्यात्;
तथा विनाहमनधिकृत एव कर्मणि।
बृहदारण्यकोपनिषद्, १।४।१७ ।।

(ii) A wife always accompained her husband to the altar to offer the daily sacrifice, and it was impossible for a husband to perform this sacrifice without her.
Everyday Life in Ancient India, P. 152.

82. स एवं कामयमानः सम्यादयंश्च जायादीन्यावत्स एतेषां यथोक्तानां जायादी नामेकेकमपि न प्राप्नोति, अकृत्स्नोऽसम्पूर्णोऽहमित्येवं तावादात्मानं मन्यते । पारिशेष्यात्समस्तानेवेतान्सम्पयादयति यदा, तदा तस्थ कृत्स्नता ।
बृहदारण्यकोपनिषद्, १।४।१७ ।
दे. हिंदुस्तान की पुरानी सभ्यता, पृ 99.
83. (i) हिंदी साहित्य का बृहत् इतिहास, (प्रथम भाग), पृ. 174.
(ii) Similarly, the Satapatha Brāhmana informs us that woman was regarded as an equal sharer with man of the responsibilities and duties in the home.
Hindu Social Organization, P. 264.
84. (i) This brief review of the position of women in ancient India shows that for many centuries after the Aryans came to this country women enjoyed more freedom than they have ever since enjoyed. Child marriage and purdah were unknown, and Indian women at least can look back to a past that was indeed a Golden age.
Everyday Life in Ancient India, P. 159.
(ii) The women were not kept in purdah (veil). They were free to go about and choose their husbands, they took part in religious rites and in religious discussions. Some of them were authors of the mantras of the Rigveda.
A Short History of the Indian People, (Vedic Age), P. 35.
85. अर्धं भार्या मनुष्यस्य भार्या श्रेष्ठतमः सखा ।
भार्या मूलं त्रिवर्गस्य भार्यामूलं तरिष्यतः ।। आदि पर्व ७४।४१।।
दे. हिंदी साहित्य का वृहत् इतिहास (प्रथम भाग), पृ. 174-75.
86. सुसंरब्धोऽपि रामाणां न कुर्यादप्रियं नरः ।
रतिं प्रीतिं च धर्मं च तास्वावायतमवेक्ष्य हि ।। आदि प., ७४।५१ ।।
दे. हिंदुस्तान की पुरानी सभ्यता, पृ. 118.
87. पूज्या लालयितव्याश्च स्त्रियो नित्यं जनाधिप ।
स्त्रियो यत्र च पूज्यन्ते रमन्ते तत्र देवताः ।।
महाभारत, अनु.प., अ. 46, श्लोक 5 ।।
अपूजिताश्च यत्रेताः सर्वास्तत्राफलाः क्रियाः ।
तदा चैतत् कुलं नास्ति यदा शोचन्ति जामयः ।।
वही, श्लोक 6.
दे. Hindu Social Organization, P. 273.
88. कुमारो नास्ति येषां च कन्यास्तत्राभिषेचय ।
कामाशयो हि स्त्री वर्गः शोकमेवं प्रहास्यसि ।।
महाभारत, शां.प., अ. 33, श्लोक 45 ।
दे. Hindu Social Organization, P. 273.
89. असदेव हि धर्मस्य प्रदानं धर्म आसुरः
नानुशुश्रुम जात्वेतामिमां पूर्वेषु कर्मसु ।।
महाभारत, अनु. प., अ. 45, श्लोक 8 ।।

दे. हिंदुस्तान की पुरानी सभ्यता, पृ. 117.

90. हिंदुस्तान की पुरानी सभ्यता, पृ. 117.

91. जैसे–जैसे जाति के बंधन कड़े होते गये वैसे–वैसे स्त्रियों का पद गिरता गया। ....। इस तरह वर्ण–व्यवस्था के कारण और खासकर अनार्यों की उपस्थिति के कारण स्त्रियों का पुरुषों से स्वतंत्रतापूर्वक मिलना कम होने लगा। अभी पर्दा नहीं शुरु हुआ है पर स्त्रियाँ पुरुषों की गोष्ठियों से कुछ अलग रहने लगी हैं। इस पार्थक्य से उनका ज्ञान और अनुभव परिमित होने लगा और इसलिये उनका आदर कुछ कम होने लगा।

हिंदुस्तान की पुरानी सभ्यता, (उत्तर–वैदिक समय), पृ. 73.

और भी दे. A Short History of the Indian People, P. 37.

92. अनुलोम प्रथा से भी स्त्रियों की पदवी को हानि पहुँची। जो वैश्य कन्या क्षत्रिय या ब्राह्मण घर में जाती थी या जो शूद्र कन्या ऊँचे वर्ण के कुटुंब में जाती थी उसका आदर उतना नहीं हो सकता था जितना कि कुलीन कन्याओं का। इस प्रकार बहुत सी स्त्रियों का पद नीचा हो जाने से स्त्री मात्र के पद पर बुरा प्रभाव पड़ा। एक और कारण भी था जिसने इस पतन को भयंकर बना दिया। कह चुके हैं कि ऋग्वेद की अपेक्षा अब जीवन का आनंद कम हो गया था और तपस्या की प्रवृत्ति बढ़ रही थी। जब संसार–त्याग एक आदर्श होने लगा तो स्त्री, जो इस त्याग में सबसे बड़ी बाधा है, अनादर की दृष्टि से देखी जाने लगी।

हिंदुस्तान की पुरानी सभ्यता, (उत्तर–वैदिक समय), पृ. 73.

93. As in the preceding age, the birth of a daughter was not welcome, and this fact in a way reflects the comparatively inferior position of women in society.

The History And Culture of the Indian People The Vedic Age, (The Age of the Upanishads And Sutras), Vol. I, P. 512.

94. This deterioration of her status and dignity went so far as to result in woman being classed with dice and wine, as one of the three chief evils (Maitrãyani Sanihitã, III 6.3). On the whole, judging from references in the Taittiriya (VI. 5.8.2) and the Kathaka Samihitãs, it appears clearly that woman, who held a high position in the age of the Rigveda Samihitã, had fallen on evil days in this age.

The History And Culture of the Indian People, (The Vedic Age), Vol. I, P. 454.

95. On the other hand we are left almost completely in the dark about the economic condition of the mass of freemen including the peasant, working at his plough, the artisan employed in his small workshop, and the trader engaged in his petty business.

Studies in Indian History And Culture, P. 522.

96. (i) आर्यों का जीवन सादा और सुखी था।
सांस्कृतिक भारत, (वैदिक सभ्यता), पृ. 32.

(ii) The Rigvedic civilization was based on plain living and high thinking .... LIfe was simple................
Hindu Civilization, P. 101.

(iii) वैदिक काल का सामाजिक जीवन निरामय था, प्रसन्न था।
वैदिक संस्कृति का विकास, पृ 47.

97. (i) Economic LIfe. - The early Aryans were a simple folk. They were a pastoral and hunting people who knew agriculture.

A Short History of the Indian People, (Vedic Age), P. 35.

(ii) The Rigvedic Aryans were primarily a pastoral people and neturally cows and bullocks were their most valued possession.

The History And Culture of the Indian People, (The Vedic Age), Vol. I, P. 395.

(iii) Agriculture made real headway during the Rigvedic age, although the practice of ploughing can be traced to Indo-Irãnian times.

The History And Culture of the Indian People, (The Vedic Age), Vol. I, P. 395.

98. सिक्कों का चलन तब न था और ज्यादातर चीज़ें आपस में बदल ली जाती थीं। गाय को मोल का मान मानते थे। उसी की संख्या में दाम कूता जाता था। जीवन की आवश्यकताएँ कम थीं और जो थीं वे अक्सर गाँवों में ही पूरी हो जाती थीं।

सांस्कृतिक भारत, (वैदिक सभ्यता), पृ. 34.

99. The population being scanty and scattered over wide areas, fresh land could be easily obtained, if needed by a family which had grown to a very large size with several sons. The rivers of the North-West are referred to as yielding gold.

The History And Culture of the Indian People, (The Vedic Age), (The Age of the Rik-Samihita), Vol. I, P. 395.

100. हिंदुस्तान की पुरानी सभ्यता, पृ. 48.

101. (i) तेलपत जातक के अनुसार बोधिसत्व यक्षिणियों पर लुब्ध न होकर उनके चंगुल में नहीं फँसे अतः सब अमात्यों तथा नगर निवासियों ने सर्वगुणसम्पन्न बौधिसत्व का अभिषेक कर उसे तक्षशिला का राजा बनाया।

तेलपत जातक (क्रम सं. 96) 'जातक' (प्रथम खण्ड).

दे. (क) Public Administration in Ancient India, P. 66.

(ख) Pre-Buddhist India, P. 101.

(ग) Corporate Life in Ancient India, P. 107.

(ii) पंचगरुक जातक में भी नगरनिवासियों द्वारा बोधिसत्व को राज्य का भार सौंपकर उन्हें राजपद पर अभिषिक्त करने की कथा है।

पंचगरुक जातक (क्रम सं. 132), 'जातक' (प्रथम खण्ड)।

दे. (क) Public Administration in Ancient India, P. 66.

(ख) Pre-Buddhist India, P. 101.

(ग) Corporate Life in Ancient India, P. 107.

(iii) उलूक जातक में राजा की निर्वाचन–पद्धति का रोचक विवरण उपलब्ध होता है। एक समय हिमालय पर्वत की एक शिला के ऊपर सब पक्षी अपने राजा के निर्वाचन के निमित्त एकत्रित हुए। उनमें से किसी ने उल्लू को योग्य पक्षी समझ कर उसे राजा बनाने का प्रस्ताव रखा। परन्तु उनमें से काक ने उठकर उस प्रस्ताव का विरोध करते हुए कहा कि उल्लू को अभिषिक्त करना मुझे अच्छा नहीं लगता क्योंकि जब अभिषेक के समय ही इसकी मुखमुद्रा ऐसी अपरूप है फिर जब यह क्रुद्ध होगा तब तो इसकी मुखमुद्रा अत्यंत ही भयावह प्रतीत होगी।

उलूकं जातक (क्रम सं. 270), 'जातक' (तृतीय खण्ड)।

दे. Pre-Buddhist India, P. 104.

102. There is one single direct reference to the technical aspect of these deliberations. That one reference is of the highest importance, for it puts us on the right track. The capital of the Sãkyas was besieged by the king of Kosala. It is recorded that while the question of surrender was being discussed, opinion was divided. The Sãkyas therefore decided to find out the opinion of the majority. And voting was done on the subject.

Hindu Polity, P. 86.

103. The king was asked to mould his governmental policy according to the opinion of his subjects which counted a great deal.

Pre-Buddhist India, P. 85.

104. षड्भागमृतो राजा रक्षेत् प्रजाम् ।१।१०।१।। बौधायन धर्मसूत्र।

दे. Public Administration in Ancient India, P. 73.

105. तेलपत जातक (क्रम सं. 96), जातक (प्रथम खण्ड)।

दे. Political History of Ancient India, P. 125.

106. According to the Mahãvansa the Ceylonese Chronicle, the paura in India could depose and banish the king for illegal acts, and they, mindful of the good of all, could choose another in his place outside the dynasty, by deciding upon it in their meeting.

Hindu Polity, P. 248.

107. नायं घम्मं अधम्मं वा अत्यानत्थं व बुज्झति,

अंञत्र ओट्ठनिब्भोगा नायं जानाति किंचनं ।।

पादंजली जातक क्रम सं. 247.

दे. Political History of Ancient India, P. 115.

108. (i) सच्चंकिर जातक में कृतघ्न राजकुमार ने जब बोधिसत्व को वध–स्थान पर ले जाकर मारने की आज्ञा दी तो उसने जनता से सब हाल सुनाकर कहा – 'सो! इसे बाढ़ से निकालकर, मैंने स्वयं ही अपने लिए दुःख लिया। मैंने पुराने बुद्धिमान आदमियों के कथनानुकूल आचरण नहीं किया।' यह सुनकर क्षत्रिय ब्राह्मण आदि नगरनिवासियों ने सोचा – 'यह मित्र–द्रोही राजा, इस प्रकार के गुणवान, अपने को प्राण देने वाले व्यक्ति का उपकार मात्र भी नहीं जानता; इसके कारण हमारी क्या उन्नति होगी?' (यह सोच) 'उसे धरो' कह, क्रोध में चारों ओर से उठ खड़े हुए और उन्होंने तीर, शक्ति, पत्थर, मुद्गर आदि के प्रहार से हाथी के कन्धे पर बैठे उसे, मार, पकड़, पैरों से घसीट, खाई के ऊपर डाल दिया। (फिर) बोधिसत्व का अभिषेक करके उसे राजा बना लिया।)'

सच्चंकिर जातक (क्रम सं. 73), जातक (प्रथम खण्ड), पृ० 424.

दे. (क) Pre-Buddhist India, P. 123-24.

(ख) Political History of Ancient India, P. 115, 125.

(ग) Early History of India, P. 85.

(घ) हिंदुस्तान की पुरानी सभ्यता, पृ. 202.

(ii) 'पदकुसलमानव' जातक के अनुसार एक ब्राह्मण कुमार को जब यह पता चला

कि राजा और पुरोहित ने मिलकर मूल्यवान कोष को चुरा कर छिपा लिया है तो उसने देशवासियों के प्रति निवेदन किया कि यह चोर राजा और पुरोहित हमारा भला नहीं कर सकते। प्रजा ने यह सोचकर कि यह भविष्य में भी ऐसा ही करते रहेंगे उन्हें लाठियों तथा हथोड़ों से मारना प्रारम्भ कर दिया जिसके फलस्वरूप राजा और पुरोहित दोनों का अन्त हो गया।

पदकुसलमानव जातक (क्रम सं. 432)।

दे. (क) प्राचीन भारतीय शासन पद्धति, पृ. 65.

(ख) हिंदुस्तान की पुरानी सभ्यता, पृ. 202.

(ग) Political History of Ancient India, P. 125.

(घ) Pre-Buddhist India, P. 124.

(ङ) Early History of India, P. 85.

109. At last, however, after many years had gone, most of the cities adopted the democratic form of government though some retained the kingly until the invasion of the country by Alexander.

Ancient India As Described by Megasthanes And Arrian, P. 37-38.

और भी दे.

(क) Hindu Polity, P. 21, 71.

(ख) The Political Institutions And Theories of the Hindu, P. 142.

(ग) Hindu Civilization, P. 245.

(घ) The History And culture of the Indian People, Vol. II, P. 331.

(ङ) बौद्धकालीन भारत, पृ. 146.

110. THENCE he marched towards the sabarcae, a powerful Indian tribe where the form of government was democratic and not regal.

Ancient India And Its Invasion By Alexander The Great, P. 252.

और भी दे.

(क) प्राचीन भारतीय शासन–पद्धति, पृ. 69.

(ख) Public Administration In Ancient India, P. 44.

(ग) The Political Institutions And Theories of the Hindus, P. 143.

111. Alexander having given orders to his army to march along the river in a line parallel with the course of the navigation, proceeded on his voyage down stream towards the ocean, and on reaching the dominions of the Sambastai, landed to invade their country. They were a people inferior to none in India either for numbers or for bravery. They dwelt in cities in which the democratic form of government prevailed.

Ancient India and Its Invasion by Alexander the Great, P. 292.

और भी दे.

(क) Public Administration in Ancient India, P. 44

(ख) Early History of India, P. 85-86.

(ग) The Political Institutions And Theories of the Hindus, P. 142-143.

112. पाटलिपुत्र उस समय संसार का सबसे बड़ा शहर था, और उसका पूरा प्रबन्ध मौर्य युग में भी प्रजा के प्रतिनिधियों के हाथ में था, यह एक महत्त्व की बात है। साम्राज्य के दूसरे नगरों

का प्रबन्ध भी उसी नमूने पर चलता होगा।

भारतीय इतिहास की रूपरेखा, (जिल्द 2), पृ. 630, (प्रथम संस्करण सन् 1933)।

113. संघ के भीतर सब कार्यवाही, सब निर्णय, जनसत्ता के सिद्धान्त के अनुसार होते थे।

हिंदुस्तान की पुरानी सभ्यता, पृ. 184.

और भी दे.

Outline of Ancient Indian History And Civilization, P. 203.

114. (i) संघोद्धौ गणप्रशंसयोः ।

तृतीय अध्याय, तृतीय पाद, सूत्र 86, पाणिनीय व्याकरणम्, पृ. 95. (अष्टाध्यायी)।

(ii) Panini, dealing with the formation of the word Samgha, in III. 3.86 (संघोद्धो गण प्रशंसयोः) says that the word Samgha is in the meaning of gana .... In his times Samgha denoted gana, and the religious Samgha does not appear to have come into prominence. Known republican bodies are called by Kautilya Samghas. There is thus not much room to doubt that Samgha originally meant a republic. The most ancient work of the Buddhists, the Pali, Pitaka itself confirms this. The Majjhim Nikaya uses the terms Samgha and gana side by side, taking them to mean, without the fear of the least confusion, the republics of the time of Buddha.

Hindu Polity, P. 23.

और भी दे. प्राचीन भारतीय शासन पद्धति, पृ. 68.

115. (i) वृकाट्टेयण्। ५।३।११५ पाणिनीयं व्याकरणम्, पृ. 190.

(ii) दामन्यादित्रिगर्तषष्ठाच्छः। ५।३।११६ पाणिनीयं व्याकरणम्, पृ. 191.

(iii) पर्श्वादियोधेयादिम्योऽणऔ। ५।३।११७ पाणिनीयं व्याकरणम्, पृ. 191.

(iv) मद्रवृज्योः कन् ।४।२।१३१ पाणिनीयं व्याकरणम्, पृ. 139.

(v) राजन्यबहुवचन द्वनद्वेऽन्धकवृष्णिषु ।६।२।३४ पाणिनीयं व्याकरणम्, पृ. 226.

दे. Hindu Polity, P. 30, 33.

116. In the seventh century there were many states in Northern India, some of them were republics, and the others were governed by kings. Among the republics were included a number of tribes inhabiting the country north of the Ganges between Kosala and Anga. The confederacy of the Vrijjis was the most noted, and it included the videhas of Mithila and the Lichchhavis of Vaisali. The Sakyas were also a republic, and they had their capital at Kapilavastu. In the Punjab, Sindh and Gujarat also, there were similar republican states.

A Short History of the Indian People, P. 38.

117. बुद्ध के जीवन–काल में गण–तन्त्र या पंचायतीराज करीब 10 थे।

सांस्कृतिक भारत, पृ. 101.

और भी दे.

(क) Public Administration in Ancient India, P. 43.

(ख) Hindu Polity, P. 21.

118. बौद्धों के त्रिपिटक और भाष्यों से पता चलता है कि वर्तमान युक्त प्रांत के गोरखपुर और उत्तरी बिहार के प्रदेशों में भी अनेक गणतंत्र वर्तमान थे।

प्राचीन भारतीय शासन पद्धति, पृ. 77.

और भी दे.

(क) बौद्धकालीन भारत, पृ. 142-43.

(ख) हिंदुस्तान की पुरानी सभ्यता, पृ. 189.

(ग) Hindu Polity, P. 42, 45.

119. North and West and South-West were still mainly republican in the time of Alexander.

Hindu Polity, P. 114.

दे. (क) Ancient India And Its Invasion by Alexander the Great, (By Plutarch), P. 308-09.

(ख) The History And Culture of the Indian People, Vol. II, P. 331.

(ग) प्राचीन भारतीय शासन–पद्धति, पृ. 69, 75&77.

(घ) हिंदुस्तान की पुरानी सभ्यता, पृ. 286-87.

120. Apart from disruptive instances, we have instances of the formation of entirely new republics. The Kurus and the Panchalas who had been under monarchys according to Vedic literature and the Jatakas, adopt republican form of government about the fifth or the fourth century B.C.

Hindu Polity, P. 109.

और भी दे. बौद्धकालीन भारत, पृ. 146.

121. गणराज्यों में संथागार होते थे जहाँ लोग जमा होकर शासन के मामलों पर विचार और निर्णय करते थे और किसी अज्ञात रीति से अपना एक मुखिया – राजा – चुनते थे।

हिंदुस्तान की पुरानी सभ्यता, 190.

और भी दे. (क) Early History of India, P. 86.

(ख) Public Administration in Ancient India, P. 43.

122. Economic Life - Corporate life was abundant and well organized, for there were numerous guilds (Srenis) of merchants and partnerships in craft and industry.

A Short History of the Indian People, (The Ancient Age), (650-325 BC) P. 47.

123. (i) Thus Gautama (about 500 BC) states (XI.20): 'Laws of countries, castes and families which are not opposed to the (sacred) texts have also authority', to which he adds: 'Cultivaitors, traders, herdsmen, money-landers, and artisans (have authority to lay down laws) for their respective classes' (XI.21). Local Government in Ancient Indian, P. 125.

और भी दे.

(क) The Political Institutions And Theories of the Hindus, P. 40 & 48.

(ख) Corporate Life in Ancient India, ,P. 24.

(ग) A Short History of the Indian People, P. 46.

(ii) हम देख चुके हैं कि जनता के सामूहिक जीवन की सबसे छोटी इकाइयाँ ग्राम श्रेणियाँ और निगम – अर्थात् कृषकों, शिल्पियों और वणिजों के समूह – थे। वे मूल निकाय अपने अन्दर का सब प्रबन्ध – अपने कानून बनाना, अपने

मुखिया नियुक्त करना, अपने मामलों के फैसले करना – स्वयं स्वतंत्रता से करते थे।

भारतीय इतिहास की रूपरेखा, (जिल्द 2), पृ. 625, (प्रथम संस्करण 1933)।

124. भारतीय इतिहास की प्रगति में भी एक द्वन्द्वात्मकता रही है और उच्चवर्गीय पांडित्यपूर्ण विचार–परम्परा के विरुद्ध समय–समय पर व्यापक लोक–जीवन विद्रोह करता रहा है और नये धार्मिक विचारों के रूप में अपने को प्रतिष्ठित करता रहा है। समकालीन अंग्रेज इतिहासकारों के इण्डालोजिस्ट ग्रुप के प्रमुख सदस्य जान इर्विन का मत है कि भारतीय इतिहास में ऐसे समय आते रहे हैं जब आर्यलोग अपनी आत्मसात् कर लेने की प्रवृत्ति को खो देते रहे हैं और परिणाम यह होता था कि ब्राह्मणों की सत्ता निर्ममता से जनसाधारण पर लाद दी जाती थी। जनता पहले से अधिक दमन की शिकार होती थी। ऐसी परिस्थितियों में संकट आना अनिवार्य था। दलित जनशक्तियाँ परम्परागत रूढ़ियों के स्तर के नीचे ही नीचे वेग से संगठित होने लगती थीं और एक खुले विद्रोह की भूमिका प्रस्तुत करने लगती थीं। बौद्ध धर्म का भी प्रारम्भिक इतिहास यही था। ब्राह्मण कर्मकांड के विरुद्ध उसने जनव्यापी विद्रोह का रूप ग्रहण किया और विगत सामूहिक जीवन की प्रत्यागत स्मृति का आश्रय ग्रहण कर सारे भारत में फैल गया।

सिद्ध साहित्य, पृ. 78.

125. नये धर्मों के प्रचार का एक कारण यह था कि उस समय के ब्राह्मण धर्म से सबको संतोष नहीं था। एक तो वह पुराना धर्म क्रियाकांड पर बहुज ज़ोर देता था, यज्ञ कराते–कराते कभी थकता नहीं था और तपस्या भी बहुत कराता था। बाहरी बातों पर बहुत ज़ोर था पर आत्मा की आभ्यंतरिक तृष्णा बुझाने का कोई प्रयत्न नहीं था। .... । बहुत से लोगों के विचार पढ़ने–सुनने से बदल गये थे, पर पुराना धर्म लकीर ही पीट रहा था। .... । यह अवश्यंभावी था कि जल्दी या देर में नई लहरें इन सबको पीछे फेंद दें और पुरानी जमीन पर अधिकार जमा लें। तीसरे, ब्राह्मण धर्म और अनुयायी के बीच में ब्राह्मण पुरोहित ने अपना आसन और प्रभुत्व जमा लिया था। .... । थोड़े दिन तक यह क्रम चलता रहा, पर यह भी अवश्यंभावी था कि किसी दिन सच्ची धार्मिक प्रवृत्ति प्रबल होकर पुरोहिती को ध्वंस कर दे।

हिंदुस्तान की पुरानी सभ्यता, पृ. 159.

126. सिद्ध साहित्य, पृ. 78.

और भी दे.

Outlines of Ancient Indian History And Civilization, P. 198.

127. In practice, the old class distinctions had not yet been reduced to a rigid caste, and the supremacy of the Brāhmanas was far from being an established fact.

If we turn from the Epics to the Buddhist literature we find the same state of things. The great Buddha denounced the arbitrary distinction of caste, and proclaimed the equality of all.

Outline of Ancient Indian History And Civilaztion, P. 277-78.

128. (i) The membership of the Buddhist church was open to all persons, male or female, above fifteen years of age, irrespective of any class or caste distinctions. Outline of Ancient Indian History And Civilization, P. 201-202.

(ii) बौद्ध श्रमण प्रत्येक जाति से लिये जाते थे और फिर जाति भेद न मानते थे। हिंदुस्तान की पुरानी सभ्यता, पृ. 224.

129. A few striking characteristics of Buddhism may be noticed

here........... Secondly, the members enjoyed equal rights in his church, irrespective of the classes or castes to which they belonged.

Outline of Ancient Indian History And Civilization, P. 199.

130. Buddha introduced the practice of holding religious dis-course in the language of the common people, in preference to the highly elaborate Sanskrit tongue, unintelligible to the people at large.

Outline of Ancient Indian History And Civilization, P. 199.

131. Mahãvira was a junior contemporary of Gautama Buddha, and there are striking resemblances in the doctrines of these two teachers............. both preached their religion in the common language of the people....... both decried caste.

Outline of Ancient Indian History And civilization, P. 218.

132. हिंदुस्तान की पुरानी सभ्यता, पृ. 205-206.

133. प्रधान शिष्य आनंद के कहने से बुद्ध ने स्त्रियों को संघ में लेना स्वीकार कर लिया था। पर अनुचित संबंध और लोकापवाद के डर से बुद्ध ने धीरे–धीरे भिक्खुओं को भिक्खुनियों से भोजन लेने से, उनको पातिमोक्ख सुनाने से, उनके अपराधों का विचार करने से, उनको हाथ जोड़ने या दंडवत् करने से रोक दिया।

हिंदुस्तान की पुरानी सभ्यता, पृ. 183-84.

134. Economic Life - Agriculture was the main occupation of the people. The land was owned by the village community, which paid to the king, in kind, a tithe on produce. The village community had an advanced sense of their duties and rights.

A Short History of the Indian People, (The Ancient Age 650-325 B.C.) P. 47.

और भी दे. Hindu Civilization, P. 347.

135. सांस्कृतिक भारत (बुद्धकालीन संस्कृति), पृ. 104.

136. When Spatembas died his son Bowdyas succeeded to the sovereignty; the father reigning over the Indians fifty two years, and the son twenty; the son of the latter, whose name was Kradenas, duly inherited the kingdom, and thereafter the succession was generally hereditary, but that when a failure of heirs occured in the royal house the Indians elected their soverigns on the principle of merit.

Ancient India as described by Megasthenes and Arrian, (The Indika of Arrian VIII), P. 205-6.

और भी दे. –

(क) Hindu Polity, P. 221.

(ख) हिंदुस्तान की पुरानी सभ्यता, पृ. 225.

(ग) भारतीय इतिहास की रूपरेखा, पृ. 1073.

(घ) Pre-Buddhist India, P. 85.

137. Now while hereditary succession was the rule in Hindu Polity, the history of India can exhibit several authentic instances of popular election.
....

Rudra-dãman (c 125-150) acknowledged his claim to the crown in the satrapy of Western India because of election by "all the orders of the people." And 'Sisunãga Dynasty was set up, as we have seen, as the result of or mass movement.

The Political Institutions And Theories of the Hindus, P. 85.

138. (i) प्रजासुखे सुखं राज्ञः प्रजानां च हिते हितम् ।
नात्मप्रियं हितं राज्ञः प्रजानां तु प्रियं हितम् ।। अर्थशास्त्र,
प्रथम भाग, अधि. 1, अ. 19, सूत्र 39.

दे. (क) Hindu Polity, P. 340.

(ख) The History of Aryan Rule in India, P. 35, 68.

(ग) Considerations On Some Aspects of Ancient Indian Polity, P. 85.

(ii) प्रवर्ततां प्रकृतिहिताय पार्थिवः । अंक 7, श्लोक 36।।
अभिज्ञान शाकुंतलम्।

दे. Considerations On Some Aspects of Ancient Indian Polity, P. 86.

(iii) प्रजानामेव भूत्यर्थे स ताभ्यो बलिमग्रहीत । सर्ग 1, श्लोक 18,
रघुवंशमहाकाव्यम्।

दे. Considerations on some Aspects of Ancient Indian Polity, P. 86.

(iv) किं यज्ञैस्तपसा तस्य प्रजा यस्य न रक्षिताः ।
सुरक्षिताः प्रजा यस्य स्वर्गस्तस्य गृहोपमः । अग्नि पु., अध्याय 223, श्जां 9.

139. तमाचार्यं शिष्यः पितरं पुत्रो भृत्यः स्वामिनमिव चानुवर्तेत ।।
कौटलीय अर्थशास्त्र, प्रथम भाग, अधिकरण 1, अध्याय 9, सूत्र 16 ।।

दे. Public Administration in Ancient India, P. 50.

140. मर्यादा स्थापयेदाचार्यानमात्यान्वा ।। अर्थशास्त्र, १।१।७।१५।।
सहायसाध्यं राजत्वं चक्रमेकं न वर्तते ।
कुर्वीत सचिवांस्तस्मातेषां च शुणुयान्मतम् ।। १।१।७।१५।।
तमाचार्यं शिष्यः पितरं पुत्रो भृत्यः स्वामिनमिव चानुवर्तेत ।।
अर्थशास्त्र, १।१।६।१६।।

दे. Public Administration in Ancient India, P. 50-51.

141. दे. भारतीय इतिहास की रूपरेखा, पृ. 719.

142. In the Kalinga Rock Edict Asoka says : "All men are my children, and just as I desire for my children that they enjoy every kind of prosperity and happiness in both this world and the next, so also I desire the same for all men."

Public Adminstration in Ancient India, P. 51.

143. नित्यं राज्ञा तथा भाव्यं गर्भिणी सहधर्मिणी ।
यथा स्वं सुखमुत्सृज्य गर्भस्य सुखमावहेत् ।।
अग्निपुराण, अ. 223, श्लोक 8.
नित्यं राज्ञा सदा भाव्यं गर्भिणी सहधर्मिणा ।
यथा स्वं सुखमुत्सृज्य गर्भस्य सुखमावहेत् ।।
विष्णुधर्मोत्तर पुराण, अ. 61, श्लोक 22.

144. Brihadratha Maurya who was weak as ruler and during whose

reign Greeks made a second attempt at conquering India, was removed from the throne, and was called (e.g., by Bãna) weak in keeping his Pratijnã) (Pratijnã-durbala).

Hindu Polity, P. 220.

और भी दे. The Political Institutions And Theories of the Hindus, P. 84.

145. मोहाद्राजा स्वराष्ट्रं यः कर्षयत्यनवेक्षया ।
सो ऽचिरादभृश्यते राज्याज्जीविताच्च सबान्धवः ।। मनुस्मृति 7।111।।
शरीरकर्षणात्प्राणाः क्षीयन्ते प्राणिनां यथा ।
तथा राज्ञामपिप्राणाः क्षीयन्ते राष्ट्र कर्षणात् ।। मनुस्मृति 7।112।।

दे. (क) भारतीय इतिहास की रूपरेखा (जिल्द 2), पृ. 996, (प्रथम संस्करण 1933)।
(ख) The History of Aryan rule in India, P. 161.

146. तथा राज्ञा प्रकर्तव्यं स्वराष्ट्रं परिरक्षिता ।।
मोहाद्राजा स्वराष्ट्रं यः कर्शयत्यनवेक्षया ।। मत्स्यपुराण, अ. 219, श्लोक 40।।
सोऽचिराद् भ्रश्यते राज्याज्जीविताच्च सबान्धवः ।
मृतो वत्सो जातबलः कर्म योग्यो यथा भवेत ।।
मत्स्यपुराण, अ. 219, श्लोक 41।।

147. अन्यायेन नृपो राष्ट्रात्स्वकोशं योऽभिवर्धयेत् ।
सोऽचिराद्विगतश्रीको नाशमेति सबान्धवः ।
याज्ञवल्क्यस्मृति, 1।340।।
दे. भारतीय इतिहास की रूपरेखा, (जिल्द 2), पृ. 997, (प्रथम संस्करण 1933)।

148. प्रजापीड़नसंतापात्समुद्भूतो हुताशनः ।
राज्ञः कुलं श्रियं प्राणांश्चाऽदाध्वा न निवर्तते ।।
याज्ञवल्क्यस्मृति, 1।341।।
दे. भारतीय इतिहास की रूपरेखा, (जिल्द 2), पृ. 986, 997,
(प्रथम संस्करण, सन् 1933)।

149. भारतीय इतिहास की रूपरेखा, (जिल्दें 2), पृ. 997, (प्रथम संस्करण 1933)।
और भी दे.
The History And Culture of the Indian People, Vol. II, P. 306-07.

150. मनु व्यवहार (क़ानून) का उद्गम राजा को न मानकर वेदों, स्मृतियों, सत्यपुरुषों के आचार और आत्मतुष्टि को मानते हैं –

वेदोऽखिलो धर्ममूलं स्मृतिशीले च तद्विदाम् ।
आचारश्चैव साधूनामात्मनस्तुष्टिरेव च ।।
सांस्कृतिक भारत, पृ. 66.

और भी दे. (क) मनुस्मृति, अध्याय 2, श्लोक 6.
(ख) सांस्कृतिक भारत, पृ. 59.
(ग) History of India, P. 75.

151. Every village was self-governing. There were also unions of villages as self-governing federations. Ancient India was thus built up as a vast rural democracy.

Chandragupta Maurya And His Times, P. 47.

152. Neither were the traditional rights of the village communities or

their powers of local self-government altogether ignored in the bureaucratic control set up by the Mauryan imperial government for the purpose of removing the weakness of Indo-Aryan Polity, which had been revealed by the success of Alexander's invasion. It need not be assumed that the popular assemblies lost all their political influence because Kautilya makes no mention of them. They certainly continued to exercise considerable power in later times, and Megasthenes notices that in Southern India they checked the power of kings, and that all Indians were regarded as freeman.

The History of Aryan rule in India, P. 69.

153. (i) The head of the Government was a hereditary monarch. His power was restricted by five councils, who were known as the "Five Great Assemblies." They consisted of the representative of the people, priests, physicians, astrologers or augursand ministers.

The Tamils Eighteen Hundred Years Ago, P. 109.

(ii) During the early centuries of the christian era there were "Five Great Assemblies" in the kingdoms of Chera, Chola and Pandya in southern most India. The Assembly of "peoples' representatives" safeguarded the rights and privileges of the people................ Legislation may be presumed to have been the work of the "peoples' representatives" who constituted the first among the five national bodies.

The Political Institutions and Theories of the Hindus, pp. 67-68.

और भी दे.

(क) भारतीय इतिहास की रूपरेखा, (जिल्द 2), पृ. 1073, (इलाहाबाद संस्करण, १९४२)।

(ख) हिंदुस्तान की पुरानी सभ्यता, पृ. 405.

(ग) The History of Aryan rule in India, p. 69.

154. Next, as to the method of selection of members for the various committees the village with its twelve streets was divided for purposes of the selection into thirty wards or electoral units. There was a meeting of each ward at which the residents were to assemble; and each of them was required to write down on a ticket the name of the person he voted for after consideration of his eligibility framed for membership of this committee as defined by the regulations framed by the assembly.

Local Government in Ancient India, p. 171.

155. It will appear from the above description of the procedure of the election that the people of the whole village regarded themselves as vitally interested in its purity and success, on which depended so largely their common welfare.

Local Government in Ancient India, p. 172.

156. The merchants, craftsmen and bankers had their associations or guilds, which managed their affairs and possessed self-government. The cities had their corporations with their own presidents, councils, registrars, etc.

A Short History of the Indian People, (The Ancient Age 27 B.C.-A.D. 300), P. 70.

और भी दे. A New History of the Indian People, (The Vakataka Gupta Age), P. 355.

157. (i) जातिजानपदान्धर्मान्श्रेणीधर्माश्च धर्मवित् ।
समीक्ष्य कुलधर्मांश्च स्वधर्मं प्रतिपादयेत् ।। मनुस्मृति, ८ ।४१ ।। (पृ. 395)।

दे. (क) Local Government in Ancient India, P. 125.

(ख) Hindu Civilization, P. 192.

(ग) The Political Institutions And Theories of the Hindus, P. 41-48.

(घ) The History And Culture of the Indian People, Vol. II, P. 313.

(ii) श्रेणिनैगमपाखण्डि गणानामप्ययं विधिः ।
भेदं चैषां नृपो रक्षेत्पूर्ववृतिं च पालयेत ।।
याज्ञवल्क्यस्मृति, 2 ।192 ।। (पृ. 155)।

दे. A New History of the Indian People, (The Vakataka Age), P. 356.

158. While the rights of the village communities were thus jealously safeguarded, the principle of self-government also extended to craft guilds, banking and mercantile corporations, and religious organizations. The king's courts did not interfare in their domestic affairs.

The History of Aryan rule in India, P. 223.

159. Maurya Administration - The old checks upon the authority of the ruler were no longer operative, and the emperor was, therefore, an autocrat in whom the entire authority of the state centred.

A Short History of the Indian People, P. 54.

160. (i) So far as the Kings were concerned their power was becoming arbitrary during this period. The ancient institutions of Sabha and Samiti were losing their authority, and the only checks upon the will of the kings were dread of revolt in case of gross abuse of power, and the existence of numerous corporations, guilds and self-governing bodies with their own juristdiction and bands of armed men.

A Short History of the Indian People, P. 46.

(ii) सभा प्रपादेवगृहतडाकारामसंस्कृतिः ।
तथाऽनाथदरिद्राणां संस्कारो योजनक्रिया ।। बृहस्पतिस्मृति, १७ ।११ ।।

दे. Corporate Life in Ancient India, P. 55.

161. One of the most important functions of the local bodies was of course, the administration of justice.

These popular courts were, according to the Smrtis, constituted by the kula, the sreni, the gana, or the puga, Brahaspati States: Relatives companies (of artisans), assemblies (of cohabitants) and other persons duly authorized by the king should decide law-suits among men.

Local Government in Ancient India, P. 132-133.

दे. The Political Institutions And theories of the Hindus, P. 47.

162. The overthrow of the Maurya as - cendancy led to the revival of the Brahmanic social and religious systems. The Sungas and the Kanvas were both Brahman dynasties. It was natural that their rule should encourage the importance of the Brahmans in society. The great code of Hindu laws known as the Manu Smriti was compiled during this period.

A Short History of the Indian People, P. 61.

और भी दे. सांस्कृतिक भारत, पृ. 65.

163. The revival of Hinduism had much influence upon social life. The respect for the Brahman casts was greatly enhanced.

A Short History of the Indian People, (Gupta & Vardhan Period),P. 81.

और भी दे. सांस्कृतिक भारत, पृ. 65.

164. शूद्रं तु कारयेद्दास्यं क्रीतमक्रीतमेववा ।
दास्यायेव हि सृष्टोसौ ब्राह्मस्य स्वयं भुवा ।।
मनुस्मृति, अ. 8, श्लोक 413।।
न स्वामिना निसृष्टोऽपि शूद्रोदास्याद्विमुच्यते ।
निसर्गजेहि तत्तस्य कस्तस्मातदुपोहति ।।
मनुस्मृति, अ. 8, श्लोक 414।।
विस्रब्धं ब्राह्मणः शूद्राद् द्रव्योपादानमाचरेत् ।
न हि तस्यास्ति किंचित्स्वं भर्तृहार्य धनोहि सः ।।
मनुस्मृति, अ. 8, श्लोक 417।।

–दे. The History And Culture of the Indian People, Vol. II, P. 544.

165. Sudra. Service was his position in life including removal of dirt, filth, carcases, and other unclean work. He was not eligible for the sacraments (Samskaras) nor for hearing sacred texts except their substance.

Hindu Civilization, (Post Vedic Literature), P. 194.

और भी दे. सांस्कृतिक भारत, पृ. 81.

166. The Brahmans thus erected an impassable barrier between themselves and the Sudras. Marriage with the latter, and the food prepared by them were alike forbidden, and even their very touch was looked upon as impure.

Corporate Life in Ancient India, P. 350.

और भी दे.

(क) Outline of Ancient Indian History And Civilization, P. 279.

(ख) Short History of the Indian People, P. 81.

167. हिंदुस्तान की पुरानी सभ्यता, पृ. 302.

और भी दे.

(क) A Short History of the Indian People, P. 81.

(ख) A New History of the Indian People, P. 346.

(ग) Outline of Ancient Indian History And Civilization, P. 279.

168. On the whole the idea of untouchability or impurity, even of the sudras as a caste, was gradually growing but had not yet become a rigid law or practice.

The History And Culture of the Indian People, (The Age of Imperial Unity), P. 545.

और भी दे. A New History of the Indian People, P. 342.

169. Inter-racial marriages were also taking place. The Ikshvaku kings, who were orthodox Brahmanas, had no objection to accepting a bride from the Saka royal family of Ujjayani. The Satavahanas had done the same in an earlier period. Inter-mariage seems to have been one of the ways by which foreign tribes were absorbed in Hindu society.

A New History of the Indian People, (The Vakataka-Gupta Age), P. 343.

और भी दे. (क) A new History of the Indian People, P. 342.

(ख) A Short History of the Indian People, P. 69.

170. Professions also were not very rigidly determined by caste during our period. Contemporary smrtis afford ample evidence to show how some Brahmanas were following non-Brahmanical professions, and their evidence is confirmed by the data of inscriptions, showing how some Brahmanas were traders, other architects.........

The Kshatriyas in their turn are often seem following commercial and industrial persuits.

A New History of the Indian People, (The Vakataka-Gupta Age), P. 343-44.

171. पितृभिर्भ्रातृभिश्चैताः पतिभिदेवरेस्तथा ।
पूज्या भूषयितव्याश्च बहुकल्याणभीप्सुभिः ।।
मनुस्मृति 3।55।।
यत्र नार्यस्तु पूज्यन्ते रमन्ते तत्र देवताः ।
यैत्रतास्तु न पूज्यन्ते सर्वास्तत्राऽफलाःक्रियाः ।।
मनुस्मृति 3।56।।
शौचन्ति जामयो यत्र विनश्यत्याशु तत्कुलम् ।
न शौचन्ति तु यत्रैता वर्धते तद्धि सर्वदा ।।
मनुस्मृति 3।57।।
जामयो यानि गेहानि शपन्त्यप्रतिपूजिताः ।
तानि कृत्याहतानीव विनश्यन्ति समन्ततः ।।
मनुस्मृति 3।58।।

दे. (क) हिंदी साहित्य का बृहत् इतिहास, (प्रथम भाग), पृ. 175.

(ख) Manu A Study in Hindu Social Theory, P. 126.

172. (i) पिता रक्षति कौमारे भर्ता रक्षति यौवने ।
रक्षन्ति स्थविरे पुत्रा न स्त्रीं स्वातन्त्र्यमर्हति ।।
मनुस्मृति 9।3।।

(ii) मनु ने सिद्धान्त रूप में नारियों का स्थान बहुत ऊंचा रखा है। उनका कहना है कि जहां नारियों की पूजा होती है, वहां देवता रमण करते हैं, और जहां उनके लिये सम्मान का भाव नहीं होता, वहां सारी यज्ञ आदि क्रियाएं निष्फल हो जती हैं।

'यत्र नार्थस्तु पूज्यन्ते रमन्ते तत्र देवता ।

यत्रैतास्तु न पूज्यन्ते सर्वा तत्राफला क्रियाः ।।'
पर वास्तव में ऋग्वेदिक–काल के बाद बराबर उनकी स्थिति बिगड़ती चली गई और उनका स्थान कम से कम सम्पत्ति के अधिकार, शिक्षा आदि में लगभग शूद्रों के बराबर हो गया है। स्वयं मनु अपने सिद्धान्त, जो ऊपर के श्लोक में निरूपित है, कायम न रख सके और अपनी स्मृति में उनका यह दूसरा रूप रख दिया कि नारी को अपने जीवन के किसी काल में स्वतन्त्र नहीं रहना चाहिए।

और भी दे. (क) मनुस्मृति 5।147-48।।
(ख) Everyday LIfe in Ancient India, P. 145, 151.
(ग) Hindu Civilization, P. 195.
(घ) A Short History of the Indian People, P. 61, 81.

173. भार्यापुत्रश्च दासश्च त्रय एवाऽघनाःस्मृताः ।
यते समधिगच्छन्ति यस्य ते तस्य तद्धनम् ।। मनुस्मृति, 8।416।।
दे. Everyday Life in Ancient India, P. 151.

174. A striking characteristic of Hindu women of old is that they took no delight in revenge, but almost always forgave those who had done evil to them. Draupadi's attitude forwards Ashvatthama, who killed her five sons, is the classic example of this strange aptitude for forgiveness, for when she was asked by her husbands whether Ashvatthama should be killed and sent to hell she replied, "No, let not Gautami, his mother and the devoted wife of her husband weep for the loss of her son as I am weeping for my sons at present."

Everyday Life in Ancient India, P. 150.

175. But the wealth and luxury of ancient India was not counterbalanced, as in modern western countries, by a host of paupers. Fortunately there was no factory system to turn out generations of deformed humanity. Home industries organised on an elaborate plan brought subsistence and competence to every door. ....

Outline of Ancient Indian History And Civilization, (From 600 BC to 300 AD), P. 299-300.

176. There is no reference to extreme poverty or paupers as a class. On the whole people lived happily in peace and prosperity.

The History And Culture of the Indian People (The Age of Imperial Unity), Vol. II, P. 604.

और भी दे. A Short History of the Indian People, P. 70.

177. Agriculture was the chief occupation of the people.

A Short History of the Indian People (Mauryan Times), P. 53.

178. The advanced condition of agriculture, indicated by the richness and variety of agricultural products as a result of the scientific agriculture practised by the people, continued during Gupta times.

The History And Culture of the Indian People (The Classical Age), Vol. III, P. 585.

179. इस समय के ग्रीक लेखकों से मालूम होता है .... ज्यादातर लोग देहात में रहते थे और खुशहाल थे। कानून सादे थे, चोरी बहुत कम होती थी, घर–द्वार बिना चौकीदारी के

पड़े रहते थे; इकरारनामे या कर्ज़ के वक्त गवाहों की ज़रूरत न होती थी। मुकदमेबाजी बहुत कम थी।

हिंदुस्तान की पुरानी सभ्यता, पृ. 224.

180. The account of Megasthenes leaves no doubt that peace, prosperity, and contentment prevailed throughout the empire. This was mainly due to the fertility of the land and its great mineral wealth. Megasthenes observes :-

"The inhabitants, in like manner, having abundant means of subsistence, exceed in consequence the ordinary stature, and are distinguished by their proud bearing. They are also found to be well-skilled in the arts, as might be expected of men who inhale a pure air and drink the very finest-water. And while the soil bears on its surface all kinds of fruits which are known to cultivation, it has also under ground numerous veins of all sorts of metals, for it contains much gold and silver, and copper and iron in no small quantity, and even tin and other metals, which are employed in making articles of use and ornament, as well as the implements and accoutrements of war."

The History And Culture of the Indian People, (The Age of Imperial Unity), P. 67-68.

181. Fa-Hien, a Chinese pilgrim travelled through the Gupta Empire during the reign of Chandragupta II, and has left a very pleasing picture of the country.............. Fa-Hien every where witnessed the wealth and luxury of the people, and the economic condition was very satisfactory. Trade and commerce flourished, and the people followed various arts and crafts.

Outline of Ancient Indian History And Civilization, P. 325-26.

और भी दे.

The History And Culture of the Indian People, Vol. III, P. 347, 596.

182. (i) The Indian love of charity and benevolence is proved by references in the records of the Chinese pilgrims to the endowments made by kings and private individuals for the free distribution of food and medicine to the needy and the sick and for similar objects.

The History And Culture of the Indian People, (The Classical Age), Vol. III, P. 570.

(ii) बहुत से राजा बड़े दानी होते थे और शहर के बीच में और चारों दरवाजों पर सदाव्रत बैठाते थे और हिंदुस्तान भर में यश पाते थे। उनका अनुकरण करते हुए बहुत से सेठ और मंत्री भी इसी तरह दान करते थे। राजा स्वयं न्याय करता था, प्रजा को सदाचार का उपदेश देता था, रक्षा करता था और सुख–संपत्ति बढ़ाता था।

हिंदुस्तान की पुरानी सभ्यता (मौर्य साम्राज्य के पूर्व), पृ. 214.

तृतीय अध्याय

आदि-मध्य-युग

(आदिकाल)

राजनीतिक परिस्थितयाँ

'हिंदी का प्रारंभिक इतिहास जिन राजनीतिक परिस्थितियों में विकसित हुआ उनकी पीठिका पूर्व मध्ययुग के आदि (सातवीं शती वि) तक विस्तृत है। भारत के इतिहास में सातवीं से लेकर बारहवीं शती तक जो राजनीतिक प्रवृत्तियाँ काम कर रही थीं उन सबका प्रभाव भारतीय जीवन और हिंदी साहित्य पर पड़ा।'[1]

थानेसर के राजा हर्षवर्धन उत्तर भारत के अंतिम सम्राट थे। हर्षवर्धन के काल में ही भारत दो मुख्य भागों में विभक्त हो चुका था। नर्मदा के उत्तर में हर्षवर्धन का साम्राज्य था तथा दक्षिण में चालुक्य वंश के पुलकेशिन् द्वितीय का आधिपत्य था।[2] सन् 647 में महाराजा हर्षवर्धन की मृत्यु के उपरांत प्रधान केन्द्रीय शक्ति के अभाव में उत्तर भारत अनेक स्वतंत्र राज्यों में विभक्त हो गया। इन खंड–राज्यों के अधिपति पारस्परिक ईर्ष्या, द्वेष एवं युद्ध में संलग्न रहने लगे।[3]

भारत में छठी शताब्दी के उपरांत नृपतंत्र को ही एकमात्र शासन–प्रणाली के रूप में स्वीकृत किया गया। राजपद मुख्यतया

पैतृक था।[4] इसके विरुद्ध भी एकाध उदाहरण उपलब्ध हैं। ईसा की आठवीं शताब्दी में पालवंशी राजा गोपाल का निर्वाचन प्रजा द्वारा किया गया था।[5] बीसलदेव ने बाहर जाते समय अपने राज्य का अधिकार अपने भतीजे को दिया परंतु यह सब सर्वसम्मति से किया गया।[6] लेकिन इन उदाहरणों को अपवाद–स्वरूप ही ग्रहण किया जा सकता है। तत्कालीन राजनीति का क्षेत्र राजसत्ता से अभिभूत था।[7] राजा की शक्ति निरंकुश थी, राज्य और प्रजा दोनों उसकी निजी सम्पत्ति–स्परूप थे।[8] इस काल में राजा को ईश्वर का प्रतिनिधि समझा जाता था। राजा के प्रति देवत्व की भावना की व्याप्तिं ने राजपद–संस्था को और सुदृढ़ कर दिया।[9]

सिद्धांततः राजा निरंकुश था। राज्य के ऊपर उसका एकतंत्र अधिकार था। परंतु जैसा कि हम पहले देख चुके हैं भारतीय राजाओं पर परंपरागत अनेक प्रतिबन्ध थे। अतः अत्याचारी राजाओं की संख्या बहुत कम थी। इस युग में भी उनके समक्ष प्रजा–हितैषी राजा राम का आदर्श रहता था। इसीलिए मध्ययुग में काश्मीर के अतिरिक्त और किसी रांज्य में अत्याचारी शासक का उल्लेख नहीं मिलता। प्रजारंजन भारतीय राजा का प्रथम कर्त्तव्य समझा जाता था। दूसरे, विधि का निर्माता राजा न था। उसे समाज द्वारा विकसित तथा ऋषियों–आचार्यों द्वारा प्रतिपादित नियमों का अनुसरण करना पड़ता था।[10] शुक्राचार्य का कथन है कि यद्यपि राजा सब विधाओं में कुशल हो तथापि उसे अपने मंत्रियों के बिना अकेले कभी मन्त्र को नहीं विचारना चाहिए। बुद्धिमान् राजा को सदैव अपने सभासद, अधिकारी, अमात्य आदि प्रकृति अथवा प्रजा की सम्मति से कार्य करना चाहिए।[11] इतना ही नहीं, आचार्य शुक्र ने तो जनता को अत्यधिक करों से पीड़ित करने वाले; गुण, नीति और बल के शत्रु तथा नीतिविरुद्ध आचरण करने वाले राजा को राष्ट्र–विनाशक मानकर पदच्युत करने का आदेश दिया है।[12] आचार्यों के इन सिद्धान्तों को व्यवहार में कहाँ तक कार्यान्वित किया

गया – यह सन्देह का विषय है।

'प्राचीन काल की राजनीतिक परंपरा में मंत्रिमंडल का राजा के ऊपर नियंत्रण रहता था और मंत्रिमंडल का अस्तित्व राज्य–संचालन के लिये आवश्यक समझा जाता था। मध्ययुग आते–आते मंत्रिमंडल के स्थान पर केवल व्यक्तिगत मंत्री रह गए और उनके संयुक्त दायित्व और अधिकार जाते रहे। अब वे राज्य की इच्छा और संकेत पर आश्रित थे। इन सबका फल यह हुआ कि देश में निरंकुश एकतंत्र की दृढ़ स्थापना हो गई और राज्य के बनाने बिगाड़ने में प्रजा का अधिकर और रुचि क्षीण हो गई।'[13]

गुप्तवंशीय सम्राटों तथा उनके उत्तराधिकारियों के समक्ष गणतंत्र तिरोहित होते गए।[14] गुप्तवंश के द्वितीय चन्द्रगुप्त विक्रमादित्य को गणारि कहा जाता है जिसने गणराज्यों का समूल विनाश कर दिया। उसके समय से लेकर वर्तमान गणतंत्र के पूर्व भारतीय इतिहास में गणों का प्रादुर्भाव फिर कभी नहीं हुआ।[15]

निरंकुश एकतंत्र, सामंतवाद तथा देश के विभिन्न राज्यों में खंडित हो जाने के कारण जनता में राजनीति के प्रति उदासीनता की प्रवृत्ति का उदय हुआ। पहले राजवंशों के शासन और परिवर्तनों में जनता का पर्याप्त हाथ रहता था। राजा जनमत का आदर करता था और उसकी उपेक्षा नहीं कर सकता था। ज्यों–ज्यों उसके हाथ से शक्ति और अधिकार निकलते गये उसमें मानसिक शैथिल्य और उदासीनता ने घर कर लिया। अब राजवंशों के चुनाव में उसका कोई हाथ न रह गया, अतः राजवंशों का परिवर्तन उसको प्रभावित भी नहीं करता था। इस प्रकार का दृष्टिकोण प्रारंभ में भारतीय राजवंशों के पारस्परिक परिवर्तन के संबंध में रहा। जब भारतीय राजवंशों का ध्वंस कर विदेशी राजवंश स्थापित होने लगे तो सामान्य जनता ने उन्हें भी उसी प्रकार अपना शासक मान लिया जिस प्रकार वह किसी भारतीय राजवंश को स्वीकार करती थी। उसको केवल सुरक्षा और जीविका से

मतलब था, इसलिए उसे ऐसा करने में कोई मानसिक ठेस न पहुँचती थी। धीरे–धीरे यह भावना व्यापक होती गयी कि शासन के मामलों से जनता का कोई संबंध नहीं है। यह प्रवृत्ति यहाँ तक बढ़ी कि मुगलों का राज्य स्थापित होते–होते "कोउ नृप होउ हमहिं का हानी। चेरि छाड़ि अब होब कि रानी।"[16] की धारणा सुदृढ़ हो गयी। यह राजनीतिक दासता और उदासीनता की प्रवृत्ति यहाँ तक पहुँची कि दिल्ली के मुगल शासक जनता के हृदय में ईश्वर के आसन पर आरूढ़ हो गए। पंडितराज जगन्नाथ जैसे उद्‌भट विद्वान ने भी निस्संकोच भाव से 'दिल्लीश्वरों वा जगदीश्वरों वा' की घोषणा की।[17]

इस राजनीतिक परिस्थिति का दूसरा भयंकर परिणाम यह हुआ कि देशवासियों के हृदय से राष्ट्रीयता और देशभक्ति की भावना का लोप होने लगा। देश की भौगोलिक इकाई के प्रति जागरूकता, उसको अक्षुण्ण बनाए रखने के लिए सिद्धता तथा विदेशी आक्रांताओं से उसकी सुरक्षा के हेतु तत्परता एवं बलिदान करने की साधना कम होती गयी;[18] यहाँ तक कि किसी बाहरी शत्रु के आक्रमण के आरंभ में ही जमींदार लोग प्रतिरोध करने के स्थान पर कुछ काल के लिए उसका प्रभुत्व चुपचाप स्वीकार कर लेते थे।[19] इस प्रकार 'राष्ट्रीयता और देशभक्ति का स्थान धीरे–धीरे राजभक्ति ने ले लिया। राष्ट्र और देश के प्रति आस्था और ममता के बदले में राजवंशों और राजाओं की भक्ति की जाने लगी। स्वातंत्र्यप्रेम और स्वेच्छा से कष्ट सहन और बलिदान का स्थान प्रशस्ति, चाटुकारिता और दासवृत्ति ने ले लिया। अपने अस्तित्व और जीविका के लिए सामंतों को प्रसन्न रखना जीवन का उद्देश्य समझा जाने लगा। मध्ययुग की उत्कीर्ण प्रशस्तियों और जीवनचरितों से यह बात स्पष्ट हो जाती है। राजा अथवा शासक भी एक प्रतीक मात्र था। उसके बदलने पर राजभक्ति भी दूसरे राजा और शासक के प्रति स्थानांतरित हो जाती थी। एक राजवंश से दूसरे राजवंश और भारतीय शासक से विदेशी शासक तक राजभक्ति का

आरोप सरलता से हो जाता था। "सेइय स्वामि सकल छल त्यागी" का सिद्धान्त जनता में प्रतिष्ठित हो गया। स्वामी सजातीय, देशी अथवा विदेशी शत्रु है इसका भेद भी प्रायः जनता को उद्विग्न नहीं करता था।'[20] इसका यह अभिप्राय नहीं कि जनता और सेना में व्यक्तिगत शौर्य एवं वीरता का अभाव था। मध्ययुगीन बहुत से राजाओं और सेनानायकों ने अनेक युद्धों में विदेशी आक्रमणकारियों के छक्के छुड़ा दिये परंतु उस समय जिस सामूहिक संगठन और जागृति की आवश्यकता थी उनका भारतीय शूरवीरों में अभाव था। यही कारण था कि अनुपम व्यक्तिगत शौर्य एवं योग्यता होते हुए भी उनकी पराजय हुई।[21]

इस काल में लोकतांत्रिक संस्थाओं का लोप हो गया।[22] आठवीं शताब्दी से लेकर अठारहवीं शताब्दी तक एक सहस्र वर्षों की अवधि में इन संस्थाओं का कोई पता नहीं चलता।[23] हां ग्रामसभाएँ अवश्य किसी न किसी रूप में विद्यमान रहीं[24] परंतु मध्ययुग में एकतंत्र अथवा राजतंत्र की प्रधानता होने के कारण गाँवों का भी प्राचीन लोकतांत्रिक स्वरूप बदल चुका था।[25]

राजनीतिक जनवाद

इस प्रकार की परिस्थितियों में जनता के राजनीतिक जागरण के लिए कोई अवकाश ही नहीं था। इसके अतिरिक्त जनता में असुरक्षा का भय व्याप्त था। राजनीतिक अधिकारों की बात शांति के समय में ही संभव है। इसी कारण तत्कालीन हिंदी–कविता में भी राजनीतिक जागरण को प्रेरणा देने वाली भावना अथवा राजनीतिक जनवाद का अभाव ही लक्षित होता है। यद्यपि तत्कालीन वीररसात्मक काव्यों में भारतीय वीरों के शौर्य का भव्य चित्रण हुआ है परंतु इस प्रकार के चित्रण की पृष्ठभूमि में प्रशंसा अथवा स्तुति का भाव सन्निहित है। वीरों के शौर्य का यह चित्रण न तो जनता में उत्साह का संचार करने की

दृष्टि से किया गया और न ही यह जनता में उत्साह का संचार कर सका। इसमें सन्देह नहीं कि प्राचीन भारत के वीरों के शौर्य के चित्रण ने आधुनिक काल में स्वतंत्रता एवं राष्ट्रीयता की भावना के प्रसार में महत्त्वपूर्ण योग दिया परंतु हिंदी साहित्य के आदिकाल में इस शौर्य–चित्रण का राजनीतिक जनवाद की दृष्टि से कोई मूल्य नहीं। इसके अतिरिक्त आश्रयदाताओं की प्रशंसा में रत तत्कालीन हिंदी कवियों से जनाधिकार की चर्चा की आशा भी नहीं की जा सकती।

हिंदी साहित्य के आदिकाल के अंतर्गत स्थान प्राप्त करने वाली जैन धर्म संबंधी रचनाएँ भी हैं जो दो रूपों में उपलब्ध हैं – आध्यात्मिक और अधिभौतिक। आध्यात्मिक रचनाओं में लेखकों ने जीव, आत्मा, परमात्मा के चिन्तन आदि धार्मिक तत्त्वों का विश्लेषण करके धर्म के अंगों का प्रतिपादन किया है। अधिभौतिक रचनाओं में सर्वसाधारण के योग्य नीति, सदाचार एवं लौकिक जीवन को उन्नत करने वाले उपदेश हैं। बौद्ध सिद्धों की रचनाएँ भी दो प्रकार की हैं – धार्मिक सिद्धान्तों का प्रतिपादन करने वाली रचनाएं तथा खंडन–मंडन–परक रचनाएँ।[26] अपभ्रंश के महाकाव्यों में शांत रस की प्रधानता है।[27] अतः कह सकते हैं कि अपभ्रंश–साहित्य की रचना की पृष्ठभूमि प्रायः धर्मप्रचार है। जैन लेखक मूलतः प्रचारक हैं, उनका कवि–रूप गौण है।[28] इस अपभ्रंश–साहित्य में भी राजनीतिक जनवाद के तत्त्व दृष्टिगत नहीं होते।

सामाजिक परिस्थितियाँ

ईसा की सातवीं शताब्दी से बारहवीं शताब्दी तक की सामाजिक अवस्था का वर्णन करते हुए डॉ. ताराचन्द ने बतलाया है कि इस युग के प्रारंभ में ही वर्ण–व्यवस्था दृढ़ होती जा रही थी यद्यपि अंतर्जातीय विवाह प्रचलित थे जो राजपूत–काल में आकर बंद हो गये।[29] भारतीय समाज की विभिन्न जातियाँ अनेक उपजातियों में विभक्त हो गईं

जिसके फलस्वरूप अंतर्जातीय विवाह तथा खानपान तिरोहित हो गये।[30] जाति–पाँति के भेदभाव के विरोधी बौद्ध धर्म के पतन के कारण भी जाति–प्रथा को बल मिला।[31] जाति–पाँति का यह भेदभाव यहाँ तक बढ़ा कि विभिन्न वर्णों के लोगों के लिए एक ही अपराध के विभिन्न दंड निर्धारित कर दिये गये।[32]

जातिगत भेदभाव की निस्सारता का विचार करते हुए आचार्य शुक्र ने राजकीय पदों पर योग्य व्यक्ति की नियुक्ति का परामर्श दिया है।[33] शुक्र को तो सेनाधिप का पद शुद्र को भी देने में आपत्ति नहीं है यदि वह उसके योग्य और विश्वासपात्र हो।[34] परंतु तत्कालीन वर्ण–व्यवस्था की कठोरता के प्रमाणों से ऐसा प्रतीत होता है कि इस प्रकार की उक्तियों पर कुछ भी ध्यान नहीं दिया गया।

सामाजिक जनवाद

तांत्रिक आन्दोलनों के अध्ययन से प्रतीत होता है कि आठवीं शताब्दी में समूचे देश में संकीर्ण जातिप्रथा और शुद्धतावादी विचारधारा के विरुद्ध एक व्यापक जनविद्रोह जाग उठा था। उस समय की निम्न वर्ग की जातियाँ सशक्त एवं जागरूक थीं।[35] आचार्य हजारी प्रसाद द्विवेदी के कथनानुसार ऐसे अनेक प्राचीन ग्रंथ हैं जिनमें जाति–भेद को समाप्त कर देने पर बल दिया गया है परंतु संस्कृत की पुस्तकें साधारणतः ऊँची जातियों के लोगों द्वारा लिखी गई होती हैं जिनमें लेखक केवल तटस्थ विचारक की भांति रहता है। स्वयं नीच कहे जाने वाले वंश में उत्पन्न न होने के कारण उनमें भुक्तभोगी की उग्रता और तीव्रता का अभाव रहता है। सहजयान और नाथपंथ के अधिकांश साधक तथाकथित नीच जातियों में उत्पन्न हुये थे अतः उन्होंने इस अकारण नीच बनाने वाली प्रथा को दार्शनिक की तटस्थता के साथ नहीं देखा।[36] महायान मत के साधक इस राष्ट्रघातक जातिप्रथा के विरुद्ध निरन्तर प्रचार करते रहे।

लोकभाषा की अद्‌भुत कविताओं के रचयिता चौरासी सिद्धों के आदिपुरुष सरहपा[37] सामाजिक विद्रोही थे[38] जिन्होंने जातिव्यवस्था पर भयंकर प्रहार किया।[39]

इसके अतिरिक्त सरह ने ब्राह्मणों की श्रेष्ठता को चुनौती देते हुए उन्हें फटकारा है। वे कहते हैं कि उन्होंने व्यर्थ ही चारों वेद पढ़े हैं और ये ब्रह्म के भेद को नहीं जानते। बेकार ही हवन करके कड़वे धूएं में आँख जलाते हैं, भगवा वेष धारण करके ज्ञानी होने का ढोंग रचकर उपदेश देते फिरते हैं, संसार मिथ्या ही इनके भुलावे में पड़ता है, ये धर्म–अधर्म के मर्म को नहीं जानते।[40] इस प्रकार जिस बाहरी विधिविधान के बाह्यांडबर अथवा पाखंड के बल पर ब्राह्मण अपने आपको श्रेष्ठ बतलाते हैं उसका सरह ने तीव्र खंडन किया है। वर्ण व्यवस्थाजन्य जातिपाँति के भेदभाव पर कठोर प्रहार करने वाले सरहपा आदि सिद्धों के ये वचन निश्चयात्मक रूप से सामाजिक जनवाद से परिपूर्ण हैं जिन्होंने उच्च वर्णों की श्रेष्ठता को चुनौती देकर निम्नवर्णों में एक नवीन चेतना का संचार करके उनके जागरण को अपूर्व बल प्रदान किया होगा।

इतना ही नहीं सरह आदि सिद्धों ने बाह्यांडबर का अवलंब लेकर चलने वाले शैवमतावलंबियों,[41] नंगे रहने वाले दिगंबर जैन साधुओं[42] तक की भी बुरी तरह खबर ली है। परवर्ती काल के संतों में इसी खंडनात्मक प्रवृत्ति के दर्शन होते हैं।[43]

परंतु हिंदी साहित्य के आदिकाल के राज्याश्रित कवियों में इस प्रकार के विचारों का अभाव रहा। कारण यही प्रतीत होता है कि आश्रयदाताओं की प्रशंसा एवं चाटूक्तियों से इन्हें अवकाश ही कहां मिला होगा कि ये सामाजिक तथा आर्थिक दृष्टि से शोषित विपन्न जनसमुदाय की ओर आँख उठाकर देखते। इसके अतिरिक्त ब्राह्मण अमात्यों एवं मन्त्रियों की छत्रछाया में उच्चवर्णों की श्रेष्ठता को ललकारने का इन कवियों को साहस भी न हुआ होगा। राज दरबारों

से जीविकोपार्जन करने वाले ये कवि ऐसा कर भी कैसे सकते थे।

समाज में स्त्रियों की स्थिति

गुप्तवंश के समय तथा उसके परवर्ती काल में उच्चवर्ण की स्त्रियाँ शासनप्रबन्ध में महत्त्वपूर्ण भाग लेती थीं। उस काल में शासकपद पर अनेक स्त्रियों के आरूढ़ होने के प्रमाण उपलब्ध हैं।[44] अतः पता चलता है कि तब तक कुछ वंशों में स्त्री की एकान्तता अज्ञात थी। उच्च–वर्ण की कन्याओं को शिक्षा दी जाती थी तथा वे अपने समय के सांस्कृतिक कार्यक्रमों में रुचि रखती थीं। स्वयंवर की प्रथा भी प्रचलित थी।[45] विधवा–विवाह की अनुमति थी।[46]

वेदाध्ययन की दृष्टि से स्त्रियों की गणना शूद्रों के साथ होने लगी थी। मध्ययुग तक पहुँचते–पहुँचते तो यह स्थिति सर्वथा रूढ़ हो गयी थी।[47] मनु आदि स्मृतिकारों ने सभी अवस्थाओं में स्त्री–स्वतंत्रता को वर्जित कर दिया[48] और उसे आदेश दिया कि पति शीलरहित, कामी तथा विद्यादि गुणों से विहीन भी हो तो भी स्त्री को देववत् उसकी आराधना करनी चाहिए।[49] स्त्रियों के निमित्त कोई यज्ञ, व्रत, उपवास आदि न बतलाकर केवल पति–शुश्रुषा द्वारा ही उसे स्वर्ग में पूज्या घोषित कर दिया।[50]

यह बात भी ध्यान देने योग्य है कि भारतीय समाज में कन्या, पत्नी तथा माता के रूप में स्त्री सदा आदरणीया रही। सिद्धांततः स्त्री पुरुष की अर्द्धांगिनी थी। ब्राह्मणकाल से ही यह तथ्य स्वीकृत था कि स्त्री के बिना पुरुष अपूर्ण है, दोनों के मिलन से ही जीवन की पूर्णता और सफलता संभव है।[51] प्राचीन ग्रंथों ने इस बात को स्वीकार किया है कि धर्म, संपत्ति, प्रजोत्पत्ति और रति तीनों में स्त्री और पुरुष समान, अभिन्न तथा अविच्छेय हैं। स्त्री के बिना गृह और गृहस्थ जीवन की कल्पना ही असंभव थी। गृहिणी ही गृह थी, उसके बिना घर अरण्य था।[52] दूसरी ओर, संसार से पलायनवादी विरक्त अवधूतों द्वारा स्त्रियों

के प्रति उपालंभ, भर्त्सना और निदांपरक उद्गार प्रकट किये गये हैं।[53] गोरखनाथ ने स्त्री को काली हांडी के सदृश कलंक लगाने वाली बतलाया है। वे योगिनी स्त्री के भी संसर्ग की निंदा करते हैं।[54] योगेश्वरत्व के मार्ग में कंचन और कामिनी दोनों को त्याज्य मानते हैं।[55]

नारी-जागरण

उपर्युक्त विवेचन से हम इस निष्कर्ष पर पहुँचते हैं कि हिन्दी साहित्य के आदिकाल में स्त्री का पद निश्चित रूप से पुरुष की अपेक्षा हीन समझा जाने लगा था। फिर भी, समाज में वह आदरणीया थी, सामाजिक बंधनों से सर्वथा निगड़बद्ध नहीं थी जैसा कि परवर्ती काल में हुआ, इसलिए अपनी स्थिति के प्रति असंतोष की भावना का अवसर भी कम था। इसके अतिरिक्त परलोक की भावना भारतीय समाज के हृदय में घर कर चुकी थी। कामी, शील तथा गुणों से रहित पति की भी सेवा द्वारा स्वर्गप्राप्ति का प्रलोभन कम नहीं था। अतः इन परिस्थितियों में स्त्री द्वारा पुरुष के विरुद्ध विद्रोह की संभावना नहीं थी।

सिद्धों ने स्त्रियों के अबाध भोग को अपना आदर्श बना लिया था, उनके लिए प्रत्येक प्रकार की नारी स्वीकार्य थी।[56] इसलिए उन्होंने नारी की अवमानना नहीं की। स्त्रियों के प्रति हीनता की भावना के विरुद्ध इन्होंने कुछ नहीं कहा। विरक्त अवधूत नारी को साधना में बाधक समझते थे अतः उन्होंने नारी की भर्त्सना ही की, उनके द्वारा नारी के पक्ष का समर्थन असंभव था। जैन कवियों ने भी शील और सदाचार का उपदेश दिया अतः उनके यहाँ भी नारी साधना में बाधक ही समझी गयी। राज्याश्रित कवियों ने अपने आश्रयदाताओं का यशोगान किया। उन्होंने अपने आश्रयदाताओं के शौर्य एवं पराक्रम का उद्घाटन करने के लिए नारी को आधार बनाया। उनके काव्य में नारी

एक मानबिंदु के रूप में स्वीकार की गयी जिसके हेतु अनेक युद्धों की योजना हुई। उन्होंने भी पुरुष और नारी के भेदभाव के विरुद्ध कोई आवाज नहीं उठाई। अतः कह सकते हैं कि हिंदी साहित्य के आदिकालीन कवियों की वाणी में नारी–जागरण को प्रेरित करने वाले विचारों का अभाव ही रहा। इस प्रकार हम देखते हैं कि तत्कालीन कविता में सामाजिक जागरण की दो विधाओं में से अस्पृश्यों के जागरण को प्रेरणा देने वाले तत्त्व ही उपलब्ध हैं। सामाजिक जागरण की दूसरी विधा – नारी–जागरण को प्रेरणा देने वाले तत्त्वों का उसमें अभाव है।

आर्थिक परिस्थितियां

गुप्तकाल की आर्थिक परिस्थितियों का परिचय देते हुए चीनी यात्री फाहियान ने बतलाया है कि लोग खुशहाल थे, उन्हें न्यायालयों में नहीं जाना पड़ता था, उन्हें शारीरिक दंड नहीं दिया जाता था। विभिन्न वर्गों के लोगों ने यात्रियों के लिये सदाव्रत खोल रखे थे, स्थानीय शिष्ट–समुदाय द्वारा धर्मार्थ औषधालय संस्थापित थे। देश के दरिद्र, विपन्न एवं रोगी वहाँ पहुँच जाते थे और उनकी हर प्रकार की सहायता की जाती थी।[57] सुएनच्वांग ने कन्नौज की तत्कालीन स्थिति का वर्णन करते हुए उसे वैभवपूर्ण बतलाया है। उनका कहना है कि लोग समृद्ध थे, भव्य वस्त्र धारण करते थे, शिक्षित और कलावंत थे।[58]

यह स्पष्ट है कि देश की आय का प्रमुख स्रोत कृषि था। परंतु तत्कालीन साहित्य से यह पता नहीं चलता कि देश की आय को जुटाने वाले कृषकों की कैसी अवस्था थी। इतना अवश्य पता चलता है कि अकाल के समय उन्हें बड़ी विपत्तियों का सामना करना पड़ता था।[59] शिलालेखों से विदित होता है कि कभी–कभी सत्ताधारी ग्रामीणों से अनिवार्य श्रम कराते थे।[60] फिर भी हिंदी साहित्य के आदिकाल तक जनता की दरिद्रता के विशेष प्रमाण उपलब्ध नहीं हैं। इसके विपरीत

समसामयिक भारतीय एवं मुस्लिम, चीनी तथा यूरोपीय लोगों के उल्लेखों से विदित होता है कि तुर्कों के आक्रमण के पूर्व देश आर्थिक दृष्टि से समृद्ध था, कृषि अत्यंत समुन्नत थी।[61]

आलोच्यकाल में आर्थिक शोषण के भी प्रमाण उपलब्ध नहीं हैं। यदि किसी दिशा से थोड़ा बहुत आर्थिक शोषण होता भी रहा होगा तो उसके विरुद्ध किसी प्रकार की आवाज नहीं उठाई गयी। तत्कालीन जनता में आर्थिक असंतोष की व्याप्ति का अभाव ही रहा। इसके अनेक कारण हैं –

1. जनता परवर्तीकाल की भाँति अत्यंत दरिद्र, विपन्न एवं शोषित नहीं थी।

2. तत्कालीन राजाओं एवं शिष्ट समुदाय की दानशीलता के कारण भी आर्थिक असंतोष का जन्म नहीं हुआ।

3. सामान्य जनता का जीवन सादा था, आवश्यकताएँ सीमित थीं, ग्राम आत्मनिर्भर इकाई थे। ग्रामों में कुछ समृद्ध सेठ–साहूकार भी होते थे तो उनका जीवन–स्तर भी सामान्य जनता के जीवन–स्तर के सदृश ही होता था, अतः स्पर्धा के भाव के लिए भी अवकाश न था।

4. राजनीति के प्रति उदासीनता के कारण लोक–संस्थाओं का अभाव था।

5. जनता में परलोक की भावना दृढ़मूल थी। उसकी प्राप्ति के लिए सांसारिकता से विरक्ति और संतोष परम आवश्यक था।

आर्थिक जनवाद

तत्कालीन हिंदी कविता में भी आर्थिक असंतोष की भावना के चिह्न दिखाई नहीं देते। जैसा कि पहले देख चुके हैं संसार से विरक्त अवधूतों ने तो 'कामिनी' के साथ–साथ 'कनक' को भी त्याज्य

बतलाया है। जैन कवियों ने भी त्याग की भावना पर बल दिया है। 'राज्याश्रित कवियों की वाणी में भी इस भावना का अभाव ही रहा। सामंतवादी व्यवस्था में राजा और सामंत ही प्रमुख शोषणकर्ता हो सकते थे, उनके विरुद्ध किसी प्रकार की भावना की अभिव्यक्ति राज्याश्रित कवियों की सामर्थ्य के बाहर थी। अतः हिंदी साहित्य के आदिकाल की कविता में आर्थिक जनवाद का सर्वथा अभाव ही रहा।

(भक्तिकाल)

राजनीतिक परिस्थितियाँ

भारतीय इतिहास में ईसा की तेरहवीं शताब्दी एक विभाजक रेखा के सदृश मानी जा सकती है जिसमें देश के शासन की बागडोर विदेशियों के हाथ में चली गयी।[62] स्वार्थपरायण जागीरदारों पर आश्रित[63] सामंतवादी राजपूत–राज्यों के लिए बहुत दिनों तक जीवित रहना असम्भव था। मुसलमानों के पहले ही आक्रमण ने भारतीय राज–व्यवस्था की जड़ें हिला दीं।[64] राजपूतों ने अनेक बार विदेशी आक्रमणों का प्रतिरोध किया परंतु राष्ट्रीय शक्ति के अभाव में वे भीषण शत्रुओं के सामने न ठहर सके।[65] छोटे–छोटे राज्यों के स्वामियों की पारस्परिक ईर्ष्या एवं कलह से जर्जरित हिन्दू समाज इतना दुर्बल हो गया था कि मुसलमानों ने उस पर सरलता से विजय प्राप्त कर ली।[66]

मुस्लिम शासन भी निरंकुश ही था।[67] प्रत्येक प्रांत साम्राज्य की प्रतिकृति था जिसमें 'नायब सुलतान' अपने क्षेत्र में स्वेच्छाचारिता से कार्य करता था।[68] देश की तत्कालीन वास्तविक सत्ता को स्वेच्छाचारिता एवं नौकरशाही का मेल कहा जा सकता है।[69]

भारत में मुस्लिम राज्य 'धर्म–तांत्रिक' था। बादशाह सीजर भी था और पोप भी। परंतु धार्मिक विषयों में वह कुरान शरीफ के नियमों से सीमित था। राज्य के नियम ईश्वर के आदेशस्वरूप थे। बादशाह

पृथ्वी पर भगवान् की छाया समझा जाता था।[70]

इस काल में बादशाहों की स्वेच्छाचारिता पर अंकुश रखने वाली जनसभाएँ भी नहीं थीं। अतः, शासक की निरंकुशता का विरोध करने वाले प्रबल जनमत का भी अभाव ही रहा।[71] शासन के निरंकुश होते हुए भी जनता को प्रतिनिधि समाजों का अभाव खटकता नहीं था क्योंकि अपनी इच्छा के अनुसार जीवनयापन की सुविधा से वह संतुष्ट थी।[72] यद्यपि शासन सैनिक शक्ति पर अवलंबित था फिर भी व्यवहार में उदारता बरती जाती थी। बादशाह अपने सलाहकारों की सम्मति तथा प्रजा की इच्छा का ध्यान रखता था। प्रजा के सामाजिक नियमों तथा उसके परम्परागत अधिकारों की रक्षा पर पर्याप्त ध्यान दिया जाता था।[73]

मुस्लिम शासन के प्रारंभिक काल में हिंदुओं के प्रति भेदभावपूर्ण कठोरता का व्यवहार होता था।[74] वे देश में राज्य के कट्टर शत्रु समझे जाते थे, उन पर जजिया आदि कर लगाए हुए थे[75] तथा बलात् धर्म–परिवर्तन के लिए बाध्य कर दिये जाते थे।[76] दूरदर्शी अकबर ने हिंदुओं के प्रति उदार नीति अपनायी। उसने हिंदू नरेशों के साथ वैवाहिक संबंध स्थापित किए। अपनी सेना को सशक्त बनाने के लिए राजपूतों को बड़े उत्तरदायी पदों पर भी नियक्त किया। उसने हिंदुओं पर लगाए गए जजिया को समाप्त करके अपनी समानता की भावना का प्रत्यक्ष प्रमाण दिया।[77] वह अपनी अमुस्लिम प्रजा के विश्वासों, नियमों एवं परम्पराओं का जिज्ञासु था। हिंदू सामंतों से सामाजिक संबंधों के कारण हिंदुओं के प्रति उसकी सहानुभूति निरन्तर बढ़ती गयी।[78]

अकबर के सदृश जहाँगीर ने भी अपनी हिंदू–मुस्लिम प्रजा से किसी प्रकार के भेदभाव का व्यवहार नहीं किया।[79] शाहजहाँ भी प्रजापालक था।[80] इस संबंध में यह संकेत कर देना आवश्यक है कि तत्कालीन साम्राज्य के भीतर हिंदू धर्म के प्रति सहनशीलता राजनीतिक

आवश्यकता थी। शासन को सुचारू रूप से चलाने के लिए शासकों के पास कोई दूसरा उपाय नहीं था।[81]

अकबर, जहाँगीर तथा शाहजहाँ द्वारा उदारता का व्यवहार किये जाने पर भी उनके शासन में जनता सत्ता को सर्वथा विदेशी समझकर उससे कोई सरोकार न रखती थी।[82] यह शासन जनता की सद्भावना और उसके समर्थन पर स्थापित नहीं हुआ था। बहुत से मामलों में शासक और शासित प्रजा के संबंध–सूत्र का अभाव था।[83] यथार्थतः मुगल–शासन–व्यवस्था प्रजा में सच्ची राजभक्ति को प्रोत्साहन न दे सकी।[84] परंतु इस काल में जनता द्वारा स्वतंत्रता के लिए किये गये संघर्ष की तथा जनता के प्रतिरोध के दमन की कोई प्रामाणिक जानकारी प्राप्त नहीं होती।[85]

यद्यपि मालवा, राजपुताना, बुंदेलखंड और दिल्ली तक में हिंदू नरेश बार–बार मुस्लिम साम्राज्य के विरुद्ध उठते रहे[86] तथापि यह स्वतंत्रता–प्राप्ति के लिए जनता का संघर्ष नहीं था, जैसा कि अंग्रेजी राज्य के विरुद्ध आधुनिक काल में दृष्टिगत होता है। उस युग में जनता द्वारा राजनीतिक अधिकारों की माँग अथवा विदेशी शासन की पराधीनता के विरुद्ध जन–संघर्ष का अभाव ही रहा। इसके अनेक कारण थे –

1. राजनीति के प्रति जनता की उदासीनता की उत्तरोत्तर वृद्धि।

2. शासक में ईश्वर के प्रतिनिधित्व की भावना जिसकी छाया पंडितराज जगन्नाथ के 'दिल्लीश्वरों वा जगदीश्वरों वा'[67] की उक्ति में दृष्टिगत होती है।

3. जनता की प्रतिनिधि–सभाओं एवं लोक–संस्थाओं का अभाव।

4. भक्ति की प्रबल धारा के प्रवाह में संसार के प्रति अनासक्ति की भावना।

राजनीतिक जनवाद

तत्कालीन हिंदी कविता में भी जनता को राजनीतिक अधिकारों के प्रति जागरूक करने वाली तथा विदेशी शासन की दासता से मुक्ति दिलाने वाली भावना का अभाव ही रहा। स्वामी की निष्कपट सेवा की पुष्टि करने वाली जायसी[88] और तुलसी[89] की वाणी राजभक्ति की प्रेरक हैं। शासक की सर्वशक्तिमत्ता की स्वीकृति विधापति में स्पष्ट रूप से मिलती है जहाँ वे कहते हैं कि राजा के अन्यायपूर्ण कृत्य की फ़रियाद कहीं नहीं होती।[90] कबीर आदि संतों की वाणी सांसारिकता से पराङ्मुख करने वाली है। सूरदास आदि अष्टछाप के तथा अन्य कृष्णभक्त कवि अपने बालकृष्ण की लीला–गान में मग्न रहे। 'भक्तन को कहा सीकरी सों काम'[91] कहने वाले भक्तिकालीन कवि संसार से विरक्त होने के कारण जनता को राजनीतिक अधिकारों की प्राप्ति की प्रेरणा कहाँ दे सकते थे? अतः इस काल की कविता में राजनीतिक जनवाद दुष्प्राप्य है। हाँ कहीं, कहीं तुलसी में इस प्रकार की झलक अवश्य दिखाई देती है जहाँ उन्होंने सामंती शासन–प्रबन्ध की दुर्व्यवस्था के कारण जनता की दुरवस्था पर प्रकाश डाला है –

"खेती न किसान को भिखारी को न भीख बलि बनिक को बनिज न चाकर को चाकरी"[92] इस प्रकार का कथन जनता के हृदय में इस प्रकार के कुशासन के प्रति आक्रोश को जन्म देने वाला है।

अन्यत्र एक दोहे में वह देवताओं और राजाओं को स्वार्थी बतलाते हुए कहते हैं कि एक को बलि से मतलब है, दूसरे को कर से–

बलि मिस देखे देवता, कर मिस मानव देव ।
मुए मार सुविचार हत, स्वारथ साधन एव ।।[93]

तुलसी के इस कथन से यह व्यंजित होता है कि राजा केवल कर बटोरता है और वह अपने प्रजा–पालन के कर्त्तव्य से पराङ्मुख है।

ऐसे ही राजा को प्रतिज्ञा—दुर्बल कहा गया है। ऐसे राजा को पदच्युत करना ही जनता का कर्त्तव्य है।[94]

जासु राज प्रिय प्रजा दुखारी ।
सो नृपु अवसि नरक अधिकारी ।।[95]

तुलसी की इस उक्ति के विषय में डॉ. रामविलास शर्मा का अभिमत है कि तुलसी राजा और प्रजा के संघर्ष में प्रजा का पक्ष लेते दिखाई देते हैं।[96] हमारी विनम्र सम्मति में इस उक्ति में प्रजा के संघर्ष का भाव न होकर राजा को प्रजा—पालन के कर्त्तव्य के प्रति उन्मुख करने का भाव है। इसके अतिरिक्त जहाँ तुलसी प्रजा को सताने वाले राजाओं के रावण के सदृश विनाश की भविष्यवाणी करते हैं[97] वहाँ निश्चय ही चेतावनी का आशय सन्निहित है। इस प्रकार का कथन राजा द्वारा प्रजा पर किये जाने वाले अत्याचारों के प्रति जनता का ध्यान आकृष्ट करने वाला है और उसे अन्यायी राजा को पदच्युत करने की प्रेरणा देने वाला है, दूसरे शब्दों में उस अन्यायी राजा के विरुद्ध जन—संघर्ष का प्रेरक है। अतः हम देखते हैं कि तुलसी की कविता में राजनीतिक जनवाद के किंचित् संकेत विद्यमान हैं।

सामाजिक परिस्थितियाँ

मुगलकालीन इतिहास वास्तव में बादशाहों, उनके युद्धों और विजयों का ही इतिहास है। उसमें जनसाधारण के जीवन के संबंध में स्पष्ट उल्लेख नहीं मिलता।[98] हिंदू और मुसलमान दोनों के आध्यात्मिक आन्दोलनों ने जनता का ध्यान धर्म के औपचारिक पक्ष से हटाकर उसकी आधारभूत आध्यात्मिकता की ओर आकर्षित किया अर्थात् उसके भेदबुद्धिजनक बाह्याडंबर की ओर से हटाकर उसके आन्तरिक पक्ष पर लगा दिया। जनता तथा उसके सामाजिक जीवन पर उनका अत्यधिक प्रभाव पड़ा।[99]

सामाजिक जनवाद

धीरे–धीरे वैष्णवों में भी समानता का भाव घर करता गया। छुआछूत का विचार कम होता गया और जगन्नाथपुरी के मन्दिर के भीतर तो छुआछूत को हर प्रकार से समाप्त कर दिया गया। वैष्णवों की इसी परंपरा में कबीर के गुरु रामानन्द हुए और उसी में चैतन्य का आविर्भाव हुआ।[100] कबीर ने हिंदू–मुस्लिम समन्वय करने का भरसक प्रयत्न किया।[101] उनको समझाते–समझाते थक कर कबीर उनकी भर्त्सना करने लगते हैं –

अरे, इन दोहुन राह न पाई।
हिंदू अपनी करे बड़ाई, गागर छुवन न देई।
वेस्या के पायन तर सोवे यह देखो हिंदुआई।।
मुसलमान के पीर औलिया मुर्गी मुर्गा खाई।
खाला केरी बेटी ब्याहै घरहिं में करै सगाई।।[102]

इस प्रकार सम्प्रदायगत भेदभाव की प्रतारणा करके कबीर मानव की समानता की घोषणा करते हैं। इसी प्रकार अन्य संतों ने भी अनेक युक्तियों द्वारा हिंदू–मुसलमान की समानता एवं अभिन्नता का प्रतिपादन किया है।[103] उनके इन विचारों ने हिंदू–मुस्लिम ऐक्य का मार्ग प्रशस्त करके उन्हें एक–दूसरे के निकट ला दिया, भेदभाव की समाप्ति कर दी। रसखान आदि मुसलमान कृष्णभक्त इस बात के प्रमाण हैं।

इसी प्रकार इन संतों ने ब्राह्मण और शूद्र के भेदभाव का भी विरोध किया। अन्य वर्ण एवं सम्प्रदाय के लोगों से अपने को श्रेष्ठ समझने वाले ब्राह्मण वर्ग के प्रति कबीर का व्यंग्य अत्यंत तीखा है –

जो तू बांभन बंभनी जाया,
तो आंन बाट ह्वै काहे न आया।[104]

इसके अतिरिक्त कबीर उन्हें एक ही ज्योति से उत्पन्न और एक

ही प्रकार के हाड़–मांस से बना हुआ बतलाकर ब्राह्मण और शूद्र की समानता का प्रतिपादन करते हैं –

एक बूंद एकै मल मूतर, एक चांम एक गूदा ।
एक ज्योति थें सब उतपनां, कौन बांम्हन कौंन सूदा ।।[105]

इस प्रकार के विचार समाज के अस्पृश्य समझे जाने वाले वर्ग में एक अपूर्व चेतना का संचार करके उसे समानता की घोषणा करने के लिए प्रेरित करने वाले हैं।

इस काल के संत एवं भक्त कवियों का मूल मंत्र था –

'जाति–पांति पूछे नहिं कोई,
हरि को भजै सो हरि का होई।'[106]

तुलसीदास भी वर्ण, जाति धर्म आदि के आधार पर भक्ति के क्षेत्र से किसी का बहिष्कार नहीं करते। वे 'आभीर ज़मन किरात खस स्वपचादि' के लिए भी राम का नाम लेकर पवित्र हो जाने की बात कहते हैं।[107] डॉ. रामविलास शर्मा ने इसको तुलसी की 'भक्ति का जनवादी तत्त्व'[108] माना है। 'जिन तमाम लोगों के लिए पुरोहित वर्ग ने उपासना और मुक्ति के द्वार बन्द कर दिये थे, उन सबके लिये तुलसी ने उन्हें खोल दिया।'[109] राम के अयोध्या लौटने पर निषाद की विदाई के अवसर पर राम स्वयं कहते हैं –

तुम्ह मम सखा भरत सम भ्राता ।[110]

इस प्रकार हम देखते हैं कि हिंदी–साहित्य के भक्ति–कालीन संतों एवं भक्तों की वाणी में अस्पृश्यों के जागरण को प्रेरणा देने वाले सामाजिक जनवाद के तत्त्व विद्यमान हैं।

समाज में स्त्रियों की स्थिति

हिंदू और मुसलमान दोनों के सामाजिक जीवन में नारी पुरुष पर

निर्भर थी परन्तु उसका स्थान आदरास्पद था। हिंदू तथा मुसलमान दोनों में पर्दे की प्रथा प्रचलित थी।[111] इस काल में यद्यपि नारी की स्थिति संतोषजनक न थी तथापि उसने उसके प्रति असंतोष व्यक्त करके विद्रोह नहीं किया। तत्कालीन नारी में पतिभक्ति की भावना इतनी सुदृढ़ थी कि उसके लिए पुरुष के विरुद्ध विद्रोह की भावना अकल्पनीय थी।

ब्राह्मण–वर्ग को फटकारते हुए अस्पृश्यों का पक्ष लेकर उन्हें जागरण की प्रेरणा देने वाले संतों ने स्त्री जाति को हानि ही पहुँचाई। सभी युगों व देशों के निवृत्तिमार्गियों ने कामिनी और कंचन की निंदा करके वैराग्य की भावना का प्रसार किया।[112] कबीर ने कामिनी को विषफल और अग्नि के लपट के सदृश बतलाया–

एक कनक अरू कांमनीं, विष फल कीएउ पाइ ।
देखे हीं थें विष चढ़ै, खायें सूं मरि जाह ।।11।।
एक कनक अरू कांमनीं, दोऊ अगनि की झाल ।
देखें ही तत प्रजलै, परस्यां ह्वै पैमाल ।।12।।[113]

कबीर आदि संत ब्रह्म की प्राप्ति की साधना के मार्ग में नारी को एक फंदा समझते हैं।[114] वे 'नारी–नेह' से रहितपुरुष को वंद्य[115] एवं प्रभु का प्रिय समझते हैं।[116]

नारी-जागरण

ब्रह्म–प्राप्ति के साधना–मार्ग की बाधा समझी जाने वाली नारी की निंदा, भर्त्सना एवं तिरस्कार करने वाले कबीर आदि संत नारी के हितों एवं अधिकारों का विचार अथवा समर्थन क्यों करते? उनकी वाणी में नारी के प्रति सहानुभूतिपरक भाव का अभाव ही रहा। तुलसीदास ने तो हरि–भजन के लिए कलत्र के साथ पुत्र के भी परित्याग की बात कही है।[117] परंतु तुलसीदास भक्त होने के साथ–साथ समाज के

पथप्रदर्शक भी थे जिन्होंने अपने रामचरितमानस में भव्य समाज का आदर्श प्रस्तुत किया है। वह एक ओर नारी को देवता के सदृश पति की सेवा, अर्चना करने का उपदेश देते हैं,[118] दूसरी ओर पराधीन नारी के लिए स्वप्न में भी सुख न मिलने पर आक्रोश व्यक्त करते हैं –

कत विधि सृजीं नारि जग माहीं ।
पराधीन सपनेहुं सुखु नाहीं ।[119]

इस प्रकार की उक्ति नारी–जाति को पराधीनता के पाश से मुक्त होने की प्रेरणा देने वाली है। अतः तुलसी में नारी–जागरण को प्रेरित करने वाले जनवाद के तत्त्व (अपवाद रूप में ही सही) उपलब्ध हैं।

मीरा ने कुल, लज्जा और वंश की मर्यादा की अवहेलना करके श्रीकृष्ण की भक्ति में वैराग्य धारण कर लिया।[120] वह सदा भगवद्भजन में लीन रहती थीं तथा साधुसंतों के पहुँचने पर लोक–लज्जा का परित्याग कर उनका आदर–सत्कार बड़ी श्रद्धा से करती थीं। वे भगवद्दर्शन के निमित्त प्रायः बाहर के मन्दिरों में जातीं और प्रेमावेश में आकर पैरों में घुँघरू बाँध, हाथों से करताल बजा–बजा कर भगवान् की मूर्ति के समक्ष गाने व नाचने तक लगतीं। ये सब बातें मेवाड़ के प्रतिष्ठित राजवंश की मर्यादा के प्रतिकूल थीं।[121] यद्यपि मीरा ये सब व्यापार भक्ति के आवेश में आकर करती थीं तथापि उनका यह कार्य अन्य स्त्रियों को वंश, कुटुम्बीजनों तथा समाज के प्रतिबन्धों की उपेक्षा करके अपनी इच्छा के अनुसार आचरण करने की प्रेरणा देने वाला है। सामाजिक बंधनों की अवहेलना की यह भावना उनके गीतों में भी अभिव्यक्त हुई है –

तेरो कोई नहिं रोकणहार, मगन होइ मीरां चली ।[122]

इस प्रकार की उक्तियाँ समाज के विरोध से टक्कर लेकर निकली हैं और किसी हद तक नारी–समाज को जागरण की चेतना

प्रदान करने वाली हैं।

आर्थिक परिस्थितियां

हिंदी साहित्य के भक्तिकालीन मुस्लिम–शासन के अंतर्गत जनता की आर्थिक स्थिति एक जैसी नहीं रही। अकबर के शासनकाल के पूर्व जनता विपन्न थी और शासक और पदाधिकारी समृद्ध थे। फिर अकबर के शासनकाल में तथा उसके कुछ आगे पीछे उसकी स्थिति में सुधार हुआ और वह सुख से जीवनयापन करने लगी। शाहजहाँ के शासनकाल में फिर जनता की स्थिति चिंताजनक हो गयी और शाही कोष मालामाल होने के कारण राजपरिवार और शासनाधिकारी वैभवविलास में मग्न रहे।

भक्तिकाल के प्रारंभिक दिनों में समृद्ध शासक और शासनाधिकारी मौज का जीवन व्यतीत करते थे। किसान का जीवन–स्तर अत्यंत निम्नकोटि का था। अमीर खुसरो का कहना है कि शाही ताज का प्रत्येक मोती दरिद्र किसान के अश्रुपूर्ण नेत्रों से गिरे हुए रक्त का स्फटित बिन्दु है।[123] बंगाली कवि मुकुन्दराम चक्रवर्ती ने सोलहवीं शताब्दी की अवस्था का चित्रण करते हुए बतलाया है[124] कि कृषकों का जीवन सादा, संतोषपूर्ण एवं समृद्ध था, उनके घर धनधान्य से पूर्ण थे। इसके अतिरिक्त निम्नवर्ग भी सुखी था।[125] यह अकबर का शासनकाल था। अकबर शासन के पदाधिकारियों को नकद वेतन देने लगा[126] जिससे जागीरदारों द्वारा कृषकों के शोषण का अवसर नहीं आया। अकबर का स्मरण प्रजा के पिता के रूप में किया जाता था। उसने किसानों को अनेक करों से मुक्त कर दिया।[127] अकाल की अवस्था में वह कर माफ कर देता था तथा दरिद्र कृषकों को बीज के क्रय के लिए अग्रिम धन दे दिया करता था।[128] राजस्व का अधिकांश भूमि से प्राप्त होता था अतः शासन किसान के हित का विचार रखता था।[129]

अन्यत्र मुकुन्दराम चक्रवर्ती से पता चलता है कि मुग़लशासन के

प्रतिनिधियों द्वारा ग्रामीण जनता की दुर्दशा कर दी जाती थी। वे भूमिकर इतना अधिक निर्धारित करते थे कि जनता उसे देने में असमर्थ रहती थी जिसके परिणामस्वरूप उनके पशु और धान्य अत्यंत थोड़े मूल्य पर बेच दिये जाते थे क्योंकि ग्राहक बहुत कम होते थे। निराश होकर किसान को महाजन की शरण लेनी पड़ती थी जो पराकोटि के शोषक थे।[130] अकबर ने कर स्वरूप उपज का तिहाई भाग निर्धारित किया था जो बहुत अधिक था। जहाँगीर और शाहजहाँ ने उसे कम न करके उलटे बढ़ाकर उपज का आधा भाग कर दिया जिससे किसान अपना और अपने परिवार का भरण–पोषण करने में भी असमर्थ हो गया। अकाल के समय तो दूर–दूर तक भुखमरी व्याप्त हो जाती थी।[131] अकाल न होते हुए भी भारी भूमिकर के कारण किसानों की दशा कष्टपूर्ण रहती थी।[132] जब धन की आवश्यकता पड़ती थी तो राजा सैनिक भेजकर कर इकट्ठा करवाता था जो किसान से अधिक से अधिक छीन लाते थे।[133]

मुसलमान एवं हिंदू लेखकों तथा विदेशी यात्रियों से पता चलता है कि शाहजहाँ के शासनकाल में सम्राट के पास विपुल संपत्ति थी[134] और ग्रामीण जनता अत्यंत दरिद्र थी।[135] बर्नियर के कथनानुसार अमीर कारीगरों को पूरी मजदूरी नहीं देते थे और कभी–कभी तो उचित मजदूरी के बदले कोड़े ही मिलते थे।[136]

वस्तुतः आधुनिक जनतंत्र के उदय के पूर्व तक अतीत की सभी राजनीतिक व्यवस्थाओं के अंतर्गत राजनीतिक सत्ता और संपत्ति का स्वामित्व संमिश्रित होता था अर्थात् राजनीतिक एवं आर्थिक शक्ति का एक ही केन्द्र होता था।[137] यही स्थिति हमें मुग़ल–शासन के अंतर्गत मिलती है।

हिंदी–साहित्य के भक्तिकालीन मुस्लिम–शासनकाल में अनेक समयों पर प्रजा की आर्थिक स्थित अत्यंत दयनीय रही परंतु जनता ने

किसी प्रकार का आर्थिक आन्दोलन नहीं किया। इस प्रकार के आन्दोलन के अभाव के अनेक कारण हैं –

1. जनता के हृदय में परलोक और भाग्यवाद की भावना दृढ़ हो चुकी थी।

2. भक्ति की प्रबल लहर का जनता पर बड़ा व्यापक प्रभाव पड़ा। भगवद्भक्ति के लिए संसार के प्रति अनासक्ति का भाव आवश्यक मान लिया गया। कंचन और कामिनी भक्तिमार्ग में बाधक समझे जाते थे।

3. जन सामान्य का जीवन अत्यंत सादा था, आवश्यकताएँ सीमित थीं, संतोष उसका परम धन था, अतः असंतोष के लिए अवकाश नहीं था।

4. जनता के सबसे बड़े शोषक शासक और उसके सामंत थे। लोक–संस्थाओं के अभाव में उनके विरुद्ध स्वर उठाना असंभव था।

आर्थिक जनवाद

हम पहले देख चुके हैं कि संसार से विरक्त संतों ने जहाँ साधना के मार्ग में बाधक समझकर कामिनी की निंदा की है उसके साथ–साथ उन्होंने कनक की भी निंदा की है और उसे भी साधना–पथ की एक प्रमुख बाधा माना है। इन संतों ने आशा, तृष्णा की निंदा की है और संतोष को जीवन के लिए परम आवश्यक माना है।[138] संतोष के धन की प्राप्ति के उपरांत इन्हें सब धन धूलि के सदृश दिखते हैं।[139] प्रभु इनका परम धन है।[140] इनकी दृष्टि में जिनको किसी वस्तु की आवश्यकता नहीं है, वे बादशाह हैं,[141] जिनके लिए कंचन मिट्टी के सदृश है वे मोक्ष के अधिकारी परम साधु हैं।[142] सहजोबाई रंक की निर्भयता के कारण उसे राजा से भी श्रेष्ठ मानती हैं।[143] रसखान आदि कृष्णभक्त कवि अपने आराध्य के लीलागान में इतन तन्मय हैं, उसकी

छवि पर इतने मुग्ध हैं कि उसकी 'लकुटी और कामरिया' पर तीनों लोकों का राज्य भी निछावर करते हैं[144] तथा कृष्ण की विहार–स्थली करील के कुंजों पर करोड़ों 'कलधौत के धाम' निछावर करने को उद्यत हैं।[145] जिन संतों की वाणी इस प्रकार के विरक्तिपरायण विचारों से ओतप्रोत है, जिन भक्तों को अपने आराध्य की छवि के समक्ष सब कुछ तुच्छ जंचता है उनसे जनता में आर्थिक असंतोष को उद्दीप्त करने की बात की आशा नहीं की जा सकती। इनकी वाणी में आर्थिक जनवाद का सर्वथा अभाव ही रहा।

तुलसी भी अपने परवर्ती जीवन में संसार से विरक्त महात्मा रहे, तृष्णा, लोभ, मोह आदि की उन्होंने भी निंदा की। वर्णाश्रमधर्म आदि की प्राचीन परम्परा के प्रबल पोषक और समर्थक होते हुए भी उनकी रचनाओं में प्रगतिशील विचारों के दर्शन होते हैं। उन्हें अपने बाल्यजीवन की दरिद्रता का साक्षात् कटु अनुभव था।[146] वे पेट की आग की भयंकरता से भली–भांति परिचित थे –

आगि बड़वागि तें बड़ी है आगि पेट की।[147]

तुलसी संतों के सदृश निर्भयता के एकमात्र गुण के कारण दरिद्रता की सराहना नहीं करते वरन् उसे संसार का सबसे बड़ा दुख बतलाते हैं –

नहिं दरिद्र सम दुख जग माहीं ।[148]

उनके इस प्रकार के वचन दरिद्र समाज को दरिद्रता की इस घोरतम यातना से छुटकारा पाने के उपायों पर विचार करने की प्रेरणा देने वाले हैं।

दारिद्रयरूप रावण–द्वारा आक्रान्त विश्व की दीनदशा से व्यथित होकर तुलसी राम से रक्षा करने की प्रार्थना करते हैं –

दारिद्र दसानन दबाई दुनी दीनबन्धु ।

दरित–दहन देखि 'तुलसी' हहाकरी ।[149]

विरक्त महात्मा होते हुए भी तुलसी ने अपने समसामयिक समाज की विपन्नावस्था की ओर से आँख नहीं फेरी, वरन् अपनी कृतियों में यथावसर उसकी मार्मिक अभिव्यंजना की है और उसके निवारणार्थ प्रभु से प्रार्थना भी की है। वास्तव में तुलसी में ही समाज का प्रतिनिधि कवि दिखाई देता है जिसने समाज की उपेक्षा नहीं की वरन् उसका कोना–कोना झाँक कर एक भव्य समाजव्यवस्था का आदर्श प्रस्तुत किया है। तुलसी की रचनाओं में राजनीतिक, सामाजिक तथा आर्थिक जनवाद के मूल तत्त्व विद्यमान हैं।

(रीतिकाल)

राजनीतिक परिस्थितियाँ

मुग़ल–साम्राज्य के पतन तथा यूरोपीय जातियों की बढ़ती हुई शक्ति से भारतीय राजनीति में एक युग की समाप्ति एवं दूसरे युग का प्रारम्भ होता है।[150] इसी समय से हिंदी साहित्य के रीतिकाल का आरंभ माना जाता है। तत्कालीन राजनीतिक व्यवस्था का आधार व्यक्तिवादी निरंकुश राजतंत्र था। इस प्रकार की व्यवस्था में शासक ही राष्ट्र के भाग्य का विधाता, युगचेतना का नियामक तथा कुछ सीमा तक जीवन के प्रति विशिष्ट दृष्टिकोण का प्रवर्तक भी होता है। उसके सम्पूर्ण प्रभुत्व–सम्पन्न व्यक्तित्व में समस्त अधिकार केंद्रित रहते हैं।[151]

मुग़ल–साम्राज्य के विनाश के अनेक कारण थे। शासन स्वेच्छाचारी था। जनता के हित का विचार नहीं किया जाता था, शासक को प्रजा विदेशी ही समझती थी, उसके हृदय में बादशाह के लिए राजभक्ति का अभाव था।[152] परवर्ती काल के स्वार्थपरायण एवं भ्रष्ट अभिजातवर्ग की प्रतिद्वन्द्विता तथा षड़यंत्रों का सामाजिक जीवन पर तो कुप्रभाव पड़ा

ही, इसके साथ–साथ राजनीतिक अव्यवस्था के लिए भी यही उत्तरदायी थे।[153]

मुग़ल–साम्राज्य की अवनति का एक प्रमुख कारण यह था कि अकबर के उत्तराधिकारियों द्वारा उसकी सहिष्णुनीति का परित्याग कर दिया गया।[154] औरंगजेब की धर्मान्धता सीमा को पार कर चुकी थी। हिंदू पदाधिकारी नौकरियों से निकाल दिये गए, जजिया फिर से लगा दिया गया, हिंदू व्यापारियों को मुस्लिम व्यापारियों की अपेक्षा दुगुना सीमाशुल्क देना पड़ता था। उसने मन्दिरों के ध्वंस की आज्ञा दे दी तथा धार्मिक मेलों पर प्रतिबन्ध लगा दिया।[155] यह नीति आत्मघातक थी। उत्पीड़ित हिंदू युद्ध पर उतारु हो गये, मराठों, सिक्खों एवं राजपूतों के जातीय विद्रोह उठ खड़े हुए जिनके कारण मुगल–साम्राज्य ध्वस्त हो गया।[156]

साम्राज्य–विरोधी पहला भयंकर विद्रोह सन् 1669 ई. में गोकल के नेतृत्व में मथुरा के जाट कृषकों ने किया। सन् 1685 ई. में वे फिर एक बार राजाराम और भज्जा आदि मुखियाओं के नेतृत्व में उठे और उन्होंने आगरा और दिल्ली के आसपास लूटपाट द्वारा अपनी शक्ति बढ़ा ली।[157] दूसरा विद्रोह सतनामियों का हुआ। एक शाही सिपाही द्वारा एक सतनामी कृषक के मार दिये जाने पर सारी सतनामी जाति बिगड़ गयी जिसने नारनौल और मेवात को केन्द्र बनाकर भयानक विद्रोह किया। उसके दमन के लिए एक–एक करके कई सेनाएँ भेजी गईं परन्तु इन सेनाओं की पराजय ही होती रही।[158] वास्तविक अर्थ में ये दोनों जन–विद्रोह थे।

दक्षिण के राज्यों की शक्ति–क्षीणता मराठा–शक्ति के उदय में बड़ी सहायक सिद्ध हुई।[159] मराठे औरंगजेब के सबसे भयंकर शत्रु थे।[160] शिवाजी ने महाराष्ट्र और दक्षिण के किसानों और निम्न जातियों को संगठित कर एक मराठाराष्ट्र की नींव डाली।[161] उनकी नीति–कुशलता तथा वीरता के कारण शिवाजी का भारत के इतिहास में एक विशिष्ट

स्थान है।[162] बुंदेले वीर छत्रसाल ने भी औरंगजेब की असहिष्णु–नीति का सशस्त्र प्रतिवाद किया। उन्होंने मुग़लों पर अनेक विजय प्राप्त की।[163]

साम्राज्य की इस नई नीति से सिक्खों में भी असंतोष व्याप्त हो गया।[164] विद्रोही राजकुमार खुसरो के साथ सहानुभूति दिखलाने के अपराध में जहाँगीर ने गुरु अर्जुनदेव को प्राणदंड दिया। मुगल–साम्राज्य के प्रति सिक्खों की शत्रुता का बीजवपन इस समय ही हो गया।[165] अगले गुरु हरगोविन्द ने एक छोटी–सी सेना एकत्र कर ली और वे शाहजहाँ के विरुद्ध उठ खड़े हुए। उन्होनं सन् 1628 ई. में अमृतसर के समीप एक शाही सेना को पराजित किया।[166] गुरु हरगोविन्द के दूसरे पुत्र गुरु तेगबहादुर ने बादशाह के कुछ कृत्यों का विरोध किया और काश्मीरी ब्राह्मणों को उसका प्रतिरोध करने के लिए प्रोत्साहित किया। औरंगज़ेब ने गुरु तेगबहादुर को बन्दी बना लिया जिन्होंने धर्म को जीवन से श्रेष्ठ समझकर अपना बलिदान दे दिया। गुरु के बलिदान ने सिक्ख–जाति को मुग़ल–साम्राज्य के विरुद्ध उद्दीप्त कर दिया।[167] एक अफ़गान द्वारा गुरु गोविन्द सिंह की हत्या कर दिये जाने पर सिक्खों ने बन्दा को अपना नेता बनाया।[168] इस प्रकार सिक्ख मुग़ल–साम्राज्य के पतन तक निरन्तर संघर्ष करते रहे।

राजा जसवंतसिंह की मृत्यु के उपरांत औरंगजेब ने अपने पदाधिकारी नियुक्त करके मारवाड़ को मुग़ल साम्राज्य में सम्मिलित कर लिया। उस राज्य के प्रत्येक राजपूत घराने ने इस आकस्मिक आक्रमण को विफल करने का निश्चय कर लिया।[169] औरंगजेब ने विवश होकर अजीत को राजगद्दी देने का विचार प्रस्तुत किया परंतु इस शर्त पर कि वह मुसलमान हो जाये। बादशाह के इस असाधारण प्रस्ताव से क्षुब्ध राठौरों ने इस प्रस्ताव को स्वीकार करने की अपेक्षा अपने जीवन के बलिदान की प्रतिज्ञा ले ली।[170] इस प्रश्न पर मेवाड़ के वीर सिसौदिया भी मारवाड़ के राठौरों के साथ मिल गये। इस संधि

से राजपूतों के युद्ध ने स्वाधीनता की रक्षा के निमित्त एक राष्ट्रीय जागरण का रूप धारण कर लिया।[171] और औरंगजेब की मृत्यु के अनन्तर मेवाड़, मारवाड़, अम्बेर आदि प्रमुख राजपूत राज्यों ने साम्राज्य के प्रति राजभक्ति को समाप्त करने का प्रयत्न किया।[172]

साहित्यिक परिस्थितियाँ

शाहजहाँ के शासनकाल के उत्तरार्द्ध से रीतिकाल का आरंभ होता है। शाहजहाँ की प्रदर्शन–प्रवृत्ति से प्रेरणा पाकर उस युग में अलंकरण एवं प्रदर्शन का स्वर प्रधान हो गया।[173] तत्कालीन काव्य की प्रदर्शन–प्रधान रीतिबद्ध शैली तथा उसमें शृंगारपरक जीवन–दर्शन की अभिव्यक्ति इसी प्रदर्शन–प्रवृत्ति का परिणाम है। विक्रम की अठारहवीं शती में रीति–काव्य की बाढ़–सी आ गयी। प्रत्येक कवि राधा–माधव को रिझाने के ब्याज से आश्रयदाताओं के अनुरंजनार्थ रस–सरिता प्रवाहित करने लगा।[174]

रीतिकाल के अधिकांश कवि राज्याश्रित थे जो अपने आश्रयदाताओं के प्रीत्यर्थ कविता करते थे। उनकी दो प्रकार की कविताएँ उपलब्ध हैं – एक, वे जिनमें आश्रयदाताओं के पराक्रम, शौर्य एवं दान की प्रशंसा है, दूसरी, वे जिनमें आश्रयदाताओं की विलासपूर्ण भावना की परितुष्टि के लिए शृंगार की धारा बहाई गयी है। उनमें प्रधानता दूसरी कोटि की कविताओं की है। रीतिग्रंथकार कवियों का भी मुख्य प्रतिपाद्य शृंगार ही रहा। साँचा चाहे नायिका भेद का रहा हो चाहे नखसिख का परंतु उसमें ढली है शृंगारिकता ही।[175] रीतिमुक्त कवियों के भी काव्य का आधार प्रमुखतया शृंगार हीं रहा।[176] इस कविता के संबंध में आचार्य हज़ारी प्रसाद द्विवेदी का अभिमत है कि इसे लोक–साहित्य नहीं कहा जा सकता क्योंकि इसमें प्रत्यक्ष लोक–जीवन से स्फूर्ति एवं प्रेरणा पाने की क्रिया गौण है। इसके अतिरिक्त लोक की चित्तभूमि पर इसका संपूर्ण अधिकार भी नहीं था।[177]

रीतिकालीन कवियों की कुछ भक्ति एवं नीतिपरक रचनाएँ भी उपलब्ध हैं।[178] इन कवियों की कविता में कृष्ण, राधा और गोपियों का नाम तो अवश्य आ जाता है पर प्राधान्य ऐहिकतापरक शृंगार का ही है। इसके अतिरिक्त इस साहित्य की मूल प्रेरक शक्ति भक्ति नहीं है।[179] इस युग की धार्मिकता एवं भक्ति रूढ़िबद्ध ही थी। इस युग में आकर धर्म वस्तुतः धर्माभास मात्र रह गया था। ऐन्द्रिय प्रेम में पूर्ण रूप से मग्न होकर भी ये कवि हरि–राधिका की तन–द्युति में अनुराग[180] बनाये हुए थे। वास्तव में यह भक्ति भी उनकी शृंगारिकता का ही एक अंग थी।[181] उन्होंने अपने तथाकथित आराध्य राधा और कृष्ण को शृंगार की नायिका और नायक के रूप में ही चित्रित किया है।[182] घनानंद, आलम, बोधा आदि कवियों की भक्ति का प्रवाह तो शृंगार–भावना से ही निःसृत है। इनकी भक्ति में मानवीय प्रेम को प्रकट करने वाला शृंगार भी प्रचुर परिमाण में उपलब्ध है। ये कोरे वैराग्यप्रवण भक्त नहीं थे, अपितु प्रेम की पीर की अनुभूति से युक्त शृंगारी भक्त थे।[183]

हिंदी साहित्य में वीररस की कविता के द्वितीय उत्थान के दर्शन छत्रपति शिवाजी और महाराज छत्रसाल के उदय पर होते हैं।[184] रीतिकाल के अंतर्गत भूषण, श्रीधर, लाल, सूदन, पद्‌माकर, जोधराज आदि कतिपय कवियों ने वीररसात्मक रचनाओं का भी प्रणयन किया।[185] श्रीधर ने जंगनामा, लाल ने छत्रप्रकाश, सूदन ने सुजानचरित्र, पद्‌माकर ने हिम्मतबहादुर–विरुदावली[186], जोधराज ने हम्मीर रासो की रचना की। इनमें मूर्धन्य स्थान भूषण का है जिन्होंने देश के उन्नायक लोकनायकों की प्रशस्ति की। लाल और जोधराज ने भी देश की वीर विभूतियों का यशोगान किया, शेष कवियों ने लोकनायकों को त्याग साधारणों की चाटुकारी की। द्रव्य के लिए शक्ति का अपव्यय किया है।[187] वीरत्व का सच्चा रूप तभी निखरता है जब वह अत्याचार के दमन, दुष्टों के निर्दलन और पीड़ितों के रक्षण की ओर उन्मुख होता है। काव्य में वीरत्व के वे ही वास्तविक आलंबन या नेता माने गए हैं

जो लोक–कल्याण या लोक–रक्षण में प्रवृत्त रहते हैं। शिवाजी, छत्रसाल आदि ही उस युग के सच्चे वीरनायक थे।[188] भूषण और लाल ने इन्हीं वीर नायकों को अपने काव्य का आलंबन बनाया।

राजनीतिक जनवाद

मुग़ल–साम्राज्य की असहिष्णु नीति से उत्पीड़ित भारतीय जनता ने उसकी दासता से मुक्त होने के लिए डटकर संघर्ष किया। मथुरा के जाटों का, नारनौल के सतनामियों का, मराठों, सिक्खों तथा राजपूतों का संघर्ष जन–विद्रोह था, उस समय जनजीवन राजनीतिक दृष्टि से प्रबुद्ध हो उठा था। परन्तु खेद का विषय है कि इन जन–आन्दोलनों की साहित्य में अभिव्यक्ति नहीं हुई।

तत्कालीन जननायकों शिवाजी एवं छत्रसाल की प्रशस्ति भूषण और लाल ने अवश्य की है। आचार्य विश्वनाथप्रसाद मिश्र का यह मत निस्संदेह मान्य है कि भूषण ने सांप्रदायिक भावना से प्रेरित होकर शिवाजी और छत्रसाल की प्रशंसा तथा औरंगजेब की निंदा नहीं की।[189] उन्होंने विदेशी आततायी शासक के विरुद्ध विद्रोह करने वाले वीर नायकों को अपना आश्रयदाता चुना और उनके पराक्रम शौर्य एवं दान की अतिशय प्रशंसा की।[190] आचार्य हज़ारी प्रसाद द्विवेदी के मतानुसार भूषण की इन वीरदर्प–भरी उक्तियों ने मुग़ल साम्राज्य की जड़ हिलाने में सहायता दी। भूषण की इन कविताओं में सोए हुए समाज को उद्‌बुद्ध करने की शक्ति है।[191] द्विवेदी जी की पहली मान्यता के विषय में संदेह के लिए अवकाश नहीं है। उनकी दूसरी मान्यता से एक संगत प्रश्न उठता है – क्या भूषण की कविताओं ने तत्कालीन अथवा परवर्ती समाज को वस्तुतः उद्‌बुद्ध किया है? इसमें संदेह नहीं कि भूषण की प्रशस्तिपरक कविताओं ने शिवाजी और छत्रसाल जैसे लोकनायकों को बहुत कुछ प्रेरणा दी परंतु हमारी विनम्र सम्मति में भूषण ने यह सब अपने आश्रयदाताओं के प्रसादनार्थ ही किया। भूषण की कविताओं में कहीं भी जनता के राजनीतिक असंतोष

अथवा संघर्ष की अभिव्यक्ति नहीं है। इसके अतिरिक्त उनमें राजनीतिक जन–आंदोलनों को प्रेरणा देने वाले – शासक के प्रति असंतोष, उसे पदच्युत करके उसके स्थान पर जनहितकारी शासक का वरण करने की भावना, राजनीतिक अधिकारों की माँग आदि – जनवादी तत्त्व भी लक्षित नहीं होते। उनकी रचनाओं में राजनीतिक जनवाद का अभाव ही है। अतः भूषण के सांप्रदायिक होने न होने का जनवाद की दृष्टि से विशेष महत्त्व नहीं। यही बात लाल के संबंध में भी कही जा सकती है।

रीतिकालीन कवियों ने राजाओं की केवल प्रशस्ति ही की हो – ऐसी बात नहीं। देव और ठाकुर जैसे दरबारी कवियों ने भी शासकों को अप्रत्याशित रूप से खरी खोटी सुनाई है। किसी समय भरतपुर के जाट राजा ने महाकवि देव से बारम्बार कविता सुनाने का आग्रह किया। देव ने चिढ़कर यह आक्षेपपूर्ण दोहा सुनाया –

पीताम्बर फाट्यो भलो, सांबा भलो न टाट ।
राजा भयो तो का भयो, रह्यो जाट को जाट ।।[192]

इसी प्रकार ठाकुर बुंदेलखंडी ने अपने आश्रयदाता राजा पारीछत से छल करने वाले हिम्मतबहादुर के कटु वचन सुनकर म्यान से तलवार निकाल ली और कहा –

ठाकुर कहत हम बैरी, बेवकूफन के,
जालिम दमाद हैं अदानियां ससुर के ।[193]

परंतु उन शासकों के प्रति इनका यह क्षोभ व्यक्तिगत ही है। इसका जनता के राजनीतिक असंतोष एवं क्षोभ से कोई संबंध नहीं। इस प्रकार रीतिकालीन हिंदी कविता में जनता के राजनीतिक जागरण को प्रेरणा देने वाले तत्त्वों अथवा राजनीतिक जनवाद का अभाव ही रहा।

सामाजिक परिस्थितियां

'सन् ईस्वी की सत्रहवीं शताब्दी तक आते–आते हिंदुओं की जाति–पांति की व्यवस्था और भी कसी जाकर सिमट गई थी। अब वह पुरानी वर्ण–व्यवस्था के आदर्श पर न चलकर पेशेवर जातियों के रूप में ढलने लगी थी। पेशे वंशानुक्रम से चलने लगे। प्रत्येक पेशे के लोग अलग–अलग जातियों के रूप में संगठित होते गए।'[194] जहाँ तक स्त्री की स्थिति का संबंध है वह उपभोग की सामग्री मात्र रह गयी थी।[195] जैसा कि तत्कालीन साहित्य से परिलक्षित होता है।

तत्कालीन भारतीय समाज सामंतीय आधार पर स्थित था। शासक इस सामाजिक व्यवस्था का केन्द्र था। उसके अधीन उच्च पदाधिकारी थे। इनके बाद राज्य के विभिन्न विभागों में काम करने वाले कर्मचारियों का वर्ग था। उस समय का मध्यवर्ग प्रधानतया इन्हीं लोगों से निर्मित था। निम्न वर्ग में नौकर–चाकर और मजदूरों के अतिरिक्त भारत का विशाल कृषक–समुदाय भी था, 'जो सोना पैदा कर मिट्‌टी पर गुजर कर रहा था।'[196] इस प्रकार सामाजिक और आर्थिक दृष्टि से सारा समाज दो वर्गों में विभक्त था – एक उत्पादक–वर्ग और दूसरा भोक्ता–वर्ग। उत्पादक–वर्ग में कृषक–समुदाय और श्रमजीवी थे। सम्राट, उसका परिवार, पदाधिकारी, राजा, रईस और नवाब आदि भोक्ता–वर्ग में थे। उत्पादक–वर्ग पर इनका पूर्ण प्रभुत्व था। स्वभावत: इन्हीं की सामाजिक स्थिति श्रेष्ठ थी।[197] 'इन दो वर्गों के मध्य में कवियों, चित्रकारों, संगीतज्ञों आदि कलावंतों का वर्ग था जो प्राय: उत्पादक वर्ग से उत्पन्न होता था किंतु भोक्ता वर्ग की स्तुति और मनोविनोदन करके जीविका निर्वाह करता था।'[198]

अठारहवीं शताब्दी में सामान्यतया सामाजिक जीवन के प्रत्येक क्षेत्र में एक ह्रास दृष्टिगत होता है। सामाजिक रीतियों, राजनीति, धर्म, कला सभी क्षेत्रों में क्षीयमाण परम्परा के दर्शन होते हैं। यहाँ तक कहा

जा सकता है कि इस काल में मानवतापूर्ण व्यवहार का भी लोप हो गया था। इसलिए अनेक दृष्टिकोणों से इस काल को भारतीय इतिहास का अन्धकारतम युग कहा जा सकता है।[199]

सामाजिक जनवाद

आलोच्यकाल में सामाजिक जागरण की दोनों विधाओं में से किसी के भी संकेत उपलब्ध नहीं होते। सामाजिक दृष्टि से समान हितों एवं अधिकारों की माँग शांति के समय ही संभव है। अशांति तथा राजनीतिक अव्यवस्था के समय इनके लिए अवकाश नहीं रहता। तत्कालीन कवियों ने भी सामाजिक वैषम्य, छूतछात, ऊँच–नीच की भावना के प्रति कोई असंतोष व्यक्त नहीं किया। इसके दो कारण हैं। एक तो यह कि राज्याश्रित कवियों को अपने आश्रयदाताओं की प्रशस्तिपरक तथा उनकी विलास–वृत्ति–उत्तेजक कविता से अवकाश ही नहीं मिला। दूसरा यह कि सामाजिक शोषण से उत्पीड़ित जनता से उनकी अर्थसिद्धि सम्भव नहीं थी। उसके प्रति सहानुभूति व्यक्त करना अथवा उसकी मर्म–व्यथा को मुखरित करना उन्हें अनावश्यक प्रतीत हुआ। जो कवि राज्याश्रित नहीं थे वे भी राधा–माधव का नाम लेकर श्रृंगारिक भावों की अभिव्यक्ति से अघाते नहीं थे। नारी को पुरुष के उपभोग की सामग्री के रूप में अंकित करने वाले इन रीतिकालीन कवियों से नारी–जागरण के प्रेरक भावों की आशा करना व्यर्थ है। निष्कर्ष यह कि रीतिकालीन हिंदी कविता में सामाजिक जनवाद का भी अभाव ही है।

आर्थिक परिस्थितियाँ

मुग़लकालीन शासन शासकों के हितार्थ द्रव्यार्जन का एक यंत्र मात्र था। देश में विपुल संपत्ति थी परंतु उसका विभाजन विषमतापूर्ण था। शासकों एवं पदाधिकारियों के अल्पसंख्यक–वर्ग का जीवन ऐश्वर्यपूर्ण था और जन–जीवन दारिद्र्यग्रस्त था। दलित किसान–वर्ग

के खून–पसीने से राज्य का वैभव बनाया जा रहा था।[200] साधन–समृद्ध धनिक–वर्ग असंयमित एवं विलासपूर्ण जीवन व्यतीत करता था। अभिजात–वर्ग सुरा–सुन्दरी के उन्मुक्त उपभोग में लिप्त था।[201]

शासन के पदाधिकारियों को वेतनस्वरूप जागीर देने की प्रथा फिर से प्रचलित हो गयी। लगान तिहाई से बढ़ाकर आधा कर दिया गया जिससे राजकीय कोष और अधिकारियों की जेब तो भर गई परन्तु किसानों को जीवन का निर्वाह करना भी कठिन हो गया।[202] दक्षिणी भारत के हिंदू राज्यों में भी यही स्थिति थी। वहाँ भी लगान–वसूली का दमनचक्र कुछ कम भयंकर न था।[203]

शाहजहाँ के शासनकाल के अंतिम दिनों तथा औरंगजेब के शासन के प्रारंभिक काल का परिचय देता हुआ तैवर्नियर बतलाता है कि तत्कालीन किसान इतना दरिद्र कर दिया गया था कि वस्त्र के नाम पर उसके कटि–प्रदेश में एक चिथड़ा भर होता था। यदि नवाबों को किसी के पास सम्पत्ति होने का पता लगता था तो उससे उसकी सम्पत्ति बलपूर्वक छीन ली जाती थी।[204] इसी प्रकार बर्नियर से पता चलता है कि जब दरिद्र किसान अपने इन हिंस्र स्वामियों की माँग को पूरा करने में असमर्थ होते थे तो वे उनकी जीविका के साधनों के साथ उनके बच्चों से भी उन्हें वंचित कर दिया करते थे जिन्हें वे दास बना लेते थे। इन असह्य अत्याचारों से निराश होकर वे देश छोड़कर भाग खड़े होते थे और जीविका का कोई और धन्धा अपनाते थे।[205]

आर्थिक जनवाद

मुग़ल शासकों तथा उनके पदाधिकारियों द्वारा शोषित और उत्पीड़ित बहुसंख्यक कृषक एवं श्रमिकवर्ग के हृदय में उनके प्रति क्षोभ अवश्य उमड़ता होगा परंतु लोकसंस्थाओं के अभाव के कारण वह मूर्तरूप धारण नहीं कर सका। इतिहास में भी जनता के आर्थिक जागरण के कोई चिह्न उपलब्ध नहीं हैं। शृंगार रस की धारा में पूर्ण

रूप से निमग्न रीतिकालीन कवियों को शोषित, उत्पीड़ित जनता की ओर आँख उठाकर देखने का अवकाश कहाँ था? इस शोषित जनता से उन्हें कौन–से पुरस्कार की आशा थी कि वे उसकी विपन्नावस्था का चित्रण करते, उनकी मर्मव्यथा को वाणी देते और उसे आर्थिक जागरण के लिए प्रेरित करते। अतएव रीतिकालीन हिंदी कविता में आर्थिक जागरण के प्रेरक तत्त्वों का भी अभाव है।

उपर्युक्त विवेचन से स्पष्ट है कि रीतियुगीन कविता तीनों प्रकार के जनवाद से शून्य है। उसकी इस जनवाद–शून्यता, जन–जीवन की प्रेरणा के अभाव के कारण ही आचार्य हज़ारी प्रसाद द्विवेदी ने तत्कालीन कविता को लोक–साहित्य मानने से इन्कार किया है।[206]

संदर्भ

1. हिंदी साहित्य का बृहत् इतिहास (प्रथम भाग), पृ. 34.
2. हिंदी साहित्य का बृहत् इतिहास (प्रथम भाग), पृ. 34.
3. (क) Short History of the Indian People, P. 88.
   (ख) India in the tenth Century, A Short History of India, P. 119.
   (ग) मध्ययुग का संक्षिप्त इतिहास, पृ. 17.
   (घ) भारत में अंग्रेजी राज (पुस्तक प्रवेश), पृ. 70-71.
4. (क) An Advanced History of India, P. 191.
   (ख) A Short History of India, P. 118, 106.
5. (क) An Advanced History of India, P. 191.
   (ख) दोहा–कोश, (भूमिका), पृ. 3.
   (ग) सिद्ध साहित्य, पृ. 68.
6. पूरी सभा बइठो सांमख्यो–राव ।
   चउरास्या सहू लीयो बोलाई ।।
   माई तेड़ावी राव की ।
   सबी मिलि मंत्र कियो तिणि ठाई ।।
   कहेउ हमारउ जह सुणो ।
   'कोक भतीजौ सूंपजर राज ।।' ६६।।
   बीसलदेव रासो, पृ. 56.
7. A Short History of India, P. 118.
8. History of Mediaeval Hindu India, P. 122.
   और भी दे. (क) हिंदी साहित्य का बृहत् इतिहास (प्रथम भाग), पृ. 36.
   (ख) A Short History of the Indian People, P. 106.
9. A Short History of India, P. 123.
   और भी दे. An Advanced History of India, P. 191.

10. सिद्धान्ततः राजा निरंकुश था और राज्य के ऊपर उसका एकतंत्र अधिकार था। परंतु भारतीय राजाओं पर परंपरागत कई प्रतिबन्ध थे और उनमें अत्याचारियों की संख्या बहुत कम थी। ....। हिंदू राजाओं के सामने इस युग में भी मर्यादा पुरुषोत्तम आदर्श राजा राम का उदाहरण रहता था और मध्य युग में काश्मीर को छोड़कर और किसी राज्य में अत्याचारी शासक का उल्लेख नहीं मिलता। इसके कई कारण थे एक तो प्रजारंजन और अहिंसा की परंपरा इस देश में बहुत प्राचीन काल से चली आ रही थी। दूसरे विधि (कानून) बनाने का अधिकार हिंदू राजा के हाथ में नहीं था। समाज द्वारा विकसित और ऋषियों तथा आचार्यों द्वारा शास्त्र का रूप पाए नियमों का अनुसरण उसे करना पड़ता था।

हिंदी साहित्य का बृहत् इतिहास (प्रथम भाग), पृ. 68.

11. सर्वविधासु कुशलो नृपोह्यपि सुमंत्रवित् ।

मंत्रिमिस्तु बिना मंत्रं नैकोर्थ चिंतयेत्क्कचित् । शुक्रनीति २।२।।
सम्याधिकारि प्रकृति, समासत्सु मतेस्थितः ।
सर्वदास्यान्नृपः प्राज्ञः स्वमतेन कदाचन ।। शुक्रनीति २।३।।

दे. (क) Hindu Polity, P. 278.
(ख) The History of Aryan rule in India, P. 224.

12. नवीन कर शुल्कादेर्लोक उद्विजते ततः ।
गुण नीति बल द्वेषी कुल भूतोप्य धार्मिकः ।। शुक्रनीति २।६४।।
नृपो यदि भवेतं तु त्यंजेतद्राष्ट्र विनाशकम् ।
तत्पदे तस्य कुलजं गुणयुक्तं पुरोहितः ।। शुक्रनीति २।६५।।
प्रकृत्यनुमतिं कृत्वास्थापयेद्राज्थ गुप्तये ।

दे. (क) Public Administration in Ancient India, P. 73.
(ख) The Political Institutions And Theories of the Hindus, P. 182.
(ग) A History of Hindu Political Theories, P. 219.
(घ) प्राचीन भारतीय शासन–पद्धति, पृ. 65.

13. हिंदी साहित्य का बृहत् इतिहास (प्रथम भाग), पृ. 37.
14. An Advanced History of India, P. 191.
15. हिंदी साहित्य का बृहत् इतिहास (प्रथम भाग), पृ 36.
16. रामचरितमानस, 2.16.3।
दे. हिंदी साहित्य का बृहत् इतिहास (प्रथम भाग), पृ. 39.
17. हिंदी साहित्य का बृहत् इतिहास (प्रथम भाग), पृ. 39 पर उद्धृत।
और भी दे. History of Mediaeval Hindu India, Vol, I, P. 120-121.
18. हिंदी साहित्य का बृहत् इतिहास (प्रथम भाग), पृ. 40.
19. 'दूसरा व्याख्यान – (ईसा की सातवीं शताब्दी) आर्थिक और सामाजिक दशाएँ' व्याख्यानदाता – अल्लामा अब्दुल्लाह यूसुफ़ अली, सी.बी.ई., एम.ए., एल.एल.एम., मध्यकालीन भारत की सामाजिक अवस्था, पृ. 19.
20. हिंदी साहित्य का बृहत् इतिहास (प्रथम भाग), पृ. 40-41.
21. वही, पृ. 41-42.
और भी दे. मध्यकालीन भारत की सामाजिक अवस्था, पृ. 9.
22. Democratic Government in India, P. 4.
और भी दे. Hindu Polity, P. 351.
23. वही, पृ. 8.
24. वही, पृ. 4, 8.
25. हिंदी साहित्य का बृहत् इतिहास (प्रथम भाग), पृ. 80
26. अपभ्रंश–साहित्य, पृ. 266.
27. वही, पृ. 385.
28. वही, पृ. 37.
29. A Short History of the Indian People, P. 104.
और भी दे. A Short History of India, P. 127.

30. A Short History of Indian People, P. 105.
और भी दे. हिंदी काव्य–धारा, पृ. 40-41.
31. A Short History of India, P. 127.
32. A Short History of the Indian People, P. 107.
33. दृष्ट्वातत्कार्यकौशल्ये तथा तं परिवर्तयेत् ।
नाधिकारं चिरं दद्याद्यस्मैकस्मै सदानृपः ।। शुक्रनीति, २।१११।।
अधिकारेक्षभंदृष्ट्वा ह्यधिकारेनियोजयेत् ।
अधिकार मदंपीत्वा को न मुह्यात्पुनश्चिरम् ।। शुक्रनीति, २।११२।।
दे. The History of Aryan rule in India, P. 222.
और भी दे. Hindu Social Organization, P. 317.
34. स्वधर्मनिरतानित्यस्वामिभक्तारिपुद्विषः ।
शुद्रा व क्षत्रिया वैश्याम्लैच्छाः संकरसम्भवाः ।
सेनाधिपाः सैनिकाश्च कार्याराज्ञाजयार्थिना । शुक्रनीति, २।१३८–१३६.
दे. प्राचीन भारतीय शासन पद्धति, पृ. 128.

35. आठवीं शताब्दी में तान्त्रिक आन्दोलनों के अध्ययन से प्रतीत होता था कि सारे देश में संकीर्ण जाति–व्यवस्था और शुद्धतावादी आधार–पद्धति के विरुद्ध एक व्यापक विद्रोह जाग उठा था और निम्न वर्ग की जातियाँ उस समय सशक्त और जागरुक थीं।

सिद्ध साहित्य, पृ. 477.

36. हिंदी साहित्य की भूमिका, पृ. 32.
और भी दे. (क) हिंदी साहित्य का इतिहास, पृ. 17.
(ख) हिंदी साहित्य की जनवादी परम्परा, पृ. 165.

37. सरह उन चौरासी सिद्धों के आदि–पुरुष हैं, जिन्होंने लोक–भाषा की अपनी अद्भुत कविताओं तथा विचित्र रहन–सहन और योग–क्रियाओं से वज्रयान को एक सार्वजनीन धर्म बना दिया।

पुरातत्त्व–निबंधावली, पृ. 147.

38. सरह विद्रोही थे। राजनीतिक विद्रोही नहीं, विचारों की दुनिया के विद्रोही और कितने ही अंशों में सामाजिक विद्रोही भी।

दोहाकोष, पृ. 26.

39. 'वे कहते हैं – ब्राह्मण ब्रह्मा के मुख से उत्पन्न हुए थे; जब हुए थे तब हुए थे। इस समय तो ये भी दूसरे लोग जिस प्रकार पैदा होते हैं वैसे ही पैदा होते हैं। तो फिर ब्राह्मणत्व रहा कहाँ? यदि कहो कि संस्कार से ब्राह्मण होता है तो चाण्डाल को भी संस्कार दो, वह भी ब्राह्मण हो जाय; यदि कहो कि वेद पढ़ने से कोई ब्राह्मण होता है तो क्यों नहीं चाण्डालों को भी वेद पढ़ाकर ब्राह्मण हो जाने देते?'

हिंदी साहित्य की भूमिका, पृ. 32.
और भी दे. कबीर, पृ. 133.

40. (ब्रह्मणेंहि म जानन्तहि भेउ । एवह पढिअउ ए च्चउवेउ ।।
मट्टि (पाणि कुस लई पढन्तं । धरहिं बहसी अग्गि हुणन्तं ।।
कज्जै विरहिअ हुअवह होमें । आक्ख डहाविअ कडुअें घूमें ।।
एकदण्डि त्रिदण्डी भअवं (ा) बसें। विणुआ होइअइ हंस उएस ।।

भिच्छेहिं जा वाहिअ भुल्लें । घम्माघम्म ण जाणिअ तुल्ले ।।
दोहाकोश, पृ. 2.
दे. हिन्दी काव्य धारा, पृ. 4.
और भी देखिये – 'पाखंड–खंडन', हिन्दी काव्य धारा, पृ. 256.

41. अइरिएहिं उछलिअच्छारें । सीससु वाहिअ ए जड–मारें ।।
घरही बहसी दीवा जाली । कोणहिं बइसी घण्टा चाली ।।
अक्खि णिवेसी आसण बन्धी। कण्णेहिं खुसखुसाह्य जण धन्धी ।।
रण्डी–मुण्डी अण्णवि बेसें । दिविखज्जड़ दविखण–उदेसें ।।
दोहाकोश, पृ. 2.
दे. हिन्दी काव्य धारा, पृ. 4.

42. दीहणवख जह मलिणें बेसें । णग्गल होइ उपाडिअ केसें ।।
खबणेहिं जाण विडंबिअ बेसें । अप्पण बाहिअ मोक्ख उबेसें ।।
ज़हणग्गाविअ होइ मुत्ति, ता सुणह सिआलह ।।
लोमुपाडणें अत्थि सिद्धि, ता जुबह णिअम्बह ।
पिच्छीगहणे दिट्ठ मोक्ख (ता मोरह चमरह) ।।
दोहाकोश, पृ. 2.
दे. हिंदी काव्य धारा, पृ. 4.

43. हिंदी साहित्य की भूमिका, पृ 31-32.

44. 'India Under Gupta's And Successors', An Advanced History of India, P. 196.

45. वही, पृ. 196-97.

और भी दे. 'India in the tenth century', A Short History of India, P. 127.

46. वही, पृ. 128.

47. हिंदी साहित्य का बृहत् इतिहास (प्रथम भाग), पृ. 145.

48. बालया वायुवत्था वा वृद्धयावापि योषिता
नस्वातन्त्र्येणकर्त्तव्यं किंचित्कार्य गृहेष्वपि ।।५,१४७।।
बाल्येपितुर्वशे तिष्ठेत्पाणिग्राहस्य यौवने ।
पुत्राणां भर्तरि प्रेते न भजेत्स्त्रीस्वतन्त्रताम् ।। ५, १४८।।
मनुस्मृति, पृ. 302.
और भी दे. श्लोक 3, 4, अध्याय नवम्, पृ. 481.

49. अशीलः कामवृत्ता वा गुणेर्वा परिवर्जितः ।
उपचर्यः स्त्रिया साध्व्या सतत देववत्पतिः ।५,१५४।।
मनुस्मृति, पृ. 304.

50. नास्ति स्त्रीणां पृथग्यज्ञो न व्रत नाप्युपोषिताम् ।
पति शुक्रषेत येन तेन स्वर्गे महीयते ।।५,१५५।।
मनुस्मृति, पृ. 304.

51. जैसा कि पहले लिखा जा चुका है, कन्या, पत्नी तथा माता के रूप में स्त्री सदा से आदरणीया थी। सिद्धांततः स्त्री पुरुष की अर्द्धांगिनी थी, उसके बिना पुरुष अपूर्ण था; दोनों' के मिलन से ही जीवन की पूर्णता और सफलता संभव थी। ब्राह्मण काल से यह तथ्य स्वीकृत किया गया था।

हिंदी साहित्य का बृहत् इतिहास (प्रथम भाग), पृ. 174.

52. स्मृतियों और निबंधों सभी ने इस बात को माना है कि धर्मसंपत्ति, प्रजोत्पत्ति और रति तीनों में स्त्री और पुरुष समान, अभिन्न तथा अविच्छेय हैं। स्त्री के बिना गृह और गृहस्थ जीवन की कल्पना ही असंभव थी। गृहिणी ही गृह थी। उसके बिना गृह अरण्य था।

हिंदी साहित्य का बृहत् इतिहास, (प्रथम भाग), पृ. 175.

53. इसमें संदेह नहीं कि असफल प्रेमियों और संसार से पलायनवादी विरक्त अवधूतों द्वारा स्त्रियों के प्रति उपालंभ, भर्त्सना और निंदा के उद्‌गार प्रकट किए गए हैं।

हिंदी साहित्य का बृहत इतिहास (प्रथम भाग), पृ. 175.

54. कदे न सोमे सुन्दरी समकादिक के साथ ।
जब तब कलंक लगाइसी काली हांडी हाथि ।।२५०।।
पासि बैठी सोभे नहीं साथि रमाई मुंडि ।
गोरष कहे असतरी कहा सलह कह मुंडि ।।२५१।।
गोरखबानी, पृ. 77-78.

55. कनक कामनी त्यागै दोह, सो जोगेस्वर निरमे होई ।।१०२।।
गोरखबानी, पृ. 35.

56. हिंदी साहित्य का बृहत् इतिहास (प्रथम भाग), पृ. 350.

57. 'India Under Cuptas And Successors', An Advanced History of India, P. 197.

58. An Advanced History of India, P. 159.

59. 'India in the Tenth Century', A Short History of India, P. 128.

60. वही, पृ. 130.

61. Studies in Indian History And Culture, P. 520-21.

62-The History And Culture of the Indian People, (Vol. I), P. 44.

63. मध्ययुग का संक्षिप्त इतिहास, पृ. 33.
और भी दे. From Akbar to Aurangzeb, P. 249.

64. मध्ययुग का संक्षिप्त इतिहास, पृ. 73-74.

65. वही, पृ. 104.

66. वही, पृ. 103.

67. From Akbar to Aurangzeb (A Study in Indian Economic History), P. 233.

68. An Advanced History of India, P. 395.

69. From Akbar to Aurangzeb (A Study in Indian Economic History), P. 234.

70. मध्ययुग का संक्षिप्त इतिहास, पृ. 233.

और भी दे.

(क) An Advanced History of India, P. 391.

(ख) Some Aspects of Muslim Administration, PP. 2, 61.

71. An Advanced History of India, P. 392.

और भी दे. From Akbar to Aurangzeb (A Study in Indian Economic History), P. 233.

72. Mughal Kingship And Nobility, P. 299.

73. मध्ययुग का संक्षिप्त इतिहास, पृ. 359.
और भी दे. Mughal Kingship And Nobility, P. 299.
74. मध्ययुग का संक्षिप्त इतिहास, पृ. 123.
75. वही, पृ. 239.
76. वही, पृ. 235.
77. Modern Indian And The West, P. 21.
और भी दे. मध्ययुग का संक्षिप्त इतिहास, पृ. 339.
78. Rise And Fall of the Mughal Empire, P. 253.
79. Rise And Fall of the Mughal Empire, P. 412-13.
और भी दे. भारत में अंग्रेजी राज्य (पहली जिल्द), (पुस्तक प्रवेश), पृ. 159.
80. मध्ययुग का संक्षिप्त इतिहास, पृ. 430-31.

81. मैं, एक क्षण के लिये भी, इस बात का संकेत नहीं करना चाहता कि साम्राज्य के भीतर हिंदू धर्म के लिये जो सहनशीलता थी वह बादशाह की इच्छा के अनुकूल थी या उसे विशेष कट्टर मुस्लिम प्रजा पसंद करती थी। अधिकांश विवशता थी, एकमात्र राजनीतिक आवश्यकता थी। मध्यकालीन हिंदू–धर्म शस्त्रयुक्त और संगठित था। यदि उसके प्रति सहनशीलता दिखाई जाती थी तो उसका कारण यही था कि इसके अतिरिक्त शासकों के पास कोई दूसरा उपाय नहीं था।

लेख – 'मध्य–युग में हिंदू–मुस्लिम संबंध', (लेखक – प्रोफेसर मुहम्मद हबीब, एम.ए., (आवसन), 'हिंदुस्तानी' (हिंदुस्तानी एकेडेमी की तिमाही पत्रिका), पृ. 98, भाग 1, अंक, 1, जनवरी 1931.

82. Democratic Government in India, P. 9.
83. An Advanced History of India, P. 396.
84. Mughal Kingship And Nobility, P. 63.
85. The History And Culture of the Indian People, (Vol. I), P. 44-45.
86. A Brief History of the Indian People, P. 109.
87. हिंदी साहित्य का बृहत् इतिहास (प्रथम भाग), पृ. 39 पर उद्‌घृत।
88. पदमावत, (पद्य सं. ६१८), पृ. 672.
89. भानु पीठि सेइअ उर आगी, स्वामिहि सर्व भाव छल त्यागी ।
रामचरितमानस, 4, 23, 2.
90. तोहें कुल–ठाकुर हमें कुल–नारि ।
अधिपक अनुचिते किछु न गोहारि ।।
पिसुने हसब पुनु माथ डोलाए ।
बराक कहिनी बड़ि दुर जाए ।।
विद्यापति, पृ. 201.
91. दे. अष्टछाप और वल्लभ–सम्प्रदाय (भाग–1), पृ. 236.
92. कवितावली, उत्तरकांड, पद्य सं. 97.
दे. प्रगतिशील साहित्य की समस्याएँ, पृ. 182-83.
93. दोहावली, 349.
दे. प्रगतिशील साहित्य की समस्याएँ, पृ. 183.
94. (क) Hindu Polity, P. 220.

(ख) The History And Culture of the Indian People, Vol. I, P. 428.
(ग) The Political Institutions And Theories of the Hindus, P. 84.

95. रामचरितमानस, 2.71.3.

96. राजा और प्रजा के संघर्ष में तुलसी प्रजा के साथ हैं।
'जासु राज प्रिय प्रजा दुखारी । ते नृप अवसि नरक अधिकारी ।'
प्रगतिशील साहित्य की समस्याएँ, पृ. 183.

97. राज करत बिनु काजहीं करहिं कुचालि कुसाज ।
तुलसी ते दसकंघ ज्यों जइहें सहित समाज ।।
दोहावली, 416.
और भी दे. दोहावली, 417.
दे. प्रगतिशील साहित्य की समस्याएँ, पृ. 183.

98. मध्ययुग का संक्षिप्त इतिहास, पृ. 492.

99. Rise And Fall of the Mughal Empire, P. 247-48.

100. सांस्कृतिक भारत, पृ. 175.

101. An Advanced History of India, P. 405.

102. सबद – कबीर साहब, संत–सुधा–सार (दूसरा खंड), पृ. 109.
और भी देखिये –
नहीं को ऊँचा नहीं को नींचा, जाका प्यंड ताही का सींचा ।।
जो तूं बांभन बमनीं जाया, तो आंन बाट ह्वे काहे न आया ।।
जे तूं तुरक तुरकनी जाया, तौ भीतरि खतनां क्यूं न कराया ।।
कहै कबीर मधिम नहीं कोई, सो मधिम जा मुखि रांम न होई ।।४१।।
कबीर–ग्रन्थावली, पृ. 102.

103. (क) हिंदू तुरक न जाणों दोइ ।
सांई सबनि का सोई है रे, और न दूजा देखो कोई ।।
कीट पतंग सबै जोनिन में, जल थल संगि समांनां सोइ ।
पीर पैगम्बर देवा दानव मीर मलिक मुनिजन कों मोंहि ।।
राग –स्वामी दादू दयाल, संत–सुधा–सार (प्रथम खंड), पृ. 445.

(ख) दादू ना हम हिन्दू होहिंगे, ना हम मुसलमान ।
षट दर्सन में हम नहीं, हम राते रहिमान ।।१०।।
दादू करणी हिंदू तुरक की, अपणी अपणी ठौर ।
दुहुं बिच मारग साघ का, यहु संतों की रह और ।।११।।
साखी – स्वामी दादू दयाल, संत–सुधा–सार (प्रथम खंड), पृ. 486.

(ग) सब हम देख्या सोधि करि, दूजा नाहीं आन ।
सब घट एके आत्मा, क्या हिंदू मुसलमान ।।१।।
दादू दोनों भाई हाथ पग, दोनों भाई कान ।
दोनों भाई नैन हैं, हिंदू मुसलमान ।।२।।
साखी – स्वामी दादू दयाल, संत–सुधा–सार (प्रथम खंड), पृ. 495.

(घ) रज्जब हिंदू तुरक तजि, सुमिरहू सिरजनहार ।
पखापखी सूं प्रीति करि कौन पहुँचा पार ।।५८।।

हिंदू तुरक दून्यूं जल बूंदा। कासूं कहये बांमण सूदा ।
रज्जब समता ज्ञान विचारा। पंचतत् का सकल पसारा ।।५६।।
साखी – श्री रज्जब, संत–सुधा–सार (प्रथम खंड), पृ 530.

(ङ) चिन्ह बिना सब कोई आये । इहाँ भये दोइ पंथ चलाये ।
हिंदू तुरक उठ्यो यह मर्मा । हम दोऊ का छाया धर्मा ।।
चौपाई – स्वामी सुन्दरदास, संत–सुधा–सार (प्रथम खंड), पृ. 597.

(च) हिंदू तुरक हम एके जाना । जो एह माने सब्द निसाना ।।
साहब का एह सब जिव अहई । बूझि विचारि ग्यान निजु कहई ।।
चौपाई–दरिया साहब, (बिहार वाले), संत–सुधा–सार (दूसरा खंड), पृ. 98.

104. कबीर ग्रन्थावली, पृ. 102.

105. वही, पृ. 106.

और भी देखिये –

(क) जाति का गरब न करियहु कोइ ।
ब्रह्म बंदे सो ब्रह्मण होइ ।।
जाति का गरब त करि मूरख गवारा ।
इसु गरब ते चलहि बहुत विकारा ।।
चारे वरन आखे सब कोई ।
ब्रहमु–बिंदु ते सभ ओपति होइ ।।
माटी एक सगल संसारा ।
बहु बिधि भांडे घड़े कुम्हारा ।।
राग – गुरु अमरदास, संत–सुधा–सार, पृ. 303-304.

(ख) हिंदू तुरक दून्यूं जल बूंदा । कासूं कहये बांमण सूदा ।
साखी – श्री रज्जब, संत–सुधा–सार, पृ. 530.

106. प्रगतिशील साहित्य की समस्याएँ, पृ. 170 पर उद्धृत।

107. रामचरितमानस, 7.130.छंद 1.
दे. प्रगतिशील साहित्य की समस्याएँ, पृ. 170-71.

108. वही, पृ. 171.

109. वही।

110. रामचरितमानस, 7.20.2.
दे. प्रगतिशील साहित्य की समस्याएँ, पृ. 171.

111. 'Conditions under Turko-Afghans', An Advanced History of India, P. 400.
और भी दे. Modern Indian And The West, P. 7.

112. हिंदी काव्य में निर्गुण संप्रदाय, पृ. 327.

113. साखी, कबीर–ग्रंथावली, पृ. 40.

और भी देखिये –

(क) माया सांपणि सब डसै, कनक कांमणी होई ।
ब्रह्मा बिश्न महेस लों, दादू बचै न कोई ।।२४।।
साखी – स्वामी दादु दयाल, संत–सुधसार, पृ. 478.

(ख) काल कनक अरु कामिनी, परहरि इनका अंग ।
दादू सब जग जलि मुवा, ज्यों दीपक जोति पतंग ।।
साखी – स्वामी दादू दयाल, संत–सुधा–सार, पृ. 476.

114. एक कनक अरु कांमनीं, जग में दोइ फंदा ।
इनके जो न बंधावई, ताका में बंदा ।।
कबीर–ग्रंथावली, पृ. 151.
और भी देखिये –
(क) कांमनी अरु कनक भवर, बोये बहु बीरा ।
जन कबीर नवका हरि खेवट गुर कीरा ।।३२१।।
कबीर ग्रंथावली, पृ. 197.
(ख) कहउ कहा अपनी अधमाई ।
उरझिओ कनक कामिनी के रस नहि कीरति प्रभु गाई ।।
राग – गुरु तेगबहादुर, संत–सुधा–सार, पृ. 392.
(ग) पासि बिनंठा कपड़ा, कदे सुरांग न होई ।
कबीर त्यागा ग्यांन करि, कनक कामनी दोइ ।।४।।
साखी – कबीर–ग्रंथावली, पृ. 60.

115. गांठी दाम न बांधई, नहिं नारी से नेह ।
कह कबीर ता साघ के, हम चरनन को खेह ।।१५।।
'साखी कबीर', संतबानी संग्रह, भाग 1, (साखी), पृ. 28.

116. सोई जन राम कों भावे हो ।
कनक कामिनी परहरै, नहिं आप बंधावे हो ।।
राग – स्वामी सुन्दरदास, संत–सुधा–सार, पृ. 655.

117. सुत बनितादि जानि स्वारथरत न करु नेह सबही ते ।
अंतहुं तोहि तजेंगे पामर । तू न तजे अब ही ते ।।
विनय पत्रिका, (पद 198), पृ. 336.

118. जननी उमा बोलि तब लीन्हीं । ले उछंग सुन्दर सिखदीन्हीं ।।
करेहु सदा संकर पद पूजा । नारि धरम पति देव न दूजा ।।
रामचरितमानस, 1,10,2,1-2.

119. रामचरितमानस, 1,10,2,3.
दे. प्रगतिशील साहित्य की समस्याएँ, पृ. 174.

120. मीरां ने कुल लज्जा और वंश की मर्यादा भूल कर श्रीकृष्ण की भक्ति में वैराग्य धारण कर लिया।
हिंदी साहित्य का आलोचनात्मक इतिहास, पृ. 571.

121. मीरांबाई की पदावली, (भूमिका), पृ. 9-10.

122. वही, पृ. १४.
और भी देखिये –
(क) प्रेमप्रीत की बाँधि घूँघरु, सुरत की कछनी काछुंगी ।
लोक लाज कुल की मरजादा, यामें एक न राखूँगी ।
मीरांबाई की पदावली, (पद 14), पृ. 6.

(ख) छांडि दई कुल की कानि, कहा करिहे कोई ।
संतन ढिग बैठि बैठि, लोक लाज खोई ।
मीरांबाई की पदावली, (पद 15), पृ. 6.

(ग) मैं तो सांवरे के रंग राची ।
साजि सिंगार बाँधि पग घूँघरु, लोकलाज तजि नाची ।
मीरांबाई की पदावली, (पद 16), पृ. 6.

(घ) कोई निन्दो कोई बिन्दो म्हे तो, गुण गोविंद का गास्यां ।
मीरांबाई की पदावली, (पद 23), पृ. 10.

(ङ) भाग खुल्यो म्हांरो साध संगत सूं, साँवरिया की बटकी ।
जेठ बहू की काण न मानूं, घूँघट पड़ गई पटकी ।
मीरांबाई की पदावली, (पद 24), पृ. 10.

(च) राणाजी म्हें तो गोविंदका गुण गास्याँ ।।
चरणाम्रित को नेमहमारो, नित उठ दरसण जास्यां ।
हरि मन्दिर में निरत करास्यां, घूँघरिया धमकास्यां ।
मीरांबाई की पदावली, (पद 34), पृ. 14-15.

(छ) कोई निन्दो कोई बिन्दो मैं चलूंगी चाल अपूठी ।
मीरांबाई की पदावली, (पद 36), पृ. 15.

(ज) राणाजी थे जहर दियो म्हे जाणी ।।
लोक लाज कुल काण जगत की, दई बहाय जस पाणी ।
अपणे घर का परदा करले, मैं अबला बौराणी ।
मीरांबाई की पदावली, (पद 41), पृ. 17.

(झ) कर सूरापण नीसरी, म्हारे कुण राणे कुण राव ।
संसारी निन्दा करे, दुखियो सब संसार ।
मीरांबाई की पदावली, (पद 47), पृ. 20.

(ञ) घटके सब पट खोल दिये हैं, लोक लाज सब अररे ।
मीरांबाई की पदावली, (पद 151), पृ. 52.
दे. प्रगति और परम्परा, पृ. 104.

123. 'Conditions Under Turke: Afghans', An Advancde History of India, P. 399.
124. Modern India And the West, P. 10.
125. वही, पृ. 11.
और भी दे. An Advanced History of Indian, P. 396-97.
126. From Akbar to Aurangzeb (A Study in Indian Economic History), P. 235.
127. Rise And Fall of the Mughal Empire, PP. 242-43.
128. वही, पृ. 243.
129. Mughal Kingship And Nobility, P. 294.
130. Modern India And The West, PP. 11-12.
और भी दे. From Akbar to Aurangzeb (A Study in Indian Economic History), P. 236.

131. Modern India And The West, P. 13.
132. वही, पृ. 14.
133. A Short History of India, P. 179-80.
और भी दे. मध्ययुग का संक्षिप्त इतिहास, पृ. 435.
134. मध्ययुग का संक्षिप्त इतिहास, पृ. 435.
135. A Short History of India, P. 184.
136. मध्ययुग का संक्षिप्त इतिहास, पृ. 435.
137. Democracy And The Economic Challenge, P. 9.
138. जो दस बीस पचाय भये सत,
होइ हज़ार तू लाख मंगेगी ।
कोटि अरब्ब खरब्ब असंख्य,
पृथ्वीपति होन की चाह जगेगी ।।
स्वर्ग पताल को राज करों,
तृष्णा अधिकी अति आग लगेगी ।
सुंदर एक संतोष बिना सठ,
तेरी तो भूख कधी न भगेगी ।।
'शक संग्रह' – सुंदरदास जी, संतबानी संग्रह, (द्वितीय भाग), पृ. 121.
और भी देखिए –
(क) माया मुई न मन मुवा, मरि मरि गया सरीर ।
आसा त्रिष्णां नां मुई, यौं कहि गया कबीर ।।१।।
कबीर सो धन संचिये, जो आगें कूं होई ।
सीस चढ़ायें पोटली, ले जात न देख्या कोइ ।।१३।।
साखी – कबीर–ग्रंथावली, पृ. 33.
(ख) रूखा सूखा खाई के, ठंडा पानी पीव ।
देखि बिरानी चूपड़ी, मत ललचावे जीव ।।१।।
साखी – कबीर–संतबानी संग्रह (भाग 1), पृ. 62.
139. गोधन गजधन बाजिधन और रतन धन खान ।
जब आवै संतोष धन सब धन धूरि समान ।।
कबीर–वचनावली, पृ. 143.
140. (क) दादू सब जग नीधना, धनवंता नहिं कोइ ।
सो धनवंता जाणिये, जाके रामपदारथ होई ।।२०।।
साखी – स्वामी दादू दयाल, संत–सुधा–सार, पृ. 456.
(ख) भाई मैं धनु पाइओ हरिनामु ।
मनु मेरो धावन ते छूटिओ, करि बैठो बिसरामु ।।
राग – गुरु तेगबहादुर, संत–सुधा–सार, पृ. 400.
(ग) एक धनी धन मोरा हो ।
काहू के धन सोना रूपा, काहू के हाथी घोरा हो ।
काहू के मनि मानिक मोती, एक धनी धन मोरा हो ।।
राग – बाबा धरनीदास, संत–सुधा–सार (दूसरा खंड), पृ. 44.
141. चाह गई चिंता मिटी, मनुवां बेपरवाह ।

जिनको कछू न चाहिये, सोई साहसाह ।।२।।
साखी कबीर, संतबानी संग्रह (प्रथम भाग), पृ. 51.

142. (क) जो नर दुख में दुख नहिं माने ।
सुख सनेह अरु भय नहिं जा के, कंचन माटी जानै ।।१।।
'शब्द संग्रह' – गुरु नानक, संतबानी संग्रह (द्वितीय भाग), पृ. 52.
(ख) धूलि जैसो धन जा के, सूलि सो संसार सुख ।
'शब्द संग्रह' – सुंदरदास जी, संतबानी संग्रह (द्वितीय भाग), पृ. 119.
(ग) उसतति निंदा नाहिं जिहि, कंचन लोह समान ।
कहु नानक सुन रे मता, मुकत ताहि तें जानि ।।
सलोक – गुरु तेगबहादुर, संत–सुधा–सार, पृ. 402.

143. साहन कूं तो भय धना, सहजो निर्भय रंक ।
कुंजर के पग बेड़ियाँ, चींटी फिरै निसंक ।।१३।।
साखी – सहजोबाई, संत बानी संग्रह, (प्रथम भाग), पृ. 161.

144. रसखानि, पृ. 35.

145. वही, पृ. 36.

146. (क) द्वार–द्वार दीनता कही काढ़ि रद परि पाहूँ ।
विनय पत्रिका, पद 275.
(ख) बारे में ललात बिललात द्वार–द्वार दीन,
जानत हों चारि फल चारि ही चनक की।
कवितावली, उत्तरकांड, पद्य संख्या 73.
(ग) जाति के, सुजाति के, कुजाति के पेटागि बस,
खाए टूक सबके, बिदित बात दुनी सो ।
कवितावली, उत्तरकांड, पद्य सं. 72.

147. कवितावली, उत्तरकांड, पद्य सं. 96.
दे. प्रगतिशील साहित्य की समस्याएँ, पृ. 180.

148. रामचरितमानस, 7.121.7.
दे. प्रगतिशील साहित्य की समस्याएँ, पृ. 180.

149. कवितावली, उत्तरकांड, पद्य सं. 97.
दे. प्रगतिशील साहित्य की समस्याएँ, पृ. 180.

150. The History And Culture of the Indian People, Vol, I, (Preface), P. 24.

151. हिंदी साहित्य का बृहत् इतिहास (षष्ठ भाग), पृ. 3.

152. मध्ययुग का संक्षिप्त इतिहास, पृ. 481.

153. An Advanced History of India, P. 567.
और भी दे. A Short History of India, P. 281.

154. Modern India And The West, P. 21.

155. वही, पृ. 22.
और भी दे. मध्ययुग का संक्षिप्त इतिहास, पृ. 454.

156. Modern India And The West, P. 22.

157. An Advanced History of India, P. 497, 542.

और भी दे. मध्ययुग का संक्षिप्त इतिहास, पृ. 454-55.
158. An Advanced History of India, P. 498.
और भी दे. मध्ययुग का संक्षिप्त इतिहास, पृ. 455.
159. An Advanced History of India, P. 512.
160. मध्ययुग का संक्षिप्त इतिहास, पृ. 438.
और भी दे. An Advanced History of India, P. 543.
161. सांस्कृतिक भारत, पृ. 189.
और भी दे. An Advanced History of India, P. 510.
162. An Advanced History of India, P. 521.
और भी दे. A Brief History of the Indian People, P. 144.
163. An Advanced History of India, P. 498.
164. An Advanced History of India, P. 498.
165. वही, पृ. 499.
और भी दे.
(क) A Brief History of the Indian People, P. 139.
(ख) मध्ययुग का संक्षिप्त इतिहास, पृ. 374-75, 456.
166. An Advanced History of India, P. 499.
और भी दे. मध्ययुग का संक्षिप्त इतिहास, पृ. 456.
167. An Advanced History of India, P. 500.
168. वही, पृ. 541.
और भी दे.
(क) मध्ययुग का संक्षिप्त इतिहास, पृ. 472.
(ख) A Brief History of the Indian People, P. 139.
169. An Advanced History of India, P. 501.
170. वही, पृ. 502.
171. वही।
172. वही, पृ. 540.
173. हिंदी साहित्य का बृहत् इतिहास, (षष्ठ भाग), पृ. 4.
174. भूषण, पृ. 17.
175. हिंदी साहित्य का बृहत् इतिहास, (षष्ठ भाग), पृ 187.
176. वही, पृ. 161.
177. हिंदी साहित्य की भूमिका, पृ. 118.
178. हिंदी साहित्य का बृहत् इतिहास, (षष्ठ भाग), पृ. 187.
179. हिंदी साहित्य, पृ. 291.
180. तजि तीरथ, हरि–राधिका–तन–दुति करि अनुरागु ।
जिहिं ब्रज–केलि–निकुंज भग पग पग होतु प्रयागु ।। बिहारी रत्नाकर, २१।
दे. रीतिकाव्य की भूमिका, पृ. 180.
181. वही।
182. हिंदी साहित्य का बृहत् इतिहास, (षष्ठ भाग), पृ. 161.
183. वही, पृ. 162.

184. भूषण, पृ. 33-34.
185. वही, पृ. 39.
और भी दे. हिंदी साहित्य का बृहत् इतिहास, (षष्ठ भाग), पृ. 162.
186. भूषण, पृ. 40-41.
187. वही, पृ. 42.
188. वही, पृ. 52.
और भी दे. हिंदी साहित्य का इतिहास, पृ. 236.
189. भूषण, पृ. 39.
190. भूषण, पद्य संख्या –
(क) (i) 58, 64, 78, 268, 272, 315, 395, 419-21.
(ii) 508, 510, 514.
(ख) 126, 177, 258, 260.
191. हिन्दी साहित्य, पृ. 312-13.
192. देव और उनकी कविता, पृ. 30.
193. हिंदी–साहित्य का इतिहास, पृ. 352.
194. हिंदी साहित्य, पृ. 297-98.
195. वही, पृ. 300.
196. (क) An Advanced History of India, P. 566.
(ख) रीतिकाव्य की भूमिका, पृ. 9.
197. वही, पृ. 9.
और भी दे. हिंदी साहित्य, पृ. 298.
198. वही, पृ. 298-99.
199. An Advanced History of India, P. 569.
200. Modern India And The West, P. 21.
201. An Advanced History of India, P. 566.
और भी दे. Modern India And The West, P. 16.
202. From Akbar to Aurangzeb, (A Study in Indian Economic History), P. 246-50.
203. Modern India And The West, P. 16.
204. Modern India And The West, P. 14-15.
और भी दे. (क) An Advanced History of India, P. 567.
(ख) From Akbar to Aurangzeb, (A Study in Indian Economic History), P. 302.
205. Modern India And The West, P. 15.
और भी दे.
From Akbar to Aurangzeb, (A Study in Indian Economic History), P. 256.
206. हिंदी साहित्य की भूमिका, पृ. 118.

प्रस्तुत शोध-प्रबन्ध में उल्लिखित ग्रन्थ

(क) हिन्दी-ग्रन्थ

1. हरिवंश कोछड़, डा., *अपभ्रंश–साहित्य सं. 2013*, भारती साहित्य मन्दिर, दिल्ली।
2. स्तालिन (अनु.) ओमप्रकाश संगल, *अराजकतावाद या समाजवाद? 1951*, आधुनिक प्रकाशन, इलाहाबाद।
3. (अनु.) भोलानाथ शर्मा, *अरिस्तु की राजनीति 1956 (प्र.सं.)*, प्रकाशन ब्यूरो, उत्तर प्रदेश सरकार, लखनऊ।
4. दीनदयालु गुप्त, डा., *अष्टछाप और वल्लभ–सम्प्रदाय (भाग–1) सं. 2004 (प्रथम बार)*, हिन्दी साहित्य सम्मेलन, प्रयाग।
5. गांधी, मोहनदास कर्मचंद (सम्पादक) भारतन् कुमारप्पा, *अहिंसक समाजवाद की ओर सित. 1955 (पहली आवृत्ति)*, नवजीवन प्रकाशन मन्दिर, अहमदाबाद।
6. रजनीपामदत्त (अनु.) रामविलास शर्मा, *आज का भारत (चौथा भाग) फरवरी, 1948 (पहली हिन्दी आवृत्ति)*, जन–प्रकाशन गृह, बम्बई।
7. रजनी पामदत्त (अनु.) रामविलास शर्मा, *आज का भारत (पांचवां भाग) अगस्त, 1948 (पहली हिन्दी आवृत्ति)*, जन–प्रकाशन गृह, बम्बई।
8. अजय घोष, *आज के सवाल, सन् सं. विहीन*, जनप्रकाशन लि., 22, केसरबाग, लखनऊ।
9. केसरी नारायण शुक्ल, डा., *आधुनिक काव्यधारा, सं. 2007 वि. (तृतीय आवृत्ति)*, सरस्वती मन्दिर, बनारस।
10. केसरी नारायण शुक्ल, डा., *आधुनिक काव्य धारा का सास्कृतिक स्रोत, वसंतपंचमी, 2004 (प्र.सं.)*, सरस्वती मन्दिर, काशी।
11. नागवरसिंह, *आधुनिक साहित्य की प्रवृतियां, अक्तूबर, 1954*, किताब महल, इलाहाबाद।
12. नगेन्द्र, डा., *आधुनिक हिन्दी कविता की मुख्य प्रवृत्तियाँ, 1951 (प्रथम बार)*, गौतम बुक डिपो, दिल्ली।
13. श्रीकृष्ण लाल, डा., *आधुनिक हिन्दी साहित्य का विकास, 1952 (तृ.सं.)*, हिन्दी परिषद्, विश्वविद्यालय, प्रयाग।
14. लक्ष्मीसागर वार्ष्णेय, डा., *आधुनिक हिन्दी साहित्य की भूमिका, जून, 1952 ई. (प्र.सं.)*, हिन्दी परिषद्, इलाहाबाद यूनीवर्सिटी।
15. हजारी प्रसाद द्विवेदी, डा., *कबीर 1955, (परिवर्धित पं.सं.)*, हिन्दी–ग्रन्थ रत्नाकर लिमिटेड, बम्बई।
16. (सम्पादक) श्याम सुन्दर दास, डा., *कबीर ग्रंथावली, सन् 1928*, नागरी प्रचारिणी सभा द्वारा इंडियन प्रेस प्रयाग से प्रकाशित।

17. (संग्रहकर्ता) अयोध्या सिंह उपाध्याय (हरिऔध), *कबीर–वचनावली, सं. 2003 (नवम सं.)*, नागरी प्रचारिणी सभा, काशी।

18. ई.एम.एस. नम्बूद्रीपाद, *कम्युनिस्ट पार्टी और जनतांत्रिक समाजवाद, जनवरी 1957, (प्र. संशोधित संस्करण)*, भारतीय कम्युनिस्ट पार्टी का प्रकाशन।

19. तुलसीदास, *कवितावली, सं. 2013 (प.सं.)*, रामनारायण लाल, इलाहाबाद।

20. जयशंकर प्रसाद, *कामायनी, सं.1999 वि. (च.सं.)*, भारती भण्डार, इलाहाबाद।

21. एंगेल्स, लेनिन, स्तालिन (अनु.) रामविलास शर्मा, *कार्ल मार्क्स और उनके सिद्धान्त, 1952 (तृ.सं.)*, पीपुल्स पब्लिशिंग हाऊस लिमिटेड, बम्बई–4।

22. जेम्स वलुगमैन (अनु.) मुनीश सक्सेना, *क्या पूंजीवाद और समाजवाद शान्ति–पूर्वक साथ–साथ रह सकते हैं? अक्तूबर 1952 (प्र. हिन्दी सं.)*, पीपुल्स पब्लिशिंग हाऊस लिमिटेड, बम्बई–4 ।

23. किशोरलाल घ. मशरूवाला, *गांधी और साम्यवाद, मई, 1956 (दूसरी आवृति)*, नवजीवन प्रकाशन मन्दिर, अहमदाबाद।

24. प्रस्तावना लेखक – राजेन्द्रप्रसाद, डा., *गांधीवाद : समाजवाद, 1953 (पं. सं.)*, हिन्दी प्रकाशन मन्दिर, इलाहाबाद।

25. (संपादक और टीकाकार) पीताम्बर दत्त बड़थ्वाल, डा., *गोरखबानी, 2003 वि. (द्वि.सं.)*, हिन्दी–साहित्य– सम्मेलन, प्रयाग।

26. जयशंकर प्रसाद, *चन्द्रगुप्त, सं. 2007 (स.सं.)*, भारती–भंडार, प्रयाग।

27. श्यामलाल पाण्डेय, डा., *जनतन्त्रवाद, सं. 2007*, अवध पब्लिशिंग हाऊस, लखनऊ।

28. का. सोबोलेल का भाषण (अनु.) ओमप्रकाश पालीवाल, *जनता का लोकराज, मई, 1952 (पहला संस्करण)*, जनयुग प्रकाशन गृह, आगरा।

29. ल्यू शाओ–ची की रिपोर्ट (अनु.) रमेश सिन्हा, *जनवादी चीन का भूमि सुधार कानून, अगस्त, 1952, (पहला हिन्दी सं.)*, पीपुल्स पब्लिशिंग हाऊस लि., बम्बई–4।

30. अजयकुमार घोष, *जनवादी मोर्चा और सर्वहारा नेतृत्व, (तिथिविहीन)*, जनयुग प्रकाशन, 22 केसर बाग, लखनऊ।

31. (संपादक) भदन्त आनन्द कौसल्यायन, *जातक (प्रथम खण्ड तथा तृतीय खण्ड) सं. 2013, सन् 1946*, हिन्दी साहित्य सम्मेलन, प्रयाग।

32. अजय घोष, *त्रावन्कोर–कोचीन के आम चुनाव और प्रजा–सोशलिस्ट पार्टी (तिथिविहीन)*, जनयुग प्रकाशन, लखनऊ।

33. शम्भूनाथ सिंह, *दिवालोक, 1953*, साधना–मन्दिर, काशी।

34. (संपादक) अज्ञेय, *दूसरा सप्तक, 1951*, प्रगति प्रकाशन, 14 डी., फ़िरोजशाह रोड, नई दिल्ली।

35. नगेन्द्र, डा., *देव और उनकी कविता, 1957 (दूसरा सं.)*, नेशनल पब्लिशिंग हाऊस, दिल्ली।

36. सिद्ध सरहपाद (संपादक) राहुल सांकृत्यायन, *दोहा–कोश (हिन्दी–छायानुवाद सहित), सं. 2014 वि. (प्र.सं.)*, बिहार–राष्ट्रभाषा–परिषद्, पटना।

37. तुलसीदास, *दोहावली, सं. 2013, (बारहवां सं.)*, गीताप्रेस, गोरखपुर।

38. नन्ददुलारे वाजपेयी, *नया साहित्य : नये प्रश्न, वसंतपंचमी, सं. 2011*, विद्या मन्दिर, बनारस।

39. जायसी (व्याख्याकार) वासुदेव शरण अग्रवाल, *पदमावत, 2012 वि, (प्रथमावृत्ति)*, साहित्य

सदन, चिरगांव, (झांसी)।
40. राहुल सांकृत्यायन, *पुरातत्व–निबंधावली, सन् 1937*, इंडियन प्रेस लि., प्रयाग।
41. शिववर्मा, *पूंजीवादी जनवाद और समाजवादी जनवाद, सितम्बर, 1952*, प्रभात प्रकाशन, 7 विशेश्वर नाथ रोड़, लखनऊ।
42. रामविलास शर्मा, डा., *प्रगति और परम्परा, 1953 (द्वि.सं.)*, किताब महल, इलाहाबाद।
43. रामविलास शर्मा, डा., *प्रगतिशील साहित्य की समस्याएं, मार्च 1954 (प्र.सं.)*, विनोद पुस्तक मन्दिर, आगरा।
44. रांगेय राघव, डा., *प्रगतिशील साहित्य के मानदण्ड, सन् 1954 (प्र.सं.)*, सरस्वती पुस्तक सदन, मोती कटरा, आगरा।
45. अजय घोष, *प्रतिक्रियावादी जनतांत्रिक समाजवाद, (तिथिविहीन)*, जनशक्ति प्रकाशन, नया टोला, पटना 4 ।
46. अनन्त सदाशिव अलतेकर, डा., *प्राचीन भारतीय शासन पद्धति, सं. 2004 (प्र.सं.)*, भारती भण्डार, प्रयाग।
47. त्रिलोकी नारायण दीक्षित, डा., *प्रेमचंद, 1952 (प्र.सं.)*, साहित्य निकेतन, कानपुर।
48. (संपादक) सत्यजीवन वर्मा, *बीसलदेव रासो, सं. 2008*, नागरी प्रचारिणी सभा, काशी।
49. जनार्दन भट्ट, *बौद्धकालीन भारत, 1925*, साहित्य–रत्न–माला कार्यालय, काशी।
50. जयचन्द्र विद्यालंकार, *भारतीय इतिहास की रूपरेखा, 1942*, हिंदुस्तानी एकेडेमी, यू.पी., इलाहाबाद।
51. मंगलदेव शास्त्री, डा., *भारतीय संस्कृति का विकास (प्र.खं.), सन् 1956 (प्र.सं.)*, समाज विज्ञान परिषद्, बनारस।
52. (अनु.) ताराचंद, डा., *मध्यकालीन भारत की सामाजिक अवस्था, 1929 (प्र.सं.)*, हिंदुस्तानी एकेडेमी, प्रयाग।
53. ईश्वरीप्रसाद, डा., *मध्ययुग का संक्षिप्त इतिहास, सन् 1952*, इंडियन प्रेस लि., प्रयाग।
54. उदयभानुसिंह, डा., *महावीर प्रसाद द्विवेदी और उनका युग, सं. 2008 (प्र.आ.)*, लखनऊ विश्वविद्यालय।
55. उदयशंकर भट्ट, *मानसी, तिथिविहीन*, एज्युकेशनल पब्लिशिंग कंपनी, लखनऊ।
56. एमिल बर्न्स (अनु.) ओमप्रकाश संगल, *मार्क्सवाद क्या है? मई, 1953 (द्वि. संशो. हिन्दी सं.)*, पीपुल्स पब्लिशिंग हाऊस लि., बम्बई 4।
57. लेनिन, *राजसत्ता और क्रान्ति (अनुवाद), मार्च, 1950 (प्र.सं)*, पीपुल्स पब्लिशिंग हाऊस लि., बम्बई 4।
58. तुलसीदास, *रामचरितमानस*, गीताप्रेस, गोरखपुर
59. (अनु.) चतुर्वेदी द्वारका प्रसाद शर्मा, *रामायण, (हिन्दी भाषानुवाद सहित)*, रामनारायण लाल, इलाहाबाद।
60. मंत्री (प्रकाशचन्द्र गुप्त) सैयद ऐजाज हुसैन, *रिपोर्ट प्रादेशिक प्रगतिशील लेखक–सम्मेलन उ.प्र., इलाहाबाद 1-2 नव., 1952*, प्रकाशचन्द्र गुप्त।
61. नगेन्द्र, डा., *रीतिकाव्य की भूमिका 1949*, गौतम बुक डिपो, दिल्ली।
62. (संपादक) खगेन्द्र नाथ मित्र तथा बिमानबिहारी मजुमदार, (हिन्दी रूपान्तरकार), *हरेश्वरी प्रसाद विद्यापति, सं. 2010, (नवीन सं.)*, श्री शरतकुमार मित्र एडवोकेट, कलकत्ता।
63. (संपादक) वियोगीहरि, *विनय–पत्रिका, (हरितोषिणी टीका), सं. 2015, (अ.परिशोधित सं.),*

रामदास पोड़वाल, साहित्य सदन, वाराणसी।

64. अंचल, *विराम चिन्ह, 1957 (प्र.सं.)*, हिन्दी प्रचारक पुस्तकालय, वाराणसी।
65. शिवमंगल सिंह 'सुमन', *विश्वास बढ़ता ही गया, 1955 (प्र.सं.)*, सरस्वती प्रेस, बनारस।
66. लक्ष्मण शास्त्री जोशी (अनु.) मारेश्वर दिनकर पराड़कर, डा., *वैदिक संस्कृति का विकास, 1957 (प्र. हिन्दी सं.)*, हिन्दी ग्रन्थ रत्नाकर लि., मुम्बई।
67. *शांति जनवाद और राष्ट्रीय प्रगति के संघर्ष में भारतीय कम्युनिस्ट पार्टी*, जनप्रकाशन लिमिटेड, लखनऊ।
68. *संतबानी संग्रह, सन् 1922 (द्वि.सं.)*, वेलवेडियर प्रिंटिंग वर्क्स, प्रयाग।
69. (संपादक) वियोगी हरि, *संत–सुधा–सार, सन् 1953 (प्र.सं.)*, सस्ता साहित्य मण्डल, नई दिल्ली।
70. एम.डी. कम्मारी (अनु.) नरेन्द्र, *समाजवाद और व्यक्ति, नव., 1952, (प्र.हि.सं.)*, पीपुल्स पब्लिशिंग, हाऊस, बम्बई।
71. फ्रेडरिक एंगेल्स, *समाजवाद : काल्पनिक और वैज्ञानिक, नव. 1949 (द्वि.हि.सं.)*, पीपुल्स पब्लिशिंग हाऊस, बम्बई 4।
72. *(संग्रह), सर्वोदय का सिद्धान्त 1956*, नवजीवन प्रकाशन मन्दिर, अहमदाबाद।
73. आचार्य विनोबा, *सर्वोदय–विचार, 1957*, सस्ता साहित्य मंडल, नई दिल्ली।
74. भगवतशरण उपाध्याय, *सांस्कृतिक भारत, 1955 (प्रथमावृत्ति)*, राजपाल एण्ड सन्ज, दिल्ली।
75. लेनिन, *साम्राज्यवाद पूंजीवाद की चरम अवस्था (अनु.) जन., 1950 (प्र.हि.सं.)*, जन प्रकाशन गृह लि., बम्बई।
76. शिवदानसिंह चौहान, *साहित्य की समस्याएं, 1959 (प्र.सं.)*, आत्माराम एण्ड सन्स, दिल्ली।
77. अमृतराय, *साहित्य में संयुक्त मोर्चा, (सन् संवत् विहीन)*, हिन्दुस्तानी पब्लिशिंग हाऊस, इलाहाबाद।
78. शिवदानसिंह चौहान, *साहित्यानुशीलन, सन् 1955*, आत्माराम एण्ड सन्स, दिल्ली।
79. धर्मवीर भारती, डा., *सिद्ध साहित्य, 1955 (प्र.सं.)*, किताब महल, प्रयाग।
80. (संपादक) पं. अयोध्या सिंह उपाध्याय प्रभृति, *सूरसागर (दूसरा खण्ड), सं. 1993 (प्र.सं.)*, नागरी प्रचारिणी सभा, काशी।
81. स्तालिन, *सोवियत संघ में समाजवाद की आर्थिक समस्याएं, फरवरी, 1953 (प्र.हि.सं.), भारत में तास के प्रतिनिध*, त्रावणकोर हाऊस, कर्ज़न रोड़, नई दिल्ली।
82. जयशंकर प्रसाद, *स्कंदगुप्त विक्रमादित्य, सं. 2013 (बारहवां सं.)*, भारती भंडार, प्रयाग।
83. सुधीन्द्र, डा., *हिन्दी कविता में युगान्तर, 1957 (द्वि.सं.)*, आत्माराम एण्ड सन्स, दिल्ली।
84. राहुल सांकृत्यायन, *हिन्दी काव्य–धारा, 1945 (प्र.सं.)*, किताब महल, इलाहाबाद।
85. पीताम्बरदत्त बड़थ्वाल, डा., (अनु.) परशुराम चतुर्वेदी, *हिन्दी काव्य में निर्गुण संप्रदाय, सं. 2007*, अवध पब्लिशिंग हाऊस, लखनऊ।
86. (संकलनकर्ता) नगेन्द्र नाथ वसु तथा हिन्दी के अन्य विद्वान्, *हिन्दी विश्वकोष, (सप्तम भाग), 1924*, नगेन्द्र नाथ वसु तथा विश्वनाथ वसु, कलकत्ता।
87. (संपादक) श्यामसुंदर दास, *हिन्दी–शब्दसागर, (दूसरा भाग) 1920*, नागरी–प्रचारिणी सभा, काशी।
88. हजारी प्रसाद द्विवेदी, *हिंदी साहित्य (उसका उद्भव और विकास) 1952*, अतरचन्द कपूर

एण्ड सन्ज़, देहली, अम्बाला, आगरा।

89. रामकुमार वर्मा, डा., *हिन्दी साहित्य का आलोचनात्मक इतिहास, 1954, (तृ.सं.)*, रामनारायण लाल, इलाहाबाद।

90. रामचन्द्र शुक्ल, *हिंदी साहित्य का इतिहास, सं. 2014, (ग्यारहवां सं.)*, नागरी प्रचारिणी सभा, काशी।

91. (संपादक) राजबली पाण्डेय, डा., *हिन्दी साहित्य का बृहत् इतिहास, (प्रथम भाग), सं. 2014 (प्र.सं.)*, नागरी प्रचारिणी सभा, काशी।

92. (संपादक) नगेन्द्र, डा., *हिंदी साहित्य का बृहत् इतिहास, (षष्ठ भाग) सं. 2015*, नागरी प्रचारिणी सभा, काशी।

93. प्रकाशचन्द्र गुप्त, *हिन्दी साहित्य की जनवादी परम्परा, 1953 (प्र.सं.)*, किताब महल, प्रयाग।

94. (संपादक) मन्मथनाथ गुप्त, *हिन्दी साहित्य की नवीन धारायें, जनवरी, 1955*, पब्लिकेशन्स डिवीज़न, ओल्ड सेक्रेटेरियट, दिल्ली।

95. हजारी प्रसाद द्विवेदी, डा., *हिन्दी साहित्य की भूमिका, 1954 (पांचवी बार)*, हिन्दी–ग्रन्थ–रत्नाकर कार्यालय, बम्बई।

96. शिवदानसिंह चौहान, *हिन्दी साहित्य के अस्सी वर्ष, 1954*, रणजीत प्रिन्टर्स एण्ड पब्लिशर्स, दिल्ली।

97. प्रेमनारायण शुक्ल, डा., *हिन्दी साहित्य में विविधवाद, सं. 2010 (प्र.सं.)*, पद्मजा प्रकाशन, कानपुर।

98. बेनीप्रसाद, डा., *हिंदुस्तान की पुरानी सभ्यता, 1950 (द्वि.सं.)*, हिंदुस्तानी एकेडेमी, इलाहाबाद।

(ख) संस्कृत ग्रन्थ

1. *अग्निपुराण, 1957 (प्र.सं.)*, श्रीमनसुखराय मोर, कलकत्ता।

2. श्रीपाद दामोदर सातवलेकर, *अथर्ववेद (सुबोध भाष्य) (प्रथम बार)*, स्वाध्याय मंडल, औंध। (जि. सातारा)।

3. (संपादक) शारदा रंजन राय, *अभिज्ञान शाकुन्तल, (चौदहवां परिवर्द्धित सं.)*, श्री कुमुदरंजन राय।

4. *ईशावास्योपनिषद् सं. 2010 (सातवां सं.)*, गीता प्रेस, गोरखपुर।

5. *ऋग्वेद–संहिता विक्रमीय सं. 1994*, (संपादक) श्रीपाद दामोदर सातवलेकर, स्वाध्याय मण्डल, औंध, (जि. सतारा)।

6. श्रीमन् महादेव चिमणाजी आपटे, *ऐतरेय ब्राह्मण, सं. 1931, (द्वितीय आवृत्ति)*, आनन्दाश्रम मुद्राणालय, पूना।

7. (अनु.) उदयवीर, *कौटलीय अर्थशास्त्र, (हिन्दी अनुवाद सहित), 1925 (प्रथमावृत्ति)*, मेहरचन्द्र लक्ष्मणदास, लाहौर।

8. छान्दोग्योपनिषद् सानुवाद शांकर भाष्य सहित, सं. 2013 (तृ.सं.), गीता प्रेस, गोरखपुर।

9. (संकलनकर्ता) पं. हरिशंकर शर्मा, *पाणिनीय व्याकरण, 1938*, पण्डित चन्द्रकान्त पाण्डेय,

व्याकरणाचार्य।

10. *बृहदारण्यकोपनिषद्, सं. 2012 (द्वि. बार)*, गीताप्रेस, गोरखपुर।
11. (संपादक) रंगस्वामी शर्मा, *बृहस्पतिस्मृतिः, सं. 1995*, बड़ोदा राजकीय प्राच्यविद्या विमर्शालय, बड़ोदा।
12. (संपादक) चिन्नस्वामी, *बौधायन धर्मसूत्र, 1991*, जयकृष्णदास हरिदास गुप्त, बनारस।
13. *मत्स्यपुराण, 1954 (प्र.सं.)*, श्री नन्दलाल मोर, कलकत्ता।
14. (भाष्यकार) पं. तुलसीराम स्वामी, *मनुस्मृति*, जवाहर बुक डिपो, मेरठ।
15. (संपादक) हनुमान प्रसाद पोद्दार, *महाभारत, (हिंदी–भाषान्तर सहित)*, गीता प्रेस, गोरखपुर।
16. (टीकाकार) पं. भीमसेन शर्मा, *याज्ञवल्क्यस्मृति, सन् 1911 (प्र.सं.)*, ब्रह्मप्रेस, इटावा।
17. (भाष्यकार) पं. हरगोविन्द, *रघुवंश सं 2009*, चौखम्बा संस्कृत पुस्तकालय, काशी।
18. (संकलनकर्ता) तारानाथ तर्कवाचस्पति, भट्टाचार्य, *वाचस्पत्य वृहत् संस्कृतामिघान, (चतुर्थ खण्ड), सन् 1929*, जीवानन्द विद्यासागर, कलकत्ता।
19. *विष्णुधर्मोत्तर पुराण, (द्वितीय खण्ड), सं. 1969*, क्षेमराज–श्रीकृष्ण दास (श्री वेंकटेश्वर प्रेस), बम्बई।
20. (संपादक) चन्द्रधर शर्मा, *शतपथ ब्राह्मण, सं. 1994 (प्र.आ.)*, अच्युतग्रन्थ माला कार्यालय, काशी।
21. (संकलनकर्ता) ब्राह्यावधूत श्री सुखानन्द नाथ, *शब्दार्थ चिन्तामणि (द्वितीय भाग). सं. 1921*, श्रीरामप्रसाद, आगरा।
22. (टीकाकार) पं. मिहिर चन्द्र, *शुक्रनीति, सं. 2013*, खेमराज श्रीकृष्ण दास, बम्बई।
23. (संपादक) ए.ए. मैकडॉनल, *शौनकीय बृहद्देवता, सन् 1904*, हारवर्ड यूनिवर्सिटी।
24. (संग्रहकर्ता) चतुर्वेदी द्वारकाप्रसाद शर्मा, *संस्कृत–शब्दार्थ–कौस्तुभ*, रामनारायण लाल, इलाहाबाद।
25. (संपादक) जयशंकर जोशी, *हलायुध कोश शकाब्द, 1879 (प्र.सं.)*, प्रकाशन ब्यूरो, सूचना विभाग, उत्तर प्रदेश।

(ग) अँगरेजी-ग्रन्थ

1. W.W. Hunter, *A brief History of the Indian People 1884 (Fourth Edi.)*, Trubner & Co., London.
2. Sir Monier Monier Williams, *A Dictionary English And Sanskrit 1957*, Akhil Bhartiya Sanskrit Parishad, Lucknow.
3. U.N. Ghoshal, *A History of Hindu Political Theories 1927*, Oxford University Press.
4. R.C. Majumdar, H.C. Ray Chaudhuri, Kalikindar Datta, *An Advanced History of India 1958, (Second Edition)*, Macmillan & Co. Ltd., London.
5. J.W.Mcrindle, *Ancient India And Its Invasion By Alexander The Great 1896*, Westminster.
6. Translated By J.W. Mcrindle, *Ancient India As Described By Megasthenes And Arrian 1926*, Chatterjee & Co., Calcutta.
7. Edited By James A.H. Murray, *A New English Dictionary On Historical*

Principles, Clarendon Press, Oxford.
8. Edited By R.C. Majumdar, A.S. Altekar, *A New History of the Indian People 1946, (First Edition)*, Motilal Banarsi Dass, Lahore.
9. Carl Cappeller, *A Sanskrit-English Dictionary 1891*, Karl J. Trubner, Strassburg.
10. Monier Monier Williams, *A Sanskrit-English Dictionary 1899*, Clarendon Press, Oxford.
11. W.H. Moreland and Atul Chandra Chatterjee, *A Short History of India 1944 (Second Edi.)*, Longmans, Green & Co. London, New York, Toronto.
12. Tara Chand, *A Short History of The Indian People 1953 (Third Edi.)*, Macmillan & Co. Ltd., Calcutta.
13. Edited By William Geddie, *Chamber's Twentieth Century Dictionary 1955*, W. & R. Chambers Ltd., Edinburgh, London.
14. Radha Kumud Mookerji, *Chandragupta Maurya And His Times (Second Edition Revised)*, Raj Kamal.
15. Sashi Bhusan Chaudhuri, *Civil Disturbances During The British Rule In India (1765-1857) 1955, (First Edi.)*, The World Press Ltd., Calcutta.
16. Harold J. Laski, *Communism 1928 (Reprinted)*, Thornton.
17. Harold J. Laski, *Communist Manifesto:Socialist Landmark 1954 (Third Impresn.)*, George Allen And Unwin Ltd., London.
18. K. V. Rangaswami Aiyangar, *Consideration On Some Aspects of Ancient Indian Polity 1935 (Second Edition)*, University of Madras.
19. R.C. Majumdar, *Corporate Life In Ancient India 1922 (Second Edn.)*, Calcutta University.
20. Christopher Lloyd, *Democracy And Its Rivals 1938 (First Edition)*, Longmans, Green & Co., London.
21. H.B. Mayo, *Democracy And Marxism 1955*, Oxford University Press, New York.
22. Robert M. Mac Iver, *Democracy And The Economic Challenge 1952*, Alfred A. Knopf, New York.
23. N. Srinivasan, *Democratic Government In India 1954 (First Edition)*, The World Press Ltd., Calcutta.
24. Beni Prasad, *Democratic Process 1935*, Oxford University Press, Indian Branch.
25. Edited By James Mark Baldwin, *Dictionary of Philosophy And Psychology 1940 (New Edition)*, Peter Smith, New York.
26. Nagendra Nath Ghosh, *Early History of India 1948 (Second Edition)*, The Indian Press Ltd., Allahabad.
27. S.N. Sen, *Eighteen Fifty-Seven, May, 1957*, The Publications Division, Ministry of Info. and Broadcasting.
28. William Benton, *Encyclopaedia Britannica, 1955*, Encyclopaedia Britannica, Inc., Chicago, London, Toronto.
29. Editor-in-chief Edwin R.A. Saligman, *Encyclopaedia of The Social Sciences 1930*, The Macmillan Company, New York.
30. Walter Theimer And Peter Campbell, *Encyclopaedia of World Politics*, Faber & Faber Ltd., London.
31. Padmini Sen Gupta, *Everyday Life In Ancient India*, Oxford University Press.

32. Amlan Datta, *For Democracy 1954, (Second Edition)*, Prachi Prakashan, Calcutta.
33. Bertrand Russell, *Freedom And Organisation 1814-1914, 1936 (First Edi. Sec. Impression)*, George Allen & Unwin Ltd., London.
34. W.H. Moreland, *From Akbar to Aurangzeb (A Study In Indian Economic History) 1923*, Macmillan And Co. Ltd., London.
35. Editor-in-Chief Isaac K. Funk, *Funk & Wagnalls New Standard Dictionary of The English Language 1937*, The Standard Literature Co., Ltd., Calcutta-Rangoon-London.
36. Radha Kumud Mookerjee, *Hindu Civilization 1957*, Bhartiya Vidya Bhawan, Bombay.
37. K.P. Jayaswal, *Hindu Polity 1955, (Third Edition)*, The Bangalore Printing & Publishing Co. Ltd., Bangalore.
38. P.N. Prabhu, *Hindu Social Organization, 1954 (New Revised Edition)*, Popular Book Depot, Bombay.
39. K.A. Nilkanth Sastri, *History of India, Part-I, 1950 (First Edi.)*, S. Viswanathan, Madras.
40. C.V. Vaidya, *History of Mediaeval Hindu India Vol. III 1926*, Poona Oriental Book Supply Agency.
41. Corliss Lamont, *Humanism As A Philosophy 1949*, Philosophical Library, New York.
42. R. Palme Dutt, *India Today, 1949 (Second Edition)*, People's Publishing House Ltd., Bombay
43. Harold J. Laski, *Liberty in the Modern State, 1954 (Revised Edition Fourth Impression)*, George Allen & Unwin Ltd., London
44. Muriel Jaeger, *Liberty Versus Equality 1945 (Reprinted)*, Thomas Nelson & Sons Ltd., London,New York.
45. Radha Kumud Mookerji, *Local Govt. in Ancient India 1920 (Sec. Edi.)*, Clarendon Press Oxford.
46. Kewal Motwani, *Manu : A Study in Hindu Social Theory 1937 (Enlarged Edition)*, Ganesh & Co., Madras.
47. James Bryce, *Modern Democracies, Vol. I, 1923*, Macmillan And Co Ltd., London.
48. Indar Nath Madan, *Modern Hindi Literature, 1939, (First Edition)*, Minerva Book Shop, Lahore.
49. Edited By L.S.S. O' Malley, *Modern India And The West 1941*, Oxford Unversity Press, London.
50. Louis Wasserman, *Modern Political Philosophies 1945 (Reprinted)*, Blakiston Co., Philadelphia.
51. Ram Prasad Khosla, *Mughal Kingship And Nobility 1934*, The Indian Press, Ltd., Allahabad.
52. J.S. Mill, *On Liberty And Considerations On Representative Government 1946*, Basil Blackwell Oxford.
53. Mao Tse-Tung, *On New Democracy, 1954, (First Edition)*, Foreign Languages Press, Peking.
54. M.V. Krishna Rao, *Organised Democracy, 1952, (First Edition)*, H. Venkataramiah & Sons, Mysore.
55. R.C. Majumdar, *Outline of Ancient Indian History And Civilisation 1927*, Published by the Author.

56. Hem Chandra Ray Chaudhuri, *Political History of Ancient India, 1932*, University of Calcutta.
57. C. Delisle Burns, *Political Ideals, 1942, (Fourth Edition Fifth Impression)*, Oxford University Press, London.
58. Ratilal N. Mehta, *Pre-Buddhist India, 1939*, Examiner Press, Bombay.
59. Pramathanath Banerjea, *Public Administration in Ancient India, 1916*, Macmillan And Co. Ltd., London.
60. Francis W. Coker, *Recent Political Thought, 1934*, D Appleton-Century Co., New York.
61. R.P. Tripathi, *Rise And Fall of Mughal Empire, 1956 (First Edi.)*, Central Book Depot, Allahabad.
62. Bertrand Russell, *Roads to Freedom, 1949, (Reprinted)*, George Allen And Unwin Ltd., London.
63. M.K. Gandhi, *Sarvodaya, 1954*, Navajivan Publishing House, Ahmedabad.
64. R.P. Tripathi, *Some Aspects of Muslim Administration, 1956 (Second Edition)*, Central Book Depot, Allahabad.
65. U.N. Ghoshal, *Studies in Indian History And Culture 1957 (Revised Edition)*, Orient Longmans, Bombay-Calcutta-Madras.
66. Jerome G. Kerwin, *The Great Tradition The Democratic Idea, 1948*, The Declan X. McMullen Co., INC., New York.
67. General Editor-R.C. Majumdar, *The History And Culture of the Indian People, Vol I, 1951, (First Edition)*, George Allen & Unwin Ltd., London.

    General Editor-R.C. Majumdar, *The History And Culture of the Indian People, Vol. II, 1951, (First Edition)*, Bhartiya Vidya Bhawan, Bombay.

    General Editor-R.C. Majumdar, *The History And Culture of the Indian People, Vol. III, 1954, (First Edition)*, Bhartiya Vidya Bhawan, Bombay.
68. E.B. Havell, *The History of Aryan Rule in India*, George G. Harrap & Co. Ltd.
69. Ivor Brown, *The Meaning of Democracy, 1950, (Revised Edition)*, Gerald Duckworth & Co. Ltd., London
70. Edited By H.G. Emery and K.G. Brewster, *The New Century Dictionary of the Engligh Language, 1927 (Indian Edition)*, The Century Co. Under arrangement with the Standard Literature Co. Ltd., Calcutta-Rangoon-London.
71. Benoy Kumar Sarkar, *The Political Institutions And Theories of The Hindus, 1922*, Verlag Von Market & Petters, Leipzig.
72. Gophi Nath Dhawan, *The Political Philosophy of Mahatma Gandhi, 1951 (Sec. Edi.)*, Navajivan Publishing House, Ahmedabad.
73. Vaman Shivram Apte, *The Practical Sanskrit-English Dictionary, 1912, (Second Edition)*, Gopal Narayan & Co., Bombay
74. Edward Hallett Carr, *The Soviet Impact on the Western World, 1947, (Reprinted)*, Macmillan & Co. Ltd., London.
75. V. Kanakasabhai, *The Tamils Eighteen Hundred Years Ago, 1956 (Second Edition)*, The South India Saiva Siddhanta Works Publishing Society Tinnevelly Ltd., Madras.
76. *Universal Declaration of Human Rights*, United Nations Department

of Public Information.

77. *V. I. Lenin Selected Works, Vol. I, II, 1952*, Foreign Languages Publishing House, Moscow.
78. Editor-in-Chief William Allan Neilson, *Webster's New International Dictionary of the English Language, 1937 (Sec. Edi.)*, G. Bell & Sons Ltd., London.
79. Jessie Wallace Hughan, *What is Socialism? 1928 (First Edition)*, Vanguard Press, New York.
80. Richard B. Gregg, *Which Way Lies Hope? 1957, (Revised Edition)*, Navajivan Publishing House, Ahmedabad.

अनुक्रमणिका